M. KARAGATSIS

Held von Kastropyrgos

Ein Schicksal aus dem griechischen Befreiungskrieg 1821

ROMAN

Verlag der Griechenland Zeitung

1. Auflage 2021

www.griechenland.net

Historisches Nachwort: Dr. Ioannis Zelepos
Layout: Harry Glytsis

M. Karagatsis, Der Vogt von Kastropyrgos
Die Rechte an der deutschen Übersetzung von Nestor Xaidis liegen beim
Manesse Verlag, Zürich, in der Verlagsgruppe Random House GmbH, München

Der Titel der 1944 im Verlag ΒΙΒΛΙΟΠΩΛΕΙΟΝ ΤΗΣ «ΕΣΤΙΑΣ» –
Ι.Δ. ΚΟΛΛΑΡΟΥ & ΣΙΑΣ Α.Ε., Athen erschienenen Originalausgabe lautet
«Ο Κοτζάμπασης του Καστρόπυργου».

ISBN: 978-3-99021-039-0
Printed in Greece

Umschlaggestaltung unter Verwendung eines Gemäldes von Peter von Hess (1792-1871)

ISBN 978-3-99021-039-0
9 783990 210390

M. KARAGATSIS

Held von Kastropyrgos

Ein Schicksal aus dem griechischen Befreiungskrieg 1821

Verlag der Griechenland Zeitung

Große Literatur zur griechischen Revolution 1821

Der Autor des vorliegenden Buches M. Karagatsis wurde am 23. Juni 1908 in Athen als Dimitrios Rodopoulos geboren; er stammte aus einer alten und angesehenen Familie. Sein Vater war Jurist, Bankbeamter und Lokalpolitiker. Als Bankdirektor versah er in Provinzstädten wie Trikala, Aigio, Larissa oder Pyrgos, aber auch auf Kreta und in Thessaloniki seinen Dienst – die Familie zog jeweils mit um.

Das Pseudonym Karagatsis geht auf den Ulmen-Baum zurück (griechisch: Φτελιά oder Καραγάτσι / Fteliá, Karagátsi), den der junge Dichter sehr mochte: Unter einer weit ausladenden Ulme verfasste er erste literarische Versuche. Das zum Pseudonym gehörige M. hingegen soll den ersten Buchstaben des russischen Diminutivs von Dmitri (Dimitris) entsprechen: Mitja. Doch es gibt auch noch weitere Deutungen, er selbst hat sich dazu nie konkret geäußert. – Fest steht auf jeden Fall: M. Karagatsis ist einer der bedeutendsten Vertreter griechischer Schriftsteller der sogenannten „Generation der 30er“.

Dichter, Publizist und Journalist

1924 absolvierte M. Karagatsis das Gymnasium in Thessaloniki, anschließend ging er nach Frankreich, um in Grenoble zu studieren. Aus finanziellen, aber auch aus gesundheitlichen Gründen musste er bereits 1925 nach Athen zurückkehren, wo er sich an der juristischen Fakultät einschrieb und 1930 sein Studium erfolgreich beendete. Im Anschluss arbeitete er als Rechtsberater in einem Unternehmen. Nach seiner Heirat (1935) mit der talentierten Malerin Niki Karystinaki (1914-1986) widmete er sich verstärkt seinem dichterischen und publizistischen Schaffen. Aus der Ehe ging die Tochter Marina Karagatsi hervor, die sich ebenfalls literarisch betätigte. Deren Sohn Dimitris Tarlow ist ein bekannter Theaterregisseur, der die Werke seines Großvaters mit großem Erfolg auf Griechenlands Bühnen bringt.

M. Karagatsis arbeitete als Journalist bei verschiedenen Zeitungen und Zeitschriften mit. Er veröffentlichte vor allem Reiseberichte, aber auch zahlreiche Beiträge über Literatur, Politik und Geschichte. Seit 1946 war er ständiger Theaterkritiker der Athener Tageszeitung „Vradyni", und auf den „Brettern, die die Welt bedeuten", war er gerade wegen seiner scharfen Kommentare durchaus respektiert.

Längere Reisen absolvierte er nach Italien, Großbritannien, Frankreich, Österreich, Ungarn, Deutschland, in die Türkei sowie nach Ägypten und Ostafrika. Gegen Ende des griechischen Bürgerkrieges war er 1949 kurzzeitig als Kriegsberichterstatter in den westgriechischen Bergmassiven des Grammos und Vitsi aktiv, wo damals die Endphase eines vierjährigen blutigen Bürgerkrieges stattfand.

Die wichtigsten literarischen Erfolge

Vor allem aber betätigte sich Karagatsis schriftstellerisch. Mit dem Roman „Oberst Ljapkin" (1933) - das Werk erschien 2016 in deutscher Erstübersetzung im *Verlag der Griechenland Zeitung* - erreichte er den literarischen Durchbruch: Bei einem von der Literaturzeitschrift *Nea Estia* ausgeschriebenen Wettbewerb erhielt er den ersten Preis. Bis zu seinem Tode am 4. September 1960 - er starb an einem Herzinfarkt - schrieb M. Karagatsis weitere 15 Romane, er veröffentlichte mehrere Erzählbände, Theaterstücke und Essaysammlungen.

Zu seinen wichtigsten Romanen gehören neben „Oberst Ljapkin" und dem „Gelben Dossier" (1956; erschienen 2016 in deutscher Erstübersetzung im *Verlag der Griechenland Zeitung*) die

Romane „Chimäre“ (1936), „Jungermann“ (1940), „Das Ende Jungermanns“ (1941), „Die verlorene Insel“ (1942), „Fieber“ (1946), „Der große Schlaf“ (1947), „Das Ende des Michalos“ (1949), „Die große Chimäre“ (1953), „Sergios und Bakchos“ (1959) und „Die 10“ (1964 posthum erschienen).

Sein Urgroßvater: ein „Kotzambassis“

Ein Höhepunkt seines Schaffens ist zweifellos auch der vorliegende Roman „Der Kotzambasis von Kastropyrgos“ (griechisch: O *Kotzámpasis tou Kastrópyrgou*); Erstausgabe 1944. Es handelt sich dabei um den ersten Teil einer Trilogie, in der M. Karagatsis die Geschichte der eigenen Familie aufgreift. Sein Urgroßvater war ein solcher Kotzambassis, ein Mitglied griechischer Lokaleliten auf der Peloponnes während der Fremdherrschaft der Osmanen, die u. a. von ihrem Großgrundbesitz, Handelstätigkeiten und der Eintreibung von Steuern profitierten, die aber auch großen politischen Einfluss hatten (*siehe auch Historisches Nachwort auf Seite 245*). Um das Schicksal seines Urgroßvaters zu beschreiben, hat M. Karagatsis vor allem auch eine Autobiografie seines Vaters Georgios Rodopoulos herangezogen, in der das Leben des bekannten Vorfahren geschildert wurde.

Da das Wort „Kotzambassis“ im deutschen Sprachraum wohl kaum bekannt ist, wählten wir anstatt des Originaltitels den Titel *„Held von Kastropyrgos“*.

Mit diesem Buch versetzt uns der Autor mitten in die Zeit des griechischen Aufstandes, der 1821 begann und schließlich in der Befreiung Griechenlands mündete. Es handelt sich also um ein Buch über die Revolution, das genau 200 Jahre nach dem Beginn des Aufstandes der Griechen vom Joch der osmanischen Besatzung noch immer Gültigkeit hat, denn Karagatsis, der historisch sehr interessiert war, beschreibt reale geschichtliche Hintergründe und real existierende Akteure, die darin verwickelt waren.

Mehr als eine geschichtliche Abhandlung

Doch es ist mehr als nur ein Buch über die Revolution, es ist mehr als eine geschichtliche Abhandlung. Bleibende Aktualität hat es, weil es im Grunde die Wirren von Kriegen beschreibt, durch die Menschen zur Flucht gezwungen werden. Es ist ein Buch über das Bemühen, am Leben zu bleiben in undurchsichtigen Zeiten, die grundlegende Veränderungen und Umbrüche mit sich bringen, die die Beteiligten meist selbst nicht zu verantworten haben. Und es ist auch ein Buch über den Opportunismus, in dem der Akteur sein Mäntelchen sehr geschickt nach dem Wind hängt und mit etwas Glück schließlich in der Gesellschaft wieder nach oben gespült wird. Außerdem ist es ein Buch über Liebe, Lüge und Verrat, über „die bedingte Gültigkeit von Überzeugungen und Worten", wie M. Karagatsis es beschreibt – und vor allem: Es ist große Literatur.

Der Hauptheld des Romans ist Michalos Russis, ein geschmeidiger, selbstgefälliger Durchwurstler, der schließlich in den Wirren der Revolution unfreiwillig Heldenstatus erlangt. Der Punkt dieser Verwandlung – lassen Sie sich überraschen! – ist literarisch sehr geschickt gemacht; ein bisschen fühlt man sich an die surrealistischen Darstellungen eines Michail Afanassjewitsch Bulgakow („*Der Meister und Margarita*") erinnert.

Bei der Herausgabe dieses Buches haben wir uns auf eine Ausgabe des Manesse Verlags (Zürich 1962) gestützt, die Übersetzung stammt von Nestor Xaidis. Wir haben diese Übertragung geglättet und dem heutigen Sprachgebrauch angepasst. Wir glauben, dass es sich um eine sehr lesenswerte Lektüre handelt, nicht nur, um die Ereignisse in Griechenland vor 200 Jahren besser einordnen zu können. Viel Spaß beim Lesen!

Jan Hübel und Robert Stadler
Verlag der Griechenland Zeitung

ERSTES KAPITEL

Der Kotzambassis Michalos Russis und der Griechische Aufstand

Tok - tok - tok ...

Dumpf dröhnten die Schläge durch die Nacht. Sie hallten wider in den Gängen der Burg und in den engen Gässchen der Stadt, die steil zum Meer hinabführten, das sich unter einem sternenhellen Himmel in den Süden verlor.

Michalos[1] fuhr aus dem Schlaf und lauschte. Nach den harten, rhythmischen Schlägen schien die Stille doppelt unheimlich. Er sah sich um. Das Ölflämmchen vor dem silberbeschlagenen Heiligenbild warf bizarre Schatten auf die Wände des Zimmers.

Tok - tok - tok ...

Wieder diese Schläge. Diesmal erwachte auch Evangelia. Sie schlug beunruhigt die dunklen Augen auf, mit einer Frage auf den Lippen. Da bemerkte sie die sorgenvolle Miene ihres Gatten und schwieg. Der hatte sich inzwischen erhoben, flüchtig bekleidet, und holte eben mit entschlossenem Griff die silberbeschlagene Pistole unter dem Kissen hervor.

Da erklang schon vor der Kammertür eine erstickte Stimme: „Herr, es ist jemand vor dem Tor! Wer kann es sein, zu dieser Stunde?“

„Mich fragst du?”

„Herr, was soll ich tun? Aufmachen?“

„Fragen, wer da ist!“

„Und wenn es Türken sind?“

„Nicht öffnen, Panagos. Zurückkommen und mir melden.“

Die Schritte verhallten. Dann Flüstern am Tor. Michalos

1 *Michalos: Lokale Variante des Namens Michail bzw. Michalis*

stand da, unbeweglich lauschend, die Pistole in der Hand. Evangelia war blass geworden. Ihre blutleeren Lippen bewegten sich in stummem Gebet.

Draußen wurde es still. Dann hörten sie, wie der Riegel knarrend zurückgeschoben wurde und der schwere Torflügel in den Angeln quietschte. Das Tor fiel zu. Michalos atmete erleichtert auf. Er legte die Waffe aus der Hand und wischte sich den Schweiß aus der Stirn.

„Panagos hatte ihn eingelassen. Einer der Unseren also."

Evangelia fiel seufzend auf ihr Lager zurück und schloss die Augen.

„Ist das ein Leben! Ich halte es nicht länger aus!"

Michalos hatte seine gewohnte Ruhe wiedergefunden. Er beugte sich nieder, umfasste zärtlich seine Frau und küsste sie auf den Mund.

„Geduld, Evangelia, alles hat einmal sein Ende!"

Willfährig gab sich die Frau den leidenschaftlichen Liebkosungen ihres Mannes hin. Auf der Stiege erschollen die Schritte des Panagos.

„Herr", meldete er durch die Türe, „der Priester Panaretos ist draußen. Er will dich sprechen. Es ist dringend. Im Auftrag des Bischofs."

Michalos' Züge umdüsterten sich. Er zog die Stirne in Falten.

„Was der wieder von mir will, mitten in der Nacht?", fragte er sich voller Widerwillen, in dunkler Ahnung kommenden Unheils. Aber dann besann er sich und rief dem Diener:

„Gleich! Ich komme!"

Rasch, aber sorgfältig kleidete er sich an. Er gehörte zu jenen Menschen, die sich niemandem, auch nicht ihrem Diener, nachlässig gekleidet zu zeigen pflegen. Nun war er bereit, in schwarzem Rock, der bis zu den Knien reichte, in weißen Strümpfen und festen Schuhen. An der Türe wandte er sich an seine Frau:

„Ich bin gleich wieder da."

Aber im letzten Augenblick überlegte er es sich anders, drehte sich um und küsste Evangelia voll Leidenschaft. Dann holte er die Pistole unter der Matratze hervor, schob sie in den Gürtel und verließ schließlich das Zimmer.

Aufrecht stand Panaretos im großen Saal.

„Was willst du, Priester, von mir, jetzt, mitten in der Nacht?"

Der so Angeredete, ein schmächtiger Mann von etwa fünfzig Jahren, verbeugte sich tief vor dem Jüngeren. Man hätte meinen können, dieser sei der Ältere und ein höherer kirchlicher Würdenträger. Aber die Reverenz des Geistlichen galt einem Kotzambassis, dem weltlichen Oberhaupt der lokalen christlichen Gemeinde. Ihm gebührte diese Ehrerbietung. Das ledrige, zerquälte Antlitz des Priesters war fast ganz unter einem schwarzen Bart verborgen. Aber seine Augen glühten.

„Der Bischof bittet dich, sofort zu ihm zu kommen. Es drängt sehr, und ..."

„Sage doch zuerst, was eigentlich los ist?"

„Ich weiß es selbst nicht. Aber die anderen Stadtoberhäupter sind schon dort. Petros Mothonitis, Kapitän Manolis und Lukas Pyros."

Michalos begriff, dass nun nicht die Zeit für lange Reden und Ausflüchte war.

„Schon gut. Ich komme." Dann wandte er sich seufzend an Panagos, der unbeweglich, die Pistole im Gürtel, hinter ihm stand. „Sag meiner Frau, dass ich erst spät nach Hause kommen werde. Und jetzt gib mir den Fez."

„Soll ich mitkommen, Herr?"

„Du bleibst hier. Aber öffne keinem das Tor, keinem! Hörst du! Und sei wachsam!"

Ein zweites Mal öffnete und schloss sich das Burgtor in dieser Nacht.

Die beiden Männer schritten durch die dunklen Gassen.

Voran der Priester, hinter ihm Michalos Russis, auch Michalis genannt, der Kotzambassis von Kastropyrgos, der wichtigsten Stadtgemeinde der ganzen Peloponnes.

Allmählich begann es zu dämmern. In Gedanken versunken stieg Michalos die steingepflasterte Straße zum Hause des Bischofs empor. Ihm ahnte, dass er einem Abenteuer entgegenging, das schwerwiegende Folgen nach sich ziehen könnte. Voll Unbehagen sagte er sich, er sei nicht gemacht für solch gewagte Dinge. Als einziger Spross der alten und angesehenen Familie Russis hatte er von seinem Vater ein großes Vermögen geerbt. Die Hälfte des Bodens von Kastropyrgos gehörte ihm, sowohl städtischer wie auch ländlicher Besitz: ganze Straßenzüge mit stattlichen Häusern und Tausende Morgen Land, Wein- und Gemüsegärten, Olivenhaine, Felder und Weiden. Ein Heer von Knechten sorgte dafür, dass sich die Zisterne des Michalos Russis mit Dukaten und Maria-Theresien-Talern füllte.

Die Mutter war bei seiner Geburt gestorben. Kaum dem Knabenalter entwachsen hatte er auch den Vater verloren und war schon in jungen Jahren auf sich selbst gestellt. Die Verwaltung eines so großen Vermögens hatte ihn anfangs erschreckt, aber nachher bewältigte er sie mit viel Erfolg. Denn er war maßvoll, klug, vorsichtig und fleißig. Schon bei Sonnenaufgang ritt er täglich, von Panagos begleitet, auf die Felder, um nach dem Rechten zu sehen. Wo er nötig war, war er auch zur Stelle. Dabei war er gutmütig. Sein Herz ließ es nicht zu, dass er irgendwem eine Bitte abschlug. Das Unglück anderer rührte, ja erschütterte ihn. Niemals schikanierte er seine Untergebenen, im Gegenteil: Was in seiner Macht stand, geschah, um ihr Los zu erleichtern. Dabei hätte man nicht sagen können, dass er ein Menschenfreund sei oder soziale Gerechtigkeit anstrebte. Er stand keineswegs unter dem Einfluss der Parolen der Französischen Revolution, die mit Bonapartes Soldaten bis zu den Ionischen Inseln vorgedrungen waren. Er war nichts weiter als ein guter, aber etwas schwacher Mensch.

Geld und Wohlstand waren die beherrschenden Werte seines Lebens. Er fand sein Glück im Reichtum, in der Vergrößerung seines Besitzes. Er war mit der Welt zufrieden, so wie Gott sie geschaffen hatte. Auch die gründliche Erziehung in Dimitsana hatte nicht vermocht, in ihm Zweifel, Fragen und Probleme aufzuwerfen. Er freute sich des herrschaftlichen Lebens auf seiner Burg Kastropyrgos und verlangte nicht mehr. Seine einzige Leidenschaft waren die Frauen. Dank seinem Geld, seiner Stellung und seiner Macht konnte er dieser Passion in reichlichem Maß huldigen. Kein Vater oder Ehemann hätte damals leichtfertig aufbegehren können, wenn der „gnädige Herr" der Tochter oder Gattin die „Ehre" erwiesen hätte. Es wäre auch nicht ratsam gewesen. Wenn einer aber dennoch rebellierte und diese „Ehre" als Beleidigung ansah, so musste er beizeiten verschwinden und sich den Klephten in den Bergen anschließen.

Im Umfeld von Michalos hatte sich aber niemals Derartiges zugetragen, denn er war klug genug, die Frauen streitbarer Männer zu meiden. Verwicklungen jeglicher Art waren ihm verhasst. Ein gutmütiges Herz, maßvolle Freigebigkeit, eine hohe Stellung und stattliches Aussehen bescherten ihm ohnehin überall Sympathien. Als deshalb an Stelle seines verstorbenen Vaters ein neuer Kotzambassis gewählt werden musste, hatte er keine Widersacher. Ohnehin war es seit alters her Brauch gewesen, dass der Erstgeborene der Familie Russis das Amt übernahm.

Niemals missbrauchte Michalos seine Macht. Beim Eintreiben der Abgaben nahm er jede Rücksicht und war stets bereit, den Armen ihre Steuern zu stunden oder ganz zu erlassen. Als Verwalter war er umsichtig und schlau, als Richter unbestechlich und milde.

Mit den Türken stellte er sich gut. Er kannte ihre Habgier und wusste sich bei ihnen durch Geschenke beliebt zu machen. Dafür ließen die Türken ihn auch in Ruhe und mischten sich nicht in seine Angelegenheiten. Mit Arslan-Bey, dem türkischen Befehlshaber von Kastropyrgos, unterhielt er freundschaftliche Beziehungen, blieb aber immer vorsichtig darauf bedacht, sich bei den Griechen nicht als Türkenfreund bloßzustellen. Mora Valessis, der türkische Gouverneur der Peloponnes, kannte Michalos' Fügsamkeit und Ergebenheit und schlug ihm vor, den Muslimen bei ihren Kämpfen gegen die Klephten in den Bergen zu helfen. Er aber verstand es, dieses peinliche Angebot so gewandt abzulehnen, dass der Gouverneur es ihm nicht weiter übelnahm, sondern einsah, dass es besser war, auf seine Mitarbeit zu verzichten.

Der Bischof dagegen hatte damals Michalos zu seiner patriotischen Gesinnung beglückwünscht. Doch der hatte lachend geantwortet:

„So dumm bin ich auch wieder nicht, um es mir mit den Männern des Kolokotronis zu verderben!"

Dennoch gab es der Bischof nicht auf, Michalos Russis zu patriotischer Gesinnung zu bekehren. Es war die Zeit, da die Philiki Häteria beim griechischen Volk für den Freiheitskampf warb. Der „große Tag" stand bevor. Jeder Grieche musste mitmachen. Passivität und Gleichgültigkeit galten schlimmer als Verrat. Michalos Russis war unentbehrlich. Sein Name, seine Macht, seine vielen Freunde, alle seine Untergebenen, die ihn liebten und ihm blindlings folgten, stellten ein moralisches und materielles Kapital dar, das für die Vorbereitung des Aufstandes wichtig war. Nicht zuletzt war da noch die Zisterne mit den Golddukaten und Maria-Theresien-Talern. Der Bischof hatte es also unternommen, Michalos mit den Zielen der Philiki Häteria vertraut zu machen und ihn für sie zu gewinnen. Er gehörte zu jenen Priestern, für die Griechentum und Christentum eins waren. Er war durch die hohe Schule der Diplomatie der Phanarioten[2] gegangen,

2 *Phanarioten, die in Konstantinopel ansässige byzantinisch-griechische Aristokratie*

stand in ständigem Kontakt mit den Türken, wie jeder Bischof ihn damals aufrechterhalten musste, und war wendig und schlau, beinahe mehr Politiker als Seelenhirte. Klug wie er war, gelang es ihm auch leicht, Michalos' Gleichgültigkeit zu überwinden. Nicht etwa, dass der junge Kotzambassis plötzlich für die nationale Sache Feuer und Flamme gewesen wäre. Aber schwach und nachgiebig, wie es in seiner Natur lag, unterwarf er sich gerne, ohne allzu viel Widerstand, der feurigen Beredsamkeit des Priesters.

Da er umsichtig war, begriff er auch bald, dass er unmöglich abseits stehen konnte, wenn das ganze Volk sich auf die große Erhebung vorbereitete. Er durfte seinen Brüdern nicht nachstehen. Das hinderte ihn aber nicht, bei jeder Gelegenheit darauf hinzuweisen, dass dieses ganze Tun, angesichts der überlegenen Macht des Osmanischen Reiches, völlig zwecklos sei. Die Führer der Aufstandsbewegung zählten ihn darum zur Gruppe der Zaghaften und rechneten nicht allzu sehr mit ihm, wobei sie allerdings seine Zuverlässigkeit und seine Aufrichtigkeit nicht in Zweifel zogen. Michalos' Denkart war ihnen freilich völlig fremd, denn er betrachtete die Frage nicht politisch, sondern vom Standpunkt seines persönlichen Wohlergehens. Ihm ging es gut, ihm fehlte nichts. Was sollte ihm also der Aufstand nützen, gleichgültig, ob er gelang oder nicht? Die Gegenwart war ihm schon recht, trotz allen Schattenseiten, die man nicht verleugnen konnte. Aber deswegen die Dinge zu komplizieren? Das ging ihm dann auch wieder zu weit.

In dieser Haltung wurde er durch seine Heirat bestärkt. Weihnachten 1820, also ein Jahr zuvor, hatte er Evangelia zur Frau genommen, aus echter Zuneigung sogar. Sie war die einzige Tochter des Andreas Merssinis, des reichen Kotzambassis von Panochora, fünfzehnjährig, ein bildschönes Mädchen, genau, was sich die Leidenschaft seiner fünfunddreißig Jahre erträumt hatte. Evangelia liebte ihn so, wie nur unschuldige

Mädchen erfahrene und schöne Männer zu lieben vermögen, und sie gab sich ihm aus voller Seele und mit allen Sinnen hin. Eben jetzt aber, da Michalos die höchste Stufe seines Glücks erklomm, da das Leben einen Zauberteppich sorgloser Tage zu seinen Füßen ausgebreitet hatte, wollten einige Wirrköpfe und Phantasten, denen ihre eigenen vielen Glücksgüter nicht genügten, das griechische Volk zu einem Aufstand verleiten und in die sichere, blutige Katastrophe führen!

Zugegeben, um das Volk war es ihm nicht so sehr zu tun. Vielmehr beunruhigte es ihn, dass dieser Sturm auch ihn und sein Glück hinwegfegen könnte. Er sah schon die Zisterne geplündert, sein Heim eingeäschert, Evangelia im Harem irgendeines Paschas, sich selbst aufgehängt an einer Platane in Tripolis. Sträflicher Leichtsinn war es, pure Dummheit, was diese Männer wollten. Aber gegen seinen Willen war er in diese Dummheit verstrickt. Möge der Himmel ihm beistehen!

So dachte Russis, während er durch die Nacht die steile Gasse zum Haus des Bischofs hinaufging. Tief unten war das Meer, kaum vernehmbar. Über der hohen Burg hing düster und unheimlich der abnehmende Mond. Durch die Stille erklang Gesang: schwermütig, monoton, klagend, ein Ghasel, geboren in den Steppen Turkestans, in den Dünen Arabiens, barbarische, landfremde Klänge, die Michalos die reine Luft Griechenlands zu entweihen schienen. Ein türkischer Posten wohl, irgendwo in den Bergen, dem die Zeit lang wurde.

Der große Saal lag im Zwielicht des Morgens. Zarte Röte drang bereits durch die hohen Fenster und gesellte sich zum Schein der Flammen des vierarmigen Leuchters, die wie feurige Speere reglos empor glühten. Die Ikone in der düsteren Ecke erhielt von der silbernen Ampel spärliches, zitterndes Licht und mahnte zu Besinnung und Einkehr. Auf einem schweren, glattgehobelten Eichenstuhl saß der Bischof. Um ihn hatten die drei Stadtoberhäupter auf Ottomanen Platz genommen.

Bischof Dorotheos von Kastropyrgos und Vatitsa war schon alt. Aber ungeachtet vieler Schläge und Niederlagen eines langen Lebens schien er von ungebrochener Tatkraft. In sein Gesicht waren tiefe Furchen gegraben, die auch der aschgraue Bart nicht verbergen konnte. Die Nase war krumm wie ein Geierschnabel, unter buschigen Brauen lagen die Augen in tiefen Höhlen, klug, aber starr und leblos, unergründliche, spöttische Augen. Das Gesicht verriet Intelligenz und Trauer, hatte aber auch etwas rätselhaft Hintergründiges, Verschlagenes.

Ihm am nächsten saß Petros Mothonitis, der Kotzambassis von Vatitsa, ein breiter Rundschädel mit stechenden, schwarzen Augen und schmaler Adlernase über schütterem Schnurrbart, Musterbeispiel des selbstherrlichen, geldgierigen und erpresserischen Kotzambassis. Er plünderte die Vatitsaner bis aufs Blut aus. Von Jugend auf kannte er nur ein Ziel: alles im Umkreis von Vatitsa seinem Besitz einzuverleiben. Nicht ein Morgen Land sollte in fremder Hand bleiben, kein Vatitsaner sollte mehr über eigenen Boden und über die eigene Haut verfügen. Land und Leute sollten sein werden. Mensch und Natur hatten nur ihm zu dienen. Dafür lebte er.

Ein solches Vorhaben zu verwirklichen, war nicht ganz leicht, zumindest nicht auf gesetzlichem Wege. Wobei es freilich eine Binsenwahrheit bleibt, dass Gesellschaftsordnung und Gesetzgebung von alters her das Ziel zu haben scheinen, den Raub zu begünstigen. Nun, Mothonitis nützte die Not seiner Mitmenschen und alle Zwangsmittel, die das Recht ihm gab, erbarmungslos aus. Er verlieh Geld zu Wucherzinsen und trieb Schulden und Vermögensabtretungen rücksichtslos ein. Sollte aber einmal ein armer Schuldner, dem das Wasser bis zum Hals stand, sich in seiner Verzweiflung weigern, den Kopf noch tiefer zu beugen, dann trat die legitime Gewalt auf den Plan: Er wurde nämlich dem wohlgenährten Türken überantwortet, den Mothonitis natürlich reichlich mit Bestechungsgeldern überschüttet hatte. Vor diesem aber senkte jeder den Kopf, ausnahmslos.

Solche Methoden bargen aber auch Gefahren in sich. Zweimal schon waren Kugeln knapp am Kopf des Kotzambassis vorbeigepfiffen – ein Umstand, der ihn veranlasste, sich vorzusehen und nicht schutzlos in einsamer Gegend umherzustreifen. Aber sein Verhalten änderte er dennoch nicht. Langjährige Freundschaft und gemeinsames Interesse verbanden ihn mit Dorotheos. Der Bischof unterstützte ihn, kraft seines Amtes, wie immer er nur konnte, und hatte ihn schon oftmals aus schier hoffnungsloser Lage gerettet. Dafür war natürlich auch der Kotzambassis ein willfähriges Werkzeug in den Händen des Kirchenmanns.

Der zweite Patrizier hieß Lukas Pyros und war Bürgermeister von Liguri. Dieser kräftige Mann von etwa vierzig Jahren hatte ein einnehmendes Gesicht, das aber auch nicht einer gewissen Verschlagenheit entbehrte und in dem sich bäuerliche und aristokratische Züge vermengten. Sein Vater war noch einfacher Landarbeiter gewesen, Knecht des alten Konstantinos Russis, der es seiner eigenen Tüchtigkeit verdankte, vom Knecht zum Aufseher und vom Bauern zum Gutsbesitzer aufzusteigen und schließlich Eigentümer eines ganzen Dorfes zu werden. Bei der damaligen Lage der Dinge war es keine Kleinigkeit für einen Knecht, Gutsbesitzer zu werden und gar Ortsvorsteher und Archont. Es bedurfte breiter Schultern, auf die man sich stützen konnte. In diesem Falle gehörten diese breiten Schultern Konstantinos Russis, der seinem Knecht sehr gewogen war. So konnte der alte Pyros, der Vater des Lukas, die Stufenleiter des Erfolges rasch erklimmen. Viel wurde gemunkelt über das Warum dieser Hilfe, aber Konkretes wurde nicht bekannt. Die guten Beziehungen der beiden Männer waren auf der ganzen Peloponnes bekannt, und wenn jemand nach den Absichten und Plänen des Lukas fragte, erhielt er unweigerlich zur Antwort:

„Lukas Pyros tut das, was Michalos Russis ihm sagt.“

Der dritte und letzte Patrizier in diesem Kreise war Kapitän Manolis Trukas. Etwa sechzig Jahre alt, groß und kräftig, mit mächtigem Schnurrbart, unter der geröteten, knolligen Nase trug er, im Gegensatz zur allgemeinen Gepflogenheit, das Haar kurzgeschoren und hochgebürstet auf seinem runden Schädel. Er wirkte lebhaft und finster zugleich, sein Blut geriet leicht in Wallung, und er neigte zu Jähzorn. Dass er Albaner und Seemann war, sah man an seiner Kleidung: eine kurze Jacke, die Tuchhose endete über den nackten Knien, weiße Strümpfe, beschlagene Schuhe und auf dem Kopf den runden Fez mit kurzer Quaste.

Es mag eigenartig erscheinen, dass es ein Arvanite, zumal einer von der Küste, zum Ortsvorsteher einer Gemeinde auf der westlichen Peloponnes gebracht hatte. Das war so gekommen: Im Jahre 1785 fuhr Manolis Trukas als Matrose auf einem Schiff seiner Heimatinsel. Zufällig reiste auf diesem Schiff Georgakis Russis, Michalos' Großvater, mit seiner Familie von Kastropyrgos nach Livorno. Aspasia, die erwachsene Tochter des Georgakis, verliebte sich leidenschaftlich in Manolis. Später, nach manchem Hin und Her, heiratete die Tochter des reichen Kotzambassis tatsächlich den einfachen Seemann.

Nach der Hochzeit blieb Manolis eine Weile in Kastropyrgos, wo er als Mitgift reichen Grundbesitz erhalten hatte. Doch seinen Seemannsberuf gab er deswegen nicht auf. Mit seinem Geld baute er Schiffe und wurde immer reicher. Anfänglich fuhr er noch selber zur See, später, als seine Söhne erwachsen waren, machte er sie zu Kapitänen seiner Schiffe. Er selbst widmete sich seinem Grundbesitz und der Verwaltung seines stets wachsenden Vermögens. Das Amt eines Kotzambassis wollte er eigentlich nie übernehmen. Mit den Verwandten seiner Frau, der Familie Russis, unterhielt er stets die besten Beziehungen, und seinen Neffen Michalos hatte er besonders in sein Herz geschlossen.

Michalos küsste die Hand des Bischofs, begrüßte die drei Stadtoberhäupter und setzte sich. Das jähe Erwachen, der unterbrochene Schlaf, die Vorladung des Bischofs, der steile, nächtliche Weg und nun die feierliche Miene der Versammelten hatten ihm gründlich die Laune verdorben. Er steckte sich den Tschibuk, die lange türkische Pfeife, an, aber schon der erste Zug schmeckte wie Gift. Da fiel ihm erst ein, dass er noch nicht einmal seinen Kaffee getrunken hatte. Mit dem Daumen erstickte er die Glut im Pfeifenkopf und wartete. Aber keiner sagte ein Wort. Es kam ihm vor, als wäre alles Wesentliche schon vorher besprochen worden.

„Was gibt es also?", fragte er schließlich ungeduldig. „Warum habt ihr mich aus dem Schlaf gerissen?"

„Bei der Heiligen Mutter Gottes", bemerkte Mothonitis voller Ironie, „vielleicht ist unsere Sache es wert, dass sogar ein schöner, jungvermählter Kotzambassis ihr ein wenig von seinem Schlaf opfert."

Ohne sich zu rühren, warf der Bischof dem Kotzambassis von Vatitsa einen strafenden Blick zu. Es war nicht der Augenblick, Michalos zu reizen. Sie brauchten ihn ja.

„Höre zu, mein Sohn", begann er, „schlechte Nachrichten sind eingetroffen. Unangenehme und verdrießliche Nachrichten für unsere Sache."

Michalos wiegte bedauernd, aber ohne jede Überraschung den Kopf:

„Es hätte mich gewundert, wenn die Nachricht gut gewesen wäre ..." Der Bischof überhörte den Spott und fuhr fort:

„Es sieht so aus, als hätte der Kaymakam[3] Mechmed Salich von unseren Plänen Wind bekommen. Er und die Türken in Tripolis scheinen beunruhigt zu sein."

Michalos lächelte wissend:

3 Kaymakam: hoher militärischer Rang der Türken, oberster Beamter, Repräsentant des Sultans; direkt dem Mora Valessis, dem Gouverneur der Peloponnes, unterstellt

„Was kann man schon erwarten? Wir, eine Handvoll Rebellen, ohne Waffen, ohne Führung, ohne Organisation auf der einen Seite und auf der anderen das mächtige Reich der Türken! Ja, wenn wir uns mit einem Schlage erheben könnten, um die Peloponnes in die Hand zu bekommen, bevor der Kaymakam überhaupt begreift, was los ist – dann, vielleicht. Dann könnten wir wenigstens in Ruhe überlegen, wie wir mit dem Entsatzheer fertig werden, das der Sultan natürlich herüberschicken wird."

„Also, du meinst schlagartig, plötzlich?", warf Lukas Pyros ein.

„Genau das: schlagartig. Als die Türken von unseren Absichten noch nichts ahnten, als sie noch alle schliefen, damals hätten auch wir uns schlafend stellen sollen. Und dann ein plötzlicher, überraschender Schlag – nur so hätten wir Erfolg gehabt. Aber jetzt ..."

Eine Gebärde der Hoffnungslosigkeit ersetzte die ungesprochenen Worte, die diesem „aber jetzt ..." hätten folgen sollen.

„Jetzt ist nicht die Zeit für leeres Geschwätz!", warf Manolis Trukas besonnen ein. „Mit ‚wenn' und ‚aber' kommen wir nirgends hin. Hören wir lieber, was der Bischof zu sagen hat."

Dorotheos kniff die Augen zusammen und begann mit leiser, bedächtiger Stimme:

„Damals, in Vostitsa, haben wir den Plan für den Aufstand genau durchgesprochen. Jede Eventualität wurde bedacht. Natürlich auch die, dass etwas schiefgeht und dass der Kaymakam Mechmed Salich davon erfährt. Es war vorauszusehen, dass er in einem solchen Falle alle Bischöfe und Patrizier aus der ganzen Peloponnes nach Tripolis beordern würde, um damit der Bewegung mit einem Schlag die Führung zu nehmen."

„Und was wurde für diesen Fall vorgesehen?", fragte Trukas.

„In Artikel II unseres Beschlusses wurde festgelegt: Falls

uns der Kaymakam nach Tripolis zitiert, nicht zu folgen, sondern unter irgendeinem Vorwand abzulehnen. Germanos, der Metropolit von Christianupolis, wurde unverzüglich beauftragt, die ganze Peloponnes zu bereisen und sämtliche Bischöfe und Patrizier persönlich einzuweihen. Germanos machte sich also auf den Weg. Aber eine solche Reise lässt sich nicht ganz geheim halten. Und dann geschah es: Mechmed Salich schöpfte Verdacht, kam uns zuvor und berief nun alle Bischöfe und Archonten auf der Stelle nach Tripolis."

„Und hatte Germanos bereits alle verständigt?", warf Pyros ein.

„Eben nicht. Er schaffte es nicht. Aber das Schlimmste kommt erst ..." Aller Augen waren auf den Bischof gerichtet. Nach einer vielsagenden Pause fuhr der fort:

„Der Patriotismus des Germanos ist über jeden Zweifel erhaben. Aber er ist auch klug. Er war schon immer der Ansicht gewesen, wir dürften nicht eher losschlagen, bis die Revolution in allen Einzelheiten vorbereitet ist."

„Ganz richtig!", riefen Michalos, Pyros und Trukas wie aus einem Mund. Nur Mothonitis schwieg.

„Natürlich hat er recht", pflichtete auch Dorotheos bei. „Bischof Germanos war nun gerade in Chani Makriplagiu, da erreichte ihn eine fatale Nachricht: Mavromichalis, er heißt jetzt auch Petro-Bey, hatte sich mit den anderen Griechen überworfen, unsere Sache verraten und dem Sultan Gehorsam geschworen, nur um seinen Herrschaftsbereich, die Mani, sich und seinen Nachkommen zu sichern."

Kapitän Manolis stieß einen kräftigen Fluch aus. Michalos und Pyros erblassten.

„Um der Pforte seine Loyalität zu beweisen", fuhr Dorotheos fort, „schickte Mavromichalis Petro-Bey seinen Sohn Anastassis nach Tripolis, als eine Art Geisel. Als er das hörte, wusste der Metropolit Germanos zunächst nicht, was er weiter tun sollte. Er überlegte, dass durch Mavromichalis'

Verhalten unsere Revolution – zunächst wenigstens – schon zum Scheitern verurteilt war, noch ehe sie begonnen hatte. Er brach also seine Rundreise vorzeitig ab und eilte unverrichteter Dinge nach Tripolis."

Dorotheos fuhr nach einer Pause fort:

„Aber hört nun, was mir Germanos, der alte Pater Germanos aus Patras, also nicht zu verwechseln mit dem Metropoliten Germanos, von dem bisher die Rede war, schreibt ..."

Bischof Dorotheos nahm ein Schriftstück vom Tisch, setzte die Brille auf und begann mit schleppender Stimme zu lesen:

Nun, nach dem Abfall des Mavromichalis, muss jeder Gedanke an einen Aufstand, für den Augenblick wenigstens, aufgegeben werden. Mechmed Salich hat alle Rajahs[4]*, alle Patrizier und den gesamten höheren Klerus nach Tripolis beordert. Wir haben das vorausgesehen und haben in Vostitsa unser Verhalten für diesen Fall bereits festgelegt. Der Beschluss wurde dem Metropoliten von Christianupolis, meinem Namensvetter, zur allgemeinen Bekanntmachung anvertraut. Als der aber von Mavromichalis' Abtrünnigkeit erfuhr, unterbrach er seine Rundreise in Chani Makriplagiu und begab sich nach Tripolis. Uns bleibt nichts anderes übrig, als seinem Beispiel zu folgen, auch nach Tripolis zu gehen und den Argwohn des Kaymakam einzuschläfern. Nur so können wir unsere Sache retten.*

Noch heute verlasse ich Patras. Dir und den anderen rate ich, ebenfalls schnellstens nach Tripolis zu reisen. Allerdings möchte ich Dich vorher noch an einem anderen Ort treffen, damit wir unser Verhalten gegenüber dem Kaymakam abstimmen können. Sei darum am 15. des Monats zuverlässig in Kalavryta, wo ich auf Dich warte. Wir können dann die Weiterreise nach Tripolis gemeinsam machen.

Dorotheos legte den Brief nieder und nahm seine Brille ab. „Das also schreibt Pater Germanos", sagte er.

4 *Rajahs nannten die Türken die tributpflichtigen christlichen Untertanen des Osmanischen Reiches.*

Eine Weile schwiegen alle, in Gedanken versunken.

„Und wir, was sollen wir nun tun?“, unterbrach schließlich Manolis Trukas die Stille.

„Was können wir tun?“, antwortete der Bischof. „Dem Rate des Pater Germanos folgen und dem Kaymakam gehorchen ...“ Seufzend fuhr er fort: „Die Stunde unserer Freiheit hat noch nicht geschlagen. So will es Gott. Aber Petro-Bey, der wird es einmal verantworten müssen! Jetzt aber bleibt uns keine Wahl. Auf also, nach Tripolis, um den Verdacht der Türken zu zerstreuen. Es heißt eben nun, eine Weile in Tripolis zu leben.“

„Dieses Leben in Tripolis“, fragte Michalos, „wird das nicht gefährlich sein?“

„Gefährlich“, beruhigte ihn der Bischof, „durchaus nicht. Wenn alle Archonten und Bischöfe der Einladung Folge leisten und sich loyal verhalten, wird Mechmed Salich sich beschwichtigen lassen. Ohne uns ist doch jede Aufstandsbewegung kopflos. Ohne uns ist jede Aufstandsbewegung zum Scheitern verurteilt. Darum wird uns der Kaymakam einige Zeit in Tripolis festhalten und uns dann nach Hause schicken.“

„Das leuchtet ein“, meinte Trukas, „es kann ja gar nicht anders sein.“

„Auf zur Reise, also“, schloss der Bischof die Sitzung. „Ihr drei, Kapitän Manolis, Lukas und Michalos, nehmt den kürzesten Weg über Rufia und Vitini. Petros und ich reiten über Kalavryta, um uns dort mit Pater Germanos zu beraten.“

„Warum bleiben wir nicht alle zusammen?“, schlug Trukas vor.

„Das wäre unklug und gefährlich“, erwiderte der Bischof, während er sich von seinem Sitz erhob. „Petros und ich, das sind zwei, das fällt nicht weiter auf. Aber zu fünft, mit allem Gefolge, auf dem Weg nach Kalavryta, das riecht doch förmlich nach Verschwörung.“

„Sehr richtig!“, stimmte Michalos eifrig zu.

Er war es so zufrieden, und ein Stein war ihm vom Herzen gefallen. Diese unglückselige Revolution war verschoben! Gott sei gelobt! Wie oft schon bedeutete Aufschub eines Planes dessen Aufgabe. Ein Albdruck, der seit Tagen auf ihm gelastet hatte, begann zu weichen. Eine tiefe Befriedigung nahm von ihm Besitz. Alles würde also bleiben, wie es war. Und für Michalos Russis war es gut. Das glückliche Leben an der Seite seiner Frau würde weitergehen – in Frieden, in Reichtum, in Sicherheit. Gewiss, es stand jetzt diese lästige Reise nach Tripolis bevor, aber schlimm war das auch nicht. Er kannte seine Türken. Die waren viel zu kluge Politiker, um da irgendeine Dummheit zu machen. Sie würden die Rajahs so gut wie nur möglich behandeln. Ja, die Griechen würden verwöhnt werden. Schon malte er sich aus: ein Monat in Tripolis, ein amüsantes Leben im Serail, köstliches Essen, vorzügliche Weine, vielleicht, zur Abwechslung, eine kleine Liebschaft mit einer Türkin – wer weiß? Michalos lächelte. Natürlich vergötterte er seine Frau. Evangelia stand erhaben über allen anderen. Aber seine temperamentvolle Natur verlangte nach Abenteuern. Und dort in Tripolis, so hoffte er, würde er die ersehnten Abenteuer finden.

„Ich schlage also vor“, riss Dorotheos ihn aus seinen Gedanken, „wir machen uns morgen bei Tagesanbruch auf den Weg. Alle zusammen, damit die Türken hier, in Kastropyrgos, keinen Verdacht schöpfen. Erst in Kakoletsi trennen wir uns. Wir beide“, hier wandte er sich an Petros, „reiten nach links, die anderen nach rechts.“

Der Bischof erteilte ihnen seinen Segen; sie küssten ihm die Hand, man ging auseinander.

Inzwischen war es draußen hell geworden. Kastropyrgos lag in Licht und Farben getaucht. Die ersten Vögel zwitscherten geschäftig, den jungen Tag zu begrüßen. In grünlichem Schimmer lag das Meer. Oben, nahe der Burg, sang der türkische Soldat noch immer sein monotones Lied, glücklich über den hellen Morgen, dem die Nacht gewichen war.

Panagos öffnete seinem Herrn das Tor. Michalos stutzte. Die Miene seines Dieners wollte ihm nicht gefallen. An der großen Stiege stand Angeliki, die alte Tante, die bei ihm lebte. Auch sie empfing ihn mit einem seltsamen Ausdruck.

„Was habt ihr? Was ist los?", fragte er besorgt.

„Was soll los sein? Nichts, mein Sohn, warum die Unruhe?"

„Wollt ihr mir nicht sagen, was hier eigentlich vorgeht?"

Alle schwiegen betreten. Michalos ahnte, dass mit Evangelia etwas nicht in Ordnung war und stürzte in die Schlafkammer.

Ermattet und blass lag Evangelia auf ihrem Lager. Neben ihr stand, hochaufgerichtet, sein Kinn auf den Vatermörder gestützt, die Beine in enganliegende schwarze Hosen gezwängt, Signor Empedokles Anagnostopulos, Dottore der Universität Padua, ein hochgelehrter Mann. Alles Blut war aus Michalos' Wangen gewichen, wild pochte sein Herz.

„Dottore, was ist geschehen, was fehlt meiner Frau?"

Signor Empedokles lächelte überlegen und selbstgefällig. Mit einstudierter Gebärde entnahm er seiner Dose eine Prise Tabak und schnupfte und schnäuzte sich umständlich in ein großes, kaffeebraunes Taschentuch. Kurz, er bemühte sich, Michalos' Unruhe zu verstärken.

„Nichts Besonderes", meinte er schließlich, „eine kleine Indisposizione, ganz natürlich in ihrer Situazione, molto interessante." Es war seine Methode, Patienten und deren Angehörige durch gewählte, wohlüberlegte Worte zu beeindrucken.

Michalos wurde aus diesem griechisch-italienischen Sprachgemisch nicht gleich klug. Er sah den Dottore mit ängstlichen Augen an.

„Also, rede schon, was ist geschehen?"

„Ich bin gekommen, meine Glückwünsche zu überbringen, lieber Freund! Ich hoffe, dass der Erstgeborene des Hauses Russis ein Knabe sein wird!"

Michalos' erstarrte Züge lösten sich in einem breiten Lächeln. Er stürzte an das Bett und bedeckte seine Frau mit Küssen.

„Kaum warst du fort", sprach Signor Empedokles weiter, „da wurde sie ohnmächtig. Wahrscheinlich vor Aufregung. Man holte mich, ich kam, ganz ohne Frühstück, ganz ohne Frühstück ..."

Aber weder Michalos noch Evangelia hörten auf sein Geschwätz. Sie hatten beide nur einen Gedanken: das Kind, dessen Lachen bald durch die Burg der Russis erschallen würde.

ZWEITES KAPITEL

Michalos Russis zwischen Leidenschaften und Ideen

Der lange Zug von Pferden und Mauleseln kam zum Stehen. Man hatte die Straßengabel von Kakoletsi erreicht, hier trennten sich die Wege. Die Männer an der Spitze des Zuges sahen sich schweigend an. Schließlich meinte Bischof Dorotheos:

„Nun, hier heißt es Abschied nehmen. Morgen Abend bin ich in Kalavryta, wo Pater Germanos mich erwartet. Gleich nach unserer Besprechung machen wir uns auf dem kürzesten Weg nach Tripolis auf. Auf Wiedersehen dort, also."

„Aber bitte, beeilt Euch!", mahnte Michalos.

„Seid ganz unbesorgt. Heute ist Dienstag ... spätestens am Samstag sind wir in Tripolis."

„Wenn Euch nur nichts dazwischenkommt", murmelte Kapitän Manolis. Misstrauisch blickten seine Augen unter dichten Brauen.

Dorotheos zuckte die Achseln.

„Was soll uns dazwischenkommen? Am Samstag sind wir wieder vereint."

Wieder herrschte beklemmendes Schweigen.

„Also, dann viel Glück allerseits!", machte Lukas Pyros der allgemeinen Verlegenheit ein Ende.

„Gott segne euch und auf Wiedersehen!"

Dorotheos lenkte sein Pferd den steilen Bergpfad empor, der sich links in dichtem Tannenwald verlor. Ihm folgten Mothonitis, der Diakon Arsenios und fünf bewaffnete Burschen des Gefolges. Die anderen drei, Michalos, Trukas und Pyros, nahmen den Weg über die Straße, die den Fluss entlang führte.

Es war ein herrlicher Märzmorgen, erfüllt von Farbe und Licht. Nebelschwaden, des Nachts dem Fluss entstiegen, hatten sich über Felder und Wiesen gelegt, Blätter und Gras waren in rötlichen Glanz getaucht. Saphirblau leuchtete der Himmel. Alles Leben, auf der Erde, in der Luft und im Wasser, grüßte den neuen Tag.

Wie schön ist doch das Leben, dachte Michalos. Wie ist es doch wert, gelebt zu werden, einzig um seiner selbst willen! Er fühlte sich eins mit dem Würmchen, das am Boden kroch, mit dem Fischlein im Strom, mit der Amsel in der Fichte. In ihnen allen pulste der Wille zum Leben, die Liebe zum Leben und der Abscheu vor dem Tod. Die Vögel sangen, die Sonne schien, das Leben lockte.

In Tripolis wurden die Reisenden gut aufgenommen. Erleichtert stellten die Türken fest, dass sich die wichtigsten Männer unter den Griechen der Peloponnes eingefunden hatten. Am Vorabend einer Revolution hätten die Rajahs dem Rufe des Kaymakam sicher nicht Folge geleistet. Ohne Führung gab es keinen Aufstand, und die Führer befanden sich jetzt in ihren Händen. So dachten die Muslime, und der Jubel unter ihnen war groß. Selbst die Frauen, hinter vergitterten Haremsfenstern, winkten und riefen, froh und ausgelassen, zu den Patriziern und Bischöfen hinab, die aus allen Richtungen in Tripolis eintrafen.

Michalos, hoch zu Pferd, winkte im Vorbeireiten unbekümmert den Frauen zu und träumte von den verschleierten süßen Lippen und malte sich aus, dass sie ihm hinter den Holzjalousien geheimnisvoll zulächelten.

Die meisten der Gäste kehrten bei Freunden ein, bei Archonten, die in Tripolis wohnten oder in der Residenz des Bischofs der Stadt. Michalos aber nahm die Gastfreundschaft Mustafa-Beys an. Sein Großvater, Georgakis und Ressul-Bey,

Mustafa-Beys Vater, hatten enge Geschäftsbeziehungen gepflegt, und nach deren Tod blieben die Söhne befreundet. Die Vorfahren des Mustafa waren seit vielen Generationen in Griechenland ansässig, sie waren begütert und bei den Griechen beliebt und angesehen, ganz im Gegensatz zu den jüngst aus Anatolien eingewanderten Türken, die dienstlich auf einige Jahre kamen und allgemein verhasst waren.

Michalos wurde von Mustafa mit großer Herzlichkeit aufgenommen. Er fühlte sich sehr wohl bei ihm, weil er wusste, dass er im Haus des einflussreichen Beys vor jedem Ungemach geschützt war. Auch erfuhr er von seinem türkischen Freund manches, was den anderen Griechen verborgen blieb. So wurde ihm erzählt, dass Kurschid-Pascha, der Gouverneur der Peloponnes, unterwegs nach Jannina war, um Ali-Pascha, den abtrünnigen Satrapen von Epirus, zu bekämpfen. Vor seinem Aufbruch hatte der dem Kaymakam den strikten Befehl gegeben, im Falle eines Aufstandes die griechische Elite in der Stadt zu eliminieren. Nun, diese Gefahr war vorübergegangen. Die geladenen Griechen waren freiwillig nach Tripolis gekommen, und die Rajahs auf ihren Besitzungen verhielten sich still. Gewiss, da war dieser Kolokotronis in Kardamula, der etwas im Schilde führte. Und dann der alte Pater Germanos in Patras, der Bischof Dorotheos aus Kastropyrgos, der Zaimis und einige andere, die saßen in Kalavryta und fehlten noch. Aber eine kleine Verspätung war nicht ernst zu nehmen. Der Kaymakam würde sich hüten, die griechische Führung auszurotten, um einigen Heißspornen gefällig zu sein.

„Auch wir haben Frauen und Kinder wie ihr", erklärte ihm Mustafa. „Auch wir wollen nur unsere Ruhe. Sobald die anderen aus Kalavryta eingetroffen sind und Petro-Bey die Rebellen des Kolokotronis geschlagen hat, könnt ihr, wenn Allah es will, nach Hause ziehen."

„Gott gebe es, Mustafa-Bey ..."

Die Griechen, Patrizier und Klerus, trafen sich täglich

und beratschlagten. Michalos Russis blieb solchen Zusammenkünften meistens fern. Ihm schienen diese Geheimkonferenzen zwecklos, ja gefährlich. Für ihn war alles geregelt. Sogar die Verzögerung des Eintreffens der Kalavrytaner – so nannte man bald die Männer, die sich in Kalavryta um Bischof Dorotheos gesammelt hatten – konnte ihn nicht mehr beunruhigen. Er hatte doch selbst den Brief des Paters Germanos an Dorotheos gesehen, und er verließ sich auf das Wort des Bischofs. Der hatte versprochen, unter allen Umständen nach Tripolis zu kommen. So schrieb er die Verzögerung dem verhängnisvollen Hang der Griechen zu, jede kleinste Einzelheit bis zum Überdruss zu beraten. Dabei war das alles ja im Grunde unnützes Geschwätz. Da ihm also eines Morgens wieder mitgeteilt wurde, man würde sich am Nachmittag versammeln, um wegen des Fernbleibens der Kalavrytaner einen Beschluss zu fassen, meinte Michalos nur achselzuckend:

„Ach was, fernbleiben! Die Kalavrytaner werden schon kommen. Was sollten sie auch sonst tun? Erst müssen sie halt zehn Tage lang über Wind und Regen schwatzen, bevor sie sich in Gang setzen. Das kennen wir doch!"

Michalos hatte allen Grund, sorglos und guter Laune zu sein. Mittags war er mit Mustafa-Bey und einigen anderen ortsansässigen Türken, mit denen er schon lange befreundet war, im Landhaus des Chalil-Effe eingeladen, in Mai-Thanasako. Dort wollten sie essen, trinken und sich vergnügen. Zwei Kapellen würden ihnen aufspielen: die türkische Lautengruppe mit Gioss-Hussein, der wie die Nachtigall sang und dessen „Ghazel" und „Sarki" unerreicht war, und die griechische Kapelle mit ihren Geigen, Pfeifen, Flöten und Trommeln und dem Sänger Christaki Bara, der mit mächtiger Stimme peloponnesische und rumeliotische Klephten- und Heldenlieder sang. Auch Frauen sollten dort sein: eine Jungverheiratete aus Kalamata und zwei leichtlebige Türkenmädchen.

Das kleine Fest endete naturgemäß erst am späten Abend. Als Michalos im Bischofsamt eintraf, wo sich seine Landsleute versammelt hatten, war er längst nicht mehr nüchtern. Der erste Blick in die Runde zeigte ihm, dass die Stimmung gedrückt war. Die Beratungen hatten zeitig begonnen und dauerten nun schon über vier Stunden an. Das Wesentliche war bereits beschlossen, aber überall standen kleine Gruppen und kritisierten mit leiser Stimme die unbefriedigenden Ergebnisse der Besprechung. Michalos' Erscheinen wurde kaum beachtet, die Begrüßung war kühl; offensichtlich war man nicht gut auf ihn zu sprechen. Man verübelte ihm seine Sorglosigkeit, man konnte nicht verstehen, dass er auf Vergnügungen aus war, jetzt, da es um Wohl und Wehe der Nation ging.

Schließlich fand er Manolis Trukas, finster grübelnd, mit untergeschlagenen Beinen auf einem Diwan sitzend. Ihm zur Seite stand Lukas Pyros, ebenfalls in düstere Gedanken versunken.

„Was ist geschehen?", fragte Michalos voller Unruhe.

„Das ist geschehen: Germanos, Dorotheos, Mothonitis, Zaimis, Londos und all die anderen, drüben in Kalavryta, denken nicht daran, nach Tripolis zu kommen", antwortete Pyros.

„Sie wollen nicht? Aber sie haben doch ihr Wort gegeben?"

Manolis Trukas lächelte und sah seinen Neffen sonderbar an: „Ob sie wollen oder nicht, das können wir nicht sagen."

„Wieso können wir das nicht sagen?", brauste Michalos auf. „Hast du vergessen, was Germanos an Dorotheos geschrieben hat? Hast du vergessen, was Dorotheos uns versprochen hat, bevor wir uns trennten?"

„Überleg, bevor du redest, mein Neffe", erwiderte Manolis. „Höre zuerst das Ende. Wärest du von Anfang an hier gewesen, würdest du wissen, wie die Dinge liegen. Aber natürlich, wenn Türken dich einladen, ist diese Zeit zu kostbar, um den Lebensfragen der Nation geopfert zu werden."

Damit wandte er sich an Pyros:

„Erzähl du ihm, wie alles steht."

Und Lukas erzählte.

Die in Tripolis versammelten Griechen, besorgt über das Nichteintreffen des Dorotheos, hatten vor einigen Tagen einen Mönch, namens Megaspiliotis, mit einem Brief an die Kalavrytaner geschickt. Darin wurden sie aufgefordert, schnellstens zu kommen. Statt ihrer traf aber ein Brief an den Metropoliten Germanos ein, unterschrieben von dem alten Pater Germanos und von Dorotheos. Darin stand:

„Ihr kennt die Beschlüsse von Vostitsa, ihr kennt auch den Artikel II." Eben dieser Brief war es, der vor wenigen Stunden – Michalos hatte natürlich gefehlt – verlesen worden war. Da einige sich nicht an alle Artikel der Beschlüsse erinnern konnten, hatte einer den Metropoliten gefragt: „Was besagt dieser Artikel II?"

„Er bestimmt, dass wir uns weigern sollten, nach Tripolis zu kommen, falls wir von den Türken dorthin beordert würden", war die Antwort des Germanos.

„Warum aber hat man uns dann hierher gehen lassen?"

Auf diese gereizte Frage versuchte der Metropolit in längerer Rede den Anwesenden den ganzen Sachverhalt noch einmal in allen Einzelheiten darzustellen. Die Beschlüsse von Vostitsa, so erklärte er, galten besonders für den Augenblick des Ausbruchs der Erhebung. Der Artikel II musste allen betroffenen Persönlichkeiten bekanntgegeben werden. Darum hatte er, der Metropolit Germanos, sich aufgemacht, um alle Betroffenen zu verständigen. In Chani Makriplagiu hatten ihn Nachrichten erreicht, welche die Lage von Grund auf änderten. Einmal hatten die Türken von dem geplanten Aufstand Wind bekommen und Gegenmaßnahmen getroffen. Dann hatte Petro-Bey, der frühere Mavromichalis, Verrat geübt, sich dem Sultan unterworfen und seinen Sohn Anastassis als Geisel nach Tripolis geschickt. Dies alles hatte der

Bischof gewissenhaft dem alten Pater Germanos nach Patras geschrieben, der doch die Seele der Freiheitsbewegung war. Er hatte ihm auch geraten, jede Tätigkeit, die den Aufstand entfesseln könnte, einen Aufstand, der zum Scheitern verurteilt war, zu unterlassen und, gemeinsam mit allen Patriziern und der Geistlichkeit, der Einladung des Mechmed Salich zu folgen. Mit einem Wort, der Artikel II sollte rückgängig gemacht werden.

„Ich hegte die Hoffnung", hatte Metropolit Germanos seine lange Rede beendet, „dass Pater Germanos und sein Kreis meine Argumente anerkennen, meinem Rat folgen und nach Tripolis kommen würden. Doch nein! Ihr habt jetzt selbst gehört; sie berufen sich nach wie vor auf diesen Artikel II und weigern sich zu kommen."

So also standen die Dinge. Unter den versammelten Griechen hatten lebhafte Diskussionen begonnen, es hatten sich Missverständnisse und Meinungsverschiedenheiten entwickelt. Aber eines stand fest: Pater Germanos und die Seinen hatten den Ausbruch des Aufstandes unabänderlich beschlossen. Deswegen hatte er ja den Metropoliten ausgeschickt, die Elite der Peloponnes zu verständigen. Wenn dieser, entgegen den erhaltenen Weisungen, auf eigene Faust andere Beschlüsse fasste, so fielen alle Folgen auf ihn selbst zurück. Er trug ja die Schuld, dass Patrizier und Geistlichkeit nicht verständigt worden waren, ihm allein hatten sie es zu verdanken, dass sie arglos hierhergekommen waren, in die Höhle des Löwen!

Das alles erklärte Lukas Pyros dem Michalos und beendete seine Darlegungen mit folgenden Worten:

„Ich persönlich glaube auch, dass Pater Germanos und die Seinen im Recht sind. Sie hatten den Aufstand beschlossen und versucht, uns zu verständigen. Wenn uns die Botschaft nicht erreicht hat, durch die Eigenmächtigkeit des Metropoliten, so ist das nicht ihre Schuld. Die Kalavrytaner sind deshalb auch keineswegs verpflichtet, hierher zu kommen."

„So, das ist also deine Meinung?“, fragte Michalos spöttisch.

„Ja. Kann es denn überhaupt eine andere Meinung geben? Die Sache ist doch völlig klar!“

Da packte Michalos Russis wilde Wut.

„Sag mir einmal, Lukas“, begann er, „bist du jetzt völlig infantil geworden, oder hat dich das Geschwätz dieser Dummköpfe irre gemacht?“ Erregt zeigte er auf herumstehende Gruppen, die noch immer besorgt debattierten.

„Ich verstehe dich nicht“, wunderte sich Pyros, „ich weiß nicht, worauf du anspielst.“

„Hast du den Brief des Paters Germanos an Dorotheos vergessen? Jenen Brief, den uns Dorotheos damals in der Nacht vorgelesen hat, als er uns zu sich berief? Hast du seine eigenen Worte vergessen und seine Versprechungen?“

Pyros hörte nachdenklich zu, sagte aber nichts.

„Und du, Kapitän Manolis, du bist auch Zeuge gewesen“, wandte sich Michalos jetzt an Trukas. „Du bist ein besonnener Mann, du kannst klar denken und du hast ein gutes Gedächtnis. Warum sprichst du nicht, warum sagst du nicht all den Dummköpfen hier die Wahrheit?“

Und wieder zeigte er mit zitternder Hand auf die Gruppen ringsum.

Ohne eine Antwort des Kapitäns abzuwarten, sprach er erregt weiter:

„Der Metropolit hat also auf eigene Faust gehandelt, ohne nach der Meinung eines anderen zu fragen. Das mag nicht richtig gewesen sein, zugegeben. Aber seine Pflicht war es, Pater Germanos und die anderen zu benachrichtigen, ihnen zu sagen: So und so habe ich gehandelt. Nun, das hat er getan. Richtig? Selbst wenn der Metropolit eigenwillig und querköpfig gehandelt hat, Pater Germanos war verständigt worden und wusste es. Er wusste, dass die anderen nun nach Tripolis gehen würden. Da war er verpflichtet, den Aufstandsplan aufzugeben und auch nach Tripolis zu reiten.“

Michalos, einmal in Schwung, fuhr wütend fort:

„Jetzt sag mir, Lukas, wie konntest du nur so sprechen, wie du es getan hast. Dummkopf! Hast du vergessen, was Pater Germanos an Dorotheos geschrieben hat? Ich weiß es noch auswendig: So wie ich heute Patras verlasse, so rate ich dir und den anderen, schnell nach Tripolis zu gehen – oder so ähnlich. Hat er das geschrieben, oder hat er das nicht geschrieben?"

Lukas wurde blass. Argwohn stieg in ihm auf.

„Du hast recht", flüsterte er, „so hat er geschrieben."

„Na, also! Wo ist da ein Missverständnis? Wo ist die Schuld des Metropoliten? Zum Narren gehalten hat uns Pater Germanos! Schickte uns dieser Ziegenbock den Horden des Kaymakam als Schlachtvieh oder nicht? Ist das eine Hinterhältigkeit von den Kalavrytanern – oder nicht?"

Keiner antwortete. Da wandte er sich Kapitän Manolis zu:

„Du, der du das alles weißt, warum sagst du nichts? Warum schweigst du? – Gut! Wenn du nicht reden willst, werde ich reden!"

Ganz unerwartet warf er sich herum, um auf die anderen zuzugehen. Da packte ihn der alte Seemann am Ärmel und hielt ihn zurück:

„Halt, Michalos! Warte, bis du mich angehört hast. Ich muss dir etwas sagen."

Michalos blieb stehen. Heftig ging sein Atem, er kochte vor Wut.

„Was willst du also?"

„Du wirst zu keinem etwas sagen."

„So, ich werde nichts sagen? Und warum eigentlich, wenn ich fragen darf?"

„Setz dich, Michalos, lass mich ausreden."

Michalos setzte sich neben den Alten und beruhigte sich allmählich. Die Bestimmtheit und die innere Sicherheit des Kapitäns hatten ihre Wirkung.

„Wir wissen es nicht, ob uns Pater Germanos zum Narren gehalten hat oder nicht. Wir können das gar nicht wissen."

„Also bist auch du verrückt geworden."

„So solltest du nicht mit mir reden. Ich weiß genau, was ich sage. Vielleicht war es doch anders. Als uns Pater Germanos riet, nach Tripolis zu gehen, und versprach, auch hinzukommen, hatte er vielleicht wirklich die Absicht; vielleicht hatte er damals wirklich jede Hoffnung aufgegeben, den Aufstand entfesseln zu können. Doch dann, in Kalavryta, beriet er sich mit den anderen. Vielleicht stellte sich die Lage dort anders dar. Vielleicht erkannten sie, dass unsere Sache nicht so hoffnungslos stand, wie sie dachten. Vielleicht haben sie im letzten Moment ihre Ansichten geändert. Verstehst du?"

„Soso, sie haben also im letzten Moment ihre Ansichten geändert – nachdem sie uns zuerst in den Tod geschickt haben! Großartig! Ich verstehe." Michalos lächelte voll Spott.

„Man kann nicht so leichtfertig über andere Menschen urteilen. Der Schaden ist geschehen. Wir sind nach Tripolis gekommen. Wenn aber wirklich der Augenblick und die allgemeinen Umstände für den Ausbruch des Freiheitskampfes sprachen? Wenn es sich um eine Gelegenheit handelte, wie sie nicht so leicht wiederkehrt? Was dann? Sollten Pater Germanos, Londos, Zaimis und wie sie alle heißen, Griechenland in der alten Sklaverei belassen, einzig und allein, um unsere kostbaren Köpfe zu retten?"

Es folgte Stille. Man hörte nur, wie die Bernsteinkugeln des Kombologions[5] aneinanderschlugen.

„Ja, das ist jetzt eben eine wirkliche Revolution. Und Krieg ist Krieg. Tausende, Abertausende Griechen werden fallen, damit eines Tages die Überlebenden in Freiheit atmen können. Ohne Opfer geht das nicht ab. Wie sollte da das Leben von zwanzig Männern eine Rolle spielen?"

---

5 *Kombologion: kleines Kettchen aus Perlen, dient als Fingerspiel; früher als orthodoxer Rosenkranz bezeichnet*

Michalos' Augen umdüsterten sich.

„Hör gut zu, Kapitän Manolis", erklärte er. „Mein Leben opfere ich gerne, aber nur, wann und wo ich es will. Aber ein Pater Germanos hat kein Recht, mein Leben um einen Spottpreis hinterrücks zu verkaufen! Verstanden?"

„Wir können nicht wissen, ob es hinterrücks war."

„Wir wissen es sehr genau", unterbrach ihn Michalos. „Pater Germanos hat uns hierher geschickt, in den sicheren Tod, um den Türken Sand in die Augen zu streuen und so den Aufstand unbehindert beginnen zu können!"

Der Kapitän sah ihm gerade in die Augen und sagte langsam und eindringlich:

„Und wenn es so gewesen wäre? Wenn es die Umstände einfach verlangt hätten, dass wir uns zum Wohl der Nation opfern?"

Um eine Antwort nicht verlegen, entgegnete Michalos voll Spott:

„Und wenn es nicht so gewesen wäre? Wenn Germanos, Dorotheos und die anderen uns hierher geschickt hätten, um uns einfach loszuwerden? Um den Aufstand allein zu machen, sozusagen auf eigene Rechnung? Um sich später allein des Lobes, der Ehren, der Macht und des Reichtums des befreiten Landes zu erfreuen?"

Manolis Trukas schwieg. Michalos' Worte hatten getroffen, hatten ihn ins Innerste getroffen, wo der Argwohn saß, den er zu bekämpfen und zu verbergen suchte, weil er diese Möglichkeit nicht wahrhaben wollte. Nach einigem Zögern antwortete er seufzend:

„Und wenn du recht hättest, auch dann musst du schweigen."

„Warum soll ich nicht die Wahrheit aussprechen?" – „Weil niemand dadurch einen Gewinn hätte: weder du noch die Nation. Den Kalavrytanern ist es gelungen, frei zu bleiben. Wenn es ihnen passt und wenn sie können, werden sie losschlagen. Wir können sie nicht hindern. Wir können nicht einmal unser eigenes Leben retten. Also ist es für uns unwichtig, ob wir von der Niedertracht – wenn eine vorliegt –, die uns zugefügt wurde, Kenntnis haben oder nicht. Mit Geschrei und Protesten würden wir nur unseren Landsleuten und der Welt deutlich machen, dass der griechische Freiheitskampf mit Niedertracht und Zwietracht begonnen hat. Das aber wäre der schlechteste Dienst, den wir dem Vaterland erweisen könnten."

Michalos' Gesichtszüge erstarrten vor Wut:

„Ich muss gestehen, du hast deine Worte wohl gewählt. Aber höre: Was ich zu tun habe, weiß ich. Ich werde Germanos und Dorotheos nicht den Gefallen tun und mich hier abschlachten lassen, damit diese Räuber, diese Meuchelmörder, über meine Leiche hinweg ihre Macht festigen und ihren Reichtum vergrößern können! Niemals!"

Manolis Trukas sah ein, dass er es anders versuchen musste, seinen Neffen zur Vernunft zu bringen. Er lächelte begütigend:

„Ach, Michalos! Wer redet schon ernsthaft vom Sterben. Ja, wir haben es angedeutet, aber wie soll das jemals geschehen? Überlege selbst: Können Pater Germanos, der Bischof Dorotheos und der alte Fotilas auf eigene Hand, ohne uns, den Aufstand überhaupt organisieren? Ohne Papalexis, ohne Mavromichalis, Pikulakidis, Kostopulos, Tomaras, Karapatis, Vilaetis, Notaras, Berukis, Meletopulos, Kalamogdartis, und schließlich auch Russis, Pyros und Trukas? Ohne diese Männer und ihre Sippen? Schau dich um: Die ganze Elite der Peloponnes ist hier in Tripolis versammelt. Wie sollte da ein Aufstand losbrechen?"

Er lachte begütigend und fuhr fort:

„Na also, keine Angst! Auch die Kalavrytaner müssen bald einsehen, dass sie ohne uns machtlos sind. Ja, sie sind noch unschlüssig, sie zögern, um den Türken ein bisschen Angst zu machen, das nennt man eben Politik, nicht wahr? Aber sonst steckt nichts dahinter. Übrigens geht morgen Kalamogdartis nach Kalavryta. Er wird ihnen schon beibringen, dass sie ihre Scherze unterlassen und auf dem schnellsten Wege nach Tripolis kommen sollen. Und was werden sie machen? Kommen!“

Einigermaßen beruhigt lächelte nun auch Michalos. Plötzlich schien er aber einen Einfall zu haben, denn etwas Rätselhaftes spiegelte sich in seinem nachdenklichen Gesicht.

„Wollen wir's hoffen“, sagte er gedankenversunken, „aber wenn sie nicht kommen, wenn sie die Revolution allein machen? Ich gebe zu, jeder hat das Recht, für die Freiheit der Nation – oder auch für die Interessen von ein paar Schurken – zu sterben. Jeder soll das halten, wie er will. Ich aber, ich werde nicht sterben!“

DRITTES KAPITEL

Michalos Russis: Pflicht und Leben

Einige Tage vergingen. Dann platzte die Bombe. Die Kalavrytaner erklärten offen, dass sie nicht die Absicht hätten, nach Tripolis zu kommen. Sie hatten sich sogar eine geschickte List ausgedacht, um ihre Weigerung zu rechtfertigen. Sie taten so, als wollten sie der Einladung Mechmed Salichs Folge leisten. Sie versammelten sich und brachen gemeinsam auf und ließen sich sogar von einem türkischen Offizier begleiten. Beim Dorfe Kastria erreichte sie ein Bote, der ihnen einen Brief aus Tripolis brachte. Der Absender war ein Türke, und mit Entsetzen lasen sie:

Liebe Freunde, Zaimis, Charalambos, Londos und Ihr anderen!

Ich warne Euch, nach Tripolis zu kommen. Ihr werdet die ersten Opfer des Kaymakam sein. Noch vor all den anderen wird man Euch umbringen. Glaubt meinen Worten. Himmel und Erde sind meine Zeugen. Vernichtet den Brief. Lebt wohl.

Tripolis, 8. März. – Ein wohlmeinender Türke.

Die Kalavrytaner lasen die entsetzliche Botschaft, dann rief alles durcheinander:

„Schurkenstreich!“ – „Diese Hinterlist!“ – „Der Kaymakam lädt uns ein, um uns zu vernichten!“ – „Dem gehen wir nicht auf den Leim!“

Sie erklärten auch dem türkischen Offizier, dass sie unter diesen Umständen nicht nach Tripolis kommen könnten, kehrten auf halbem Wege um und ritten nach Kalavryta zurück.

Mechmed Salich, dem man genau Bericht erstattete, zerbrach sich den Kopf darüber, wer diesen geheimnisvollen Brief geschrieben haben mochte. In aller Öffentlichkeit verwahrte er sich gegen die Vorwürfe, erklärte ausdrücklich, dass er nicht daran denke, einen einzigen Griechen zu töten und dass eine solche Behauptung eine niederträchtige Verleumdung sei. Wie sollte er aber auch die Wahrheit kennen? Wie sollte er wissen, dass besagter Brief eine Fälschung war, von den Kalavrytanern an sich selbst geschrieben und von einem ihrer Vertrauensleute überbracht? Die Türken in ihrer Einfalt kamen gar nicht auf einen solchen Gedanken. Aber die Griechen in Tripolis, denen war der Sachverhalt sofort klar. Sie wussten nun, dass der Aufstand jeden Augenblick ausbrechen musste, dass nichts ihn mehr aufhalten konnte. Lähmendes Entsetzen befiel sie. Nicht so sehr, weil sie ihren sicheren Tod voraussahen, als weil sie überzeugt waren, die Kalavrytaner würden in ihrer Unbesonnenheit und Hitzköpfigkeit die gesamte Nation in die Katastrophe führen. Immerhin war ihnen klar, dass ihre eigene Rolle ausgespielt war, dass das Gesetz des Handelns von nun an einzig und allein in den Händen der Rebellen lag. So rückten sie eng zusammen und warteten den Ausbruch des Sturmes ab.

Dennoch hofften sie in ihrem tiefsten Inneren immer noch und wider besseren Wissen, die Kalavrytaner könnten sich besinnen und das Signal zum Ausbruch des verhängnisvollen Aufstandes verschieben. Mechmed Salich bestärkte sie noch in dieser Hoffnung und zwang sie, weiter beruhigende und zuversichtliche Nachrichten nach Kalavryta zu schicken. Auf diese Weise machte er sie zu Werkzeugen der türkischen Politik. In diesem Falle ließen sie sich willig missbrauchen, überzeugt davon, dass die türkischen Absichten ausnahmsweise mit den Interessen der griechischen Nation übereinstimmten. Auch hätten sie gar nicht anders handeln können, selbst wenn sie gewollt hätten.

So sandten sie denn den Ortsvorsteher Kyriakos mit einem neuerlichen Schreiben nach Kalavryta. Darin erklärten sie, dass keinerlei Veranlassung bestünde, sich vor der Reise nach Tripolis zu fürchten.

Kyriakos hörte aber unterwegs von den ersten Kampfhandlungen zwischen Griechen und Türken, brach seine Reise ab und kehrte voller Entsetzen in die Stadt zurück.

Mechmed Salich benahm sich zumindest so, als glaubte er noch immer an einen guten Ausgang der Krise. Er zwang die Griechen, einen zweiten Boten auszusenden. Diesmal ging Georgakopulos.

In der Herberge von Bilali erzählte man ihm, dass in Kalavryta der Woiwode und siebzehn andere Türken von seinen Landsleuten ermordet worden seien. Da brach auch er die Reise ab und brachte die Schreckensnachricht den Seinen nach Tripolis.

Nun war es auch dem Kaymakam klar, dass die Lage mit diplomatischen Mitteln nicht mehr gemeistert werden könne. Der Aufstand der Rajahs war nun einmal ausgebrochen.

Er befahl allen Stadtoberhäuptern und Geistlichen, unverzüglich vor ihm zu erscheinen. Im großen Saal des Serails saßen Beys und Agas schweigend, die Beine gekreuzt, in ihren Polstern. Auf dem Ehrenplatz thronte Mechmed Salich. Griechen und Türken sahen einander an. Auf beiden Seiten gab es sorgenvolle Gesichter und finstere Mienen. Die Griechen konnten ihre Angst nicht verbergen, die Türken nicht ihre Wut. Wieder zeigten sich jene Verwaltungsbeamten, die erst vor kurzem aus Anatolien nach Griechenland berufen worden waren, erregter und gereizter als die alteingesessenen Türken. Jene waren eine Umwelt gewohnt gewesen, in der die türkische Bevölkerung stark und beherrschend war, und in der die kleine griechische Minderheit kaum zählte. Dort erschien die Macht des Osmanischen Reiches fest und unerschütterlich. Der kleinasiatische Rajah war in den Augen seiner Herren nichts als ein Sklave, ein unterwürfiger Knecht. Die zugewanderten Türken konnten sich darum nicht an die Situation auf der Peloponnes gewöhnen, wo sich die griechischen Archonten an Reichtum, Luxus und Macht oft mit den eingesessenen Türken messen durften, wo die Rajahs und Bauern ihr Gewehr offen am Kamin hängen hatten, um es beim geringsten Anlass herunterzuholen, um als Klephten in die Berge zu gehen, wo die Türken nichts mehr zu sagen hatten. Die altansässigen Türken dagegen kannten von Jugend auf den Charakter des peloponnesischen Volkes aller Schichten. Sie wussten, wie empfindlich und aufbrausend die Griechen waren, wie gefährlich es war, sie mit militärischer Gewalt niederzuhalten. In vielen Fällen, das hatten sie gelernt, konnten nur durch kluge Mäßigung Erfolge erzielt werden. Die unterschiedlichen Meinungen über die Behandlung der Rajahs war der Grund des ewigen Streites zwischen den ansässigen Türken und der ortsfremden Verwaltung. Die Administratoren drangen stets auf eine dynamische und rücksichtslose Politik, die aber die Griechen nur immer rebellischer machte. Deshalb wurden die ortsansässigen Türken wiederholt beim Sultan vorstellig, ihnen doch die alleinige Regierungsgewalt zu übertragen. Ihres Erfolges waren sie sicher, denn sie kannten den griechischen Volkscharakter und hatten in langen Jahren des Zusammenlebens Beziehungen und Freundschaften, ja, zuweilen noch engere Bindungen geschaffen, die dem türkischen Interesse nur von Nutzen sein konnten. Denn die Rajahs und die eingebore nen Türken lebten im Allgemeinen, wenn auch nicht gerade mit Sympathie, so doch mit wechselseitiger Duldung nebeneinander. Hätten nicht die zugewanderten Beamten durch ihr plumpes und feindseliges Verhalten den eingeschläferten Hass von neuem geweckt, so wären Christen und Osmanen ganz friedlich miteinander ausgekommen, und die Idee der Revolution hätte sich in den Köpfen der Griechen nie entzündet. Als darum die ersten Unruhen den Ausbruch einer Erhebung ankündigten, schoben die eingeborenen Türken, ohne die tieferen Gründe zu verkennen, einen Teil der Schuld auf die unglückseligen Unterdrückungsmethoden der Verwaltung. Die türkischen Offiziere pflegten solchen Unruhen mit Gewalt und Strenge zu begegnen, die einheimischen Türken intervenierten jedoch geschickt und zwangen sie zur Mäßigung. Ihnen war es auch zu danken, dass Kurschid-Paschas Befehl, den er vor seinem Aufbruch nach Jannina hinterlassen hatte, nicht ausgeführt worden war. Mechmed Salich, der Vertreter des Gouverneurs, zögerte noch immer, die griechischen Notabeln umbringen zu lassen.

Indessen spitzte sich die Lage zu. Die Kluft, die die Lager trennte, zeigte sich schon bei der Beschlussfassung über die Vorladung der Griechen in das Serail. Die Anatolier warfen ihren gemäßigten Landsleuten vor, sich politisch völlig verkalkuliert zu haben.

„Wenn ihr uns erlaubt hättet, von Anfang an rücksichtslos zuzupacken, wäre es niemals so weit gekommen. Jetzt haben wir die Bescherung!“, meinte Alio-Bey, ein junger Aristokrat und Führer der Ultras.

„Zupacken?“, fragte Mustafa-Bey spottend. „Wen packen? Wo packen?“, sekundierte ihm Siech-Netsip, ein anderer der Gemäßigten.

„Wen? Die Männer, die sich gegen den Sultan erhoben haben. Wo? In Kalavryta.“

„Die könnt ihr nicht packen. Denn ihr hättet sie nie erwischt. Sie wären längst davongelaufen und hätten sich den Klephten in den Bergen angeschlossen. – Außerdem haben sie bisher nichts verbrochen.“

„Das können wir nicht wissen.“

„Aber wir! Wir kennen Land und Leute. Jetzt, wo sie wirklich rebellieren, wer hindert euch, jetzt gegen sie loszuschlagen?“

„Den Befehl des Gouverneurs hätten wir sofort ausführen müssen, keiner der griechischen Notabeln hier dürfte mehr am Leben sein."

„Dann wäre der Aufstand noch ganz anders und viel wilder ausgebrochen."

„Nun gut! Aber jetzt ist die Zeit gekommen. Wir müssen die Leute sofort umbringen lassen!"

„Nein, gerade jetzt dürfen wir das nicht tun! Denkt doch daran, dass in Korinth, in Patras, in Kalamata unsere Familien in den Händen der Aufständischen sind!"

Mechmed war klug genug zu wissen, dass die richtige Lösung in der Mitte lag. Im Augenblick hatten die Türken nicht die Macht, ja, auch nicht den einheitlichen Willen, den Aufstand sowie die ganze Elite der Peloponnes in Schach zu halten. So wäre es ihm ungerecht und unklug erschienen, gerade jene zu töten, die dem Sultan die Treue hielten und nach Tripolis gekommen waren. Auch wusste der Kaymakam von den Gegensätzen zwischen Kalavrytanern und Tripolitanern, die es nun auszuspielen galt. Schließlich stellten die Griechen in Tripolis nur so lange sie am Leben waren ein Faustpfand gegen die Rebellen dar. Bei alledem aber betraf der Streit der beiden türkischen Parteien nur Vergangenes. Jetzt, da der Aufstand ausgebrochen war, einigten sie sich angesichts der Gefahr schnell, und es gab nur eine Meinung: Man musste ihn niederschlagen.

So also war die Lage, als die vorgeladenen Griechen, Patrizier und Priester, den Saal betraten.

Sie verbeugten sich tief vor dem Kaymakam, die Hand auf dem Herzen.

„Zu deinen Befehlen, glorreicher Gebieter!"

Mechmed Salich sah böse zu ihnen auf.

„Ihr kennt die letzten Neuigkeiten durch Georgakopulos. Eure Landsleute haben in Kalavryta den Wojwoden und andere siebzehn Türken umgebracht."

Die Griechen beugten ihre Köpfe noch tiefer, antworteten aber nicht. Ihr Schweigen machte den Kaymakam zornig.

„Was sind das für Sachen, die ihr da macht? Denkt ihr denn gar nicht daran, dass die Türkei ein mächtiges Reich ist? Dass wir zweihunderttausend Mann hierher entsenden können, die euer Land in eine Wüste verwandeln? Überlegt ihr denn nicht, dass ihr die halbe Welt gegen euch hetzt?“

Da ergriff Daniel aus Tripolis das Wort:

„Deine Herrlichkeit weiß sehr wohl, dass wir mit all dem nichts zu tun haben. Die Pläne der Kalavrytaner sind uns unbekannt. Aber selbst wenn sie uns bekannt gewesen wären, wir wären dennoch nach Tripolis gekommen, weil wir doch treue Untertanen des Sultans sind. Den Kalavrytanern geschähe es recht, wenn wir uns gemeinsam – Türken und Griechen – auf sie stürzen und sie verjagen würden. Ihr als Soldaten kennt eure Pflicht. Gebt uns die Erlaubnis, in unsere Heimatorte zurückzukehren, um dort die unsere zu tun. Wir sind nicht machtlos, und wir versprechen Euch deshalb, alles zu tun, um die Ruhe und Ordnung wiederherzustellen.“

Der Kaymakam sah ihn misstrauisch an. Dieser Vorschlag, den die Griechen schon einmal, vor zwei Tagen, gemacht hatten, ließ ihn aufhorchen.

Würden sie nun wirklich die Ruhe wiederherstellen, oder würden sie sich den Rebellen anschließen? Welchen Wert hatte das Wort eines Griechen? Eines Christen? Der Fanatismus des Muslims siegte über die Klugheit des Politikers. Wieder sah er Daniel an, jetzt aber voller Zorn, und schrie:

„Hinaus mit euch – und viel Glück für die nächsten Tage!“ Und an die bewaffnete Wache gewandt fuhr er fort: „Schafft sie in das Zimmer des Dolmetschers. Dort sollen sie warten!“

Die Griechen verbeugten sich stumm und verließen, rückwärtsgehend, den Saal. Verstohlen blickten sie dabei zu den ortsansässigen Türken hinüber, die sie kannten, und versuchten aus deren Mienen zu erraten, was das Schicksal für sie bereithielt. Sie hofften auf einen heimlichen Wink, auf ein verstecktes Lächeln, auf irgendein Zeichen des Wohlwollens. Doch alle Gesichter blieben wie versteinert.

Wieder unter sich sahen sich die Griechen zunächst schweigend an. Sehr langsam kam schließlich ein Gespräch in Gang. Man debattierte wieder über die Vergangenheit, über das Wie und Warum und das Wenn und Aber. Müßige Betrachtungen über Pläne, unausgeführte Vorschläge, leere Worte. Im tiefsten Inneren wussten sie ja alle, dass es für sie keine Hoffnung mehr gab. Der Aufstand konnte nur noch durch die Macht der Türken, nicht mehr durch ihre Klugheit und Intervention zu einem Ende kommen. Sie wussten es alle, aber keiner sprach es aus, immer noch taten sie, als gäbe es eine Rettung.

Beim Reden verging wenigstens die Zeit. Aber in dem Maße, wie Stunde um Stunde verging, wuchs ihre Angst. Gegen Mitternacht öffnete sich die Tür. Herein trat der Dolmetscher mit Sotiris Kugias, dem Sekretär des Kaymakam.

„Wir sind gekommen, euch eine gute Nacht zu wünschen", begannen sie und wandten sich dem Ausgang zu.

„Wohin geht ihr?", fragte Michalos voller Angst.

„Nach Hause, schlafen."

„Aber wir? Was geschieht· mit uns?"

Der Sekretär des Mechmed Salich schüttelte missmutig den Kopf.

„Der Kaymakam gab Weisung, euch hier im Serail festzuhalten."

Niemand sprach ein Wort. Die Priester schlugen das Kreuz, die anderen folgten ihrem Beispiel. Nur Michalos rührte sich nicht. In finsterem Trotz stand er abseits.

„Du schlägst nicht dein Kreuz?", fragte Lukas in sanftem Tadel.

Michalos brach in höhnisches Lachen aus.

Diese Nacht, hier in den Bergen feucht und kühl, wollte

für die Griechen kein Ende nehmen. Sie blieben ohne Schlaf, aber sie redeten nicht mehr. Was zu sagen war, hatten sie längst gesagt. Schweigend warteten sie auf den Morgen und hofften, dass sich mit dem neuen Tag auch ihr Schicksal klären würde. Michalos Russis war aufgestanden, er drückte die heiße Stirne gegen die eisige Fensterscheibe und blickte in die Finsternis hinaus. Wirre Bilder und Erinnerungen quälten ihn. Er dachte an sein bisheriges schönes, unbekümmertes Leben und an die kommenden Tage, wenn es ihm überhaupt vergönnt sein sollte, sie zu erleben. Dann riss er sich abrupt von den Gedankenspielereien los. Jetzt war nicht die Zeit, schönen oder schlimmen Träumen nachzuhängen. Die Wirklichkeit zu bewerten, galt es. Damit war er wieder bei der Tat des Dorotheos. Wilde Wut packte ihn. Er vergegenwärtigte sich dessen heuchlerische Worte, seine lügnerischen Versprechungen, diese ungeheuerliche Schurkentat, mit der er ausgebootet, wenn nicht in den Tod geschickt werden sollte. Was sollten Worte wie Griechenland und Nation? Für Dorotheos waren sie nur ein Vorwand, eine Ausrede für seine dunklen, persönlichen Interessen. Es wurde ihm ganz klar: Als die Kalavrytaner sich entschlossen, zur angeblichen Rettung der Nation einen Aufstand zu organisieren, hatten sie nur ihren eigenen Vorteil im Auge. Rettung der Nation! Michalos musste lachen. Ihr eigenes Fell wollten sie retten. Im Durcheinander der Revolution wollten sie ihre Schulden loswerden. Mit dem Blute der griechischen Bauern wollten sie sich von der türkischen Tyrannei befreien, um dann in Ruhe eben diese griechischen Bauern selbst weiter auspressen zu können. Er, der Kotzambassis von Kastropyrgos, wusste genau, wie die anderen Kotzambassides dachten. Er kannte sie bis in den letzten Winkel ihrer schmutzigen Seelen. Sie hatten ihn zum Narren gehalten, ihn dem Messer der Türken ausgeliefert wie ein Stück Vieh; um ihn loszuwerden, um ihm Haus und Hof, Macht und Leben zu nehmen und überdies noch seine

Frau – eine reiche Witwe, die sie dann wohl mit einem ihrer Söhne verheiraten wollten. Und er, Michalos Russis, sollte bei diesen Machenschaften stillhalten? Er sollte widerstandslos Opfer der Türken werden, nur weil diese Schurken es fertiggebracht hatten, ihren räuberischen Plan mit der Maske der griechischen Befreiung zu tarnen?

Unwillkürlich begann er einen Vergleich zu ziehen zwischen diesen berechnenden Kalavrytanern, seinen Landsleuten und den Türken. All die Jahre hindurch hatten ihm die Türken kein Haar gekrümmt, mehr noch, sie waren ihm dabei behilflich gewesen, sein Vermögen zu vergrößern und sich seines Glückes zu erfreuen. Die Abgaben, die er ihnen entrichtete, wurden durch ihren Beistand und die Sicherheit, die sie ihm gewährten, mehr als aufgewogen. Aber auch den armen Bauern gegenüber benahmen sie sich im Allgemeinen menschlich und freundlich. Der schlimmste Vorwurf, den der griechische Landmann ihnen machen konnte, war wohl der, dass die osmanischen Herren ihn nicht genügend vor der Habgier der Kotzambassides schützten. Diese Anschuldigungen hörten die Türken nicht nur oft, sondern auch gerne, denn am Ende musste der Bauer den Kotzambassis, wenn er ihn mit den Türken verglich, für den schlimmeren Feind halten.

Jetzt aber verwirrten diese gewissenlosen Kalavrytaner die Köpfe der Griechen mit ihren hohlen Freiheitsphrasen und trieben sie in einen sinnlosen Kampf, zu einem nutzlosen, törichten Opfer, um dann das Volk ungestörter aussaugen zu können. Eine bittere Komödie wurde hier auf Kosten des kleinen Mannes gespielt. Aber sollten die Kotzambassides wirklich ihr gemeines Spiel gewinnen?

„Tausendmal lieber sind mir die Türken", flüsterte Michalos in die Nacht, „tausendmal lieber!"

Allmählich begann es zu dämmern. Ein Stern nach dem anderen erlosch. Der Himmel wandelte sich von schwarz zu grau, er wurde tief violett und veilchenfarben und schließlich rosig, und auf einmal ergoss sich das Licht durch die Fenster in den großen Saal, in dem die Griechen übermüdet, mit fahlen und sorgenvollen Gesichtern hockten. In der Ferne krähte ein Hahn, ein anderer antwortete, bald erklang tausendfältiges Gezwitscher der Vögel aus den Bäumen des Gartens.

Im Serail erwachte das Leben. Übernächtige Soldaten taumelten aus ihren Quartieren, um sich am Brunnen zu waschen. Der Koch, von sechs Trägern gefolgt, machte sich wie jeden Morgen auf den Weg, um einzukaufen. Vom nahen Minarett erklang die Stimme des Muezzins. Irgendwo in der Feme läutete eine Glocke den jungen Tag ein. Milchige Nebelschwaden schwebten über den frischgrünen Äckern vor der Stadt. Der Tag war mit einem Gewirr aus mannigfachen Geräuschen erwacht. Was würde er wohl den Gefangenen bringen? Hoffnung? Leben? Oder Verzweiflung und Tod?

Sie standen an den Fenstern und blickten hinaus. Gegen sieben Uhr trat Stavrakis Jovikis, der Dolmetscher, durch das Tor des Serails und wendete sich sofort den Gemächern des Kaymakam zu. Eine halbe Stunde später erschien Sotiris Kugias, der Sekretär. Dann blieb das Tor geschlossen. Die Stunden liefen träge dahin. Niemand hatte Lust zu reden.

Plötzlich öffnete sich die Tür. Jovikis trat ein. Alle erhoben sich und umringten ihn.

„Gute Nachricht“, sagte er schmunzelnd. „Die Kalavrytaner haben gar nicht den Woiwoden und die siebzehn Türken getötet. Sie sind nur als Geiseln festgenommen worden, allerdings mit der unwahren Begründung, dass wir euch hier schlecht behandeln.“ Ironisch fuhr er fort: „Ihr seht also, wie sehr eure Brüder um euer Wohlergehen besorgt sind und wie sie ununterbrochen in Liebe an euch denken.“

„Sehr gütig“, entfuhr es Michalos, „aber wir brauchen ihre Fürsorge nicht. Die Türken behandeln uns besser, als die uns jemals behandelt haben.“

Alle wandten sich ihm zu, peinlich berührt und vorwurfsvoll, als wollten sie sagen: Was du sagst, ist zwar wahr, aber es gibt eben Wahrheiten, die man nicht ausspricht. Michalos verstand die bedeutungsschweren Blicke seiner Mitgefangenen und fuhr gereizt fort:

„Schaut mich nicht so an. Wir sind unter uns. Stavrakis Jovikis ist einer der Unseren, ein Christ! Auch wenn er in türkischen Diensten steht. Und schließlich ist es wahr: Feinde sind sie alle beide, aber die Türken sind offene Feinde, die dort, in Kalavryta, hinterlistige, im Verborgenen agierende!"

„Genauso denkt auch der Kaymakam", fiel Jovikis ein. „Deshalb bittet er euch, noch einmal den Kalavrytanern zu schreiben, ihnen zu erklären, dass euch hier niemand schlecht behandelt, dass es euch gut geht – was ja alles wahr ist – und dass ihr ganz bestimmt hofft, sie bald in Tripolis zu sehen."

Manolis Trukas wiegte seinen schweren arvanitischen Schädel:

„Dasselbe und immer dasselbe! Das wird langsam langweilig."

Die anderen aber drängten ihn, still zu sein. Auch sie wussten natürlich, dass solche Briefe ergebnislos bleiben mussten. Aber sie wollten doch schreiben, um dem Kaymakam ihren guten Willen zu beweisen.

Rasch also setzten die Geistlichen das Schreiben auf, jeder versah es dann mit seiner Unterschrift. Georgakopulos und Mothonios wurden beauftragt, es nach Kalavryta zu bringen. Auf sie war das Los gefallen. Es gab einen großen Abschied mit Umarmungen und Tränen.

„Viel Glück!" – „Kommt bald zurück!" – „Mit Gottes Segen!", schallte es durcheinander.

Die beiden Boten versprachen, alles in ihrer Macht Stehende zu tun, um die Kalavrytaner nach Tripolis zu bringen. Wenn es aber nicht gelingen sollte, würden sie sofort umkehren.

Dann gingen sie ernsten Gesichts davon, als wären sie sich der Bedeutung ihrer Sendung bewusst. Die Zurückbleibenden aber wussten es besser. Sie spürten es, sie konnten es den beiden gut nachempfinden, dass sie im Grunde froh waren, der Hölle dieser Stadt entronnen zu sein, wenn auch nur auf kurze Zeit.

Nun waren sie wieder allein mit ihren Ängsten und Zweifeln.

„Lieber Gott, mache doch, dass sie bald wieder hier sind und mit guten Nachrichten."

„Wenn die zurückkommen", zischte Michalos wütend, „dann lass ich mir die Hand abhacken." Manolis Trukas nickte zustimmend und ohne eine Spur von Zuversicht.

VIERTES KAPITEL

Michalos Russis: Leben und Tod

Und sie kamen nicht zurück.

Denn sie hatten mit eigenen Augen die Griechen in ihrem Kampf um die Freiheit gesehen; sie hatten mit eigenen Ohren das Knallen der Gewehre gehört, und den Widerhall an den Hängen der Berge ihrer Heimat. Da hatten sie begriffen, dass es für jeden Vermittlungsversuch zu spät war.

Wären sie nach Lavra marschiert, um sich mit den Kalavrytanern zu vereinigen, so wäre das Verrat an ihren Leidensgenossen in Tripolis gewesen. Die Rückkehr aber bedeutete den sicheren Tod. So zogen sie es denn vor, sich zu verstecken und den Gang der Dinge abzuwarten.

Inzwischen hatten die Türken ihren griechischen Gefangenen einen anderen Raum des Serails zugewiesen. Es blieb zwar bei der Haft, aber Unbill litten sie nicht. Die Behandlung war gut, wenn auch vorsichtige Zurückhaltung spürbar wurde. In ihrer Verzweiflung versuchten die Griechen noch mehrere Male, etwas zu unternehmen, was den Aufstand verhindern sollte. Damit wollten sie dem Kaymakam ihren guten Willen zeigen. Sie schrieben also an den Patriarchen und den Obersten Dragomanen[6] und forderten, dass der alte Pater Germanos und Kernitsis, die Hauptverantwortlichen für den Aufstand, abgesetzt würden. Diese Briefe aber erreichten niemals ihren Bestimmungsort. Man sollte jetzt nicht glauben, dass es nur Eigennutz oder Überlegungen der politischen Zweckmäßigkeit waren, die die Gefangenen zu diesem Tun

6 *Dragoman = Dolmetscher. Oberster Dragoman = Vertrauensperson des Sultans*

veranlassten. Tatsächlich war ihre Moral erschüttert und ihr Wille gebrochen. Die stets lauernde Gefahr, ihre wachsende Angst und nicht zuletzt die ständigen entmutigenden Reden von Michalos Russis, der mit fanatischer Wut seine Ansichten vorbrachte, hatten es geschafft. Schließlich begannen auch sie zu glauben, dass der Aufstand nichts anderes war als ein kühnes Geschäftsunternehmen der habgierigen Kotzambassides. Nun gab es für sie nur mehr eins: mit allen Mitteln um ihr Leben zu kämpfen, auch wenn dabei die ihrer Meinung nach gegen die Nation gerichtete Rebellion der Kalavrytaner im Blut erstickt werden sollte.

Aus all den Nachrichten, die von überallher eintrafen, glaubten sie immer klarer zu erkennen, dass das, was sich da draußen ereignete, keineswegs der Aufstand war, den sie erträumt hatten, nicht die nationale Erhebung, von der sie mit gläubiger Begeisterung die Befreiung Griechenlands erhofft hatten, für die es sich gelohnt hätte, mit einem Lächeln auf den Lippen zu sterben.

„Michalos hat schon Recht", so hieß es, „es ist nichts anderes als ein großer Raubzug, ausgeführt von gewissenlosen Kotzambassides, die damit das Volk aus der Sklaverei der Türken in die eigene überführen wollen." Die Patrizier und Bischöfe im Serail waren vor allem empört darüber, plötzlich völlig wehrlos und zur Untätigkeit verurteilt zu sein. Einige ärgerten sich sicher auch, nicht selbst an einem lohnenden Unternehmen teilnehmen zu können. Sie schäumten vor Wut, dass sie wie junge, unerfahrene Tiere in die Falle getappt waren und wegen ihrer Dummheit nun um ihrt Leben fürchten mussten. So hockten die Gefangenen verzweifelt und hilflos zusammen, intrigierten, diskutierten und suchten immer noch nach neuen Möglichkeiten zur Unterdrückung des Aufstandes. Sie befanden sich in einem Zustand beständiger Erwartung, wussten aber nicht, worauf. Wenn sie aber für wenige Augenblicke einer klaren Überlegung fähig waren, wussten sie freilich, dass alles verloren war. Die Volkserhebung war ins Rollen gekommen und durch nichts mehr aufzuhalten.

Das Ende konnte natürlich niemand voraussehen. Die rebellischen Kalavrytaner, das wussten sie, spielten sich als Führer des wiedererstandenen Griechentums auf. Sie, die loyalen Tripolitaner, vertraten keine Idee und keinen Anhang. Die Türken konnten offenbar diesen Unterschied nicht erfassen – oder wollten es vielleicht auch gar nicht. In ihren Augen war jetzt jeder Grieche, Türkenfreund oder nicht, ein Rebell, für den es nur eine Strafe gab: den Tod!

So war die Situation, als etwas geschah, das die Gefangenen vollends aus dem Gleichgewicht brachte. Eines Morgens – sie saßen wie immer zusammen und debattierten über die ewig gleichen Dinge – gab es unten, im Hofe des Serails, Lärm und Getümmel. Sie eilten zu den Fenstern. Ein fanatisierter Pöbel hatte gewaltsam das große Tor aufgestoßen und ergoss sich in den Hof. Mit lautem Geschrei forderte er die Köpfe der Gefangenen. Die Wache, ein Arvanite und ein Anatolier, versuchte vergebens, die Ordnung wiederherzustellen.

Der Kaymakam befand sich nicht im Palast. Es war niemand da, der die Autorität besessen hätte, den entfesselten Haufen zu bändigen. Da erschien Stavrakis Jovikis, der Dolmetscher. Zunächst stellte er sich den wildesten Schreiern entgegen und rief sie energisch zur Ordnung. Dann redete er den Besonneneren gütlich zu. Schließlich gelang es ihm wirklich, den Mob etwas zu beruhigen. Die Menge hatte eingesehen, dass sie nicht an die Gefangenen herankonnte. Sie suchte nach einem anderen Opfer. Da bemerkte sie in einer Ecke des Hofes ein paar bewaffnete Männer, die müßig herumstanden. Es waren die Diener der gefangenen Griechen: der Alexios des Mavromichalis, der Apostolis des Delijannis, der Panagos des Michalos Russis und andere. Auf sie stürzte sich nun die Horde in neu entfachter Wut, um sie zu entwaffnen. Die Männer leisteten Widerstand.

„Unsere Waffen geben wir nicht her! Nur über unsere Leiche!“

Da rief Anastassis Mavromichalis vom Fenster aus seinem Diener Alexios zu:

„Gib deine Waffen ab, werde nicht auch noch ein Rebell!“

Die anderen Patrizier folgten dem Beispiel des Mavromichalis und gaben ihren Dienern die gleichen Weisungen. Diese hörten fassungslos die Befehle, gehorchten aber zögernd und ließen sich mit dem größten Widerwillen entwaffnen. Die nunmehr Wehrlosen wurden ergriffen, gefesselt und in die Verliese des Serails geschleppt.

In dem allgemeinen Durcheinander war es Panagos gelungen, sich wegzuschleichen und unbemerkt unter das Fenster zu gelangen, an dem Michalos stand.

„Herr, soll ich mich tatsächlich entwaffnen lassen?“, fragte er.

Eine merkwürdige Veränderung kam über Michalos' Gesicht. Rasch übersah er die Sachlage im Hof und antwortete:

„Keiner passt auf. Mach schnell und verschwinde! Aber vorsichtig! Geh nach Kastropyrgos zu meiner Frau und sieh zu, dass ihr nichts passiert. Lass sie nicht aus den Augen!“

„Aber du, Gebieter, was soll mit dir geschehen?“, fragte Panagos in tiefer Besorgnis.

„Mit mir?“, erwiderte Michalos und lächelte. „Das lass meine Sorge sein. Ich schaffe es schon.“

Ohne ein weiteres Wort mischte sich Panagos unter die Menge und huschte durch das Tor des Serails.

Unten löste sich die Horde auf, offenbar mit ihrem Werk zufrieden. Die Gefangenen sahen sich schweigend an. Alle wussten es: Für sie hatte der Opfergang begonnen. Gerne hätten sie gewusst, wer den türkischen Mob auf die Straße getrieben hatte, um ihre Köpfe zu fordern.

War das wirklich spontane Volkswut gewesen über irgendeine neue, schlimme Nachricht? Oder war das Ganze

Heimtücke der Agas, aus politischen Gründen in Szene gesetzt?

Noch wussten die Griechen keine schlüssige Antwort auf ihre Frage, da öffnete sich die Tür und herein trat Stavrakis Jovikis. Seine Miene schien ernst. Alle drängten sich um ihn.

„Keine Angst", begann er, „niemand kann euch etwas anhaben. Alle Maßnahmen zu eurem Schutz werden bereits getroffen."

Daniel aus Tripolis verbeugte sich tief:

„Wir sind dem ehrwürdigen Kaymakam für seine Fürsorge sehr verbunden. Wir fragen uns nur: Wie kommt es eigentlich, dass das osmanische Volk von Tripolis gerade unsere Köpfe fordert, die wir doch unschuldig, loyal und gehorsam sind? Wer setzt ihm solche Ungerechtigkeit in den Kopf?"

Der Dolmetscher zuckte die Achseln.

„Ich weiß, worauf du anspielst. Ihr glaubt, irgendjemand, ein Pascha oder die Agas, hätte den Pöbel aufgewiegelt. Warum aber sollten sie? Wenn Mechmed Salich euch wirklich hätte umbringen wollen, er hätte es schon am ersten Tage getan. Nein, die Sache steht anders."

Er schwieg einige Augenblicke und fuhr dann mit leiserer Stimme vertraulich fort:

„Eine bedeutsame Nachricht ist eingetroffen: Kolokotronis hat in Karytäna ein Heer von fünftausend Palikaren[7] aufgestellt. Und Petro-Bey steht ihm wieder zur Seite. Schwere Kämpfe sind im Gange."

Jetzt war Jovikis nicht mehr der unterwürfige Diener des großen Sultans, sondern Grieche, heimlicher Patriot. Keinen Augenblick vergaß er dabei die Würde, die sein Amt ihm gebot, doch sein Blut konnte er nicht verleugnen.

Er holte tief Atem, dann sprach er mit einem Unterton von Prahlerei die gewagten Worte:

---

7 Palikaren: Freiheitskämpfer, Helden

„Die allmächtigen Truppen des Padischah[8], dem wir ein langes Leben wünschen, werden eines Tages die frechen Rebellen zerschlagen, wie stark oder zahlreich sie auch sein mögen. Leider aber müssen wir uns in Geduld üben, bis Verstärkung aus Konstantinopel eintrifft."

„Aferim! Gott gebe es!", riefen alle wie aus einem Munde, aber es klang nicht eben überzeugend.

Jovikis grüßte mit vieldeutigem Lächeln und verließ den Raum. Wieder allein überdachten die Zurückgebliebenen mit gemischten Gefühlen das eben Gehörte. Dass Kolokotronis wieder auf der Halbinsel aufgetaucht war, das wussten sie schon lange. Niemals aber hätten sie diesem Klephten, der nur im Bandenkampf erfahren war, zugetraut, fünftausend Kämpfer um sich scharen und sie auch anführen zu können. Woher sollte er auch die notwendigen strategischen Kenntnisse haben?

Dazu kamen noch andere wichtige Umstände, welche die Lage von Grund auf änderten: Petro-Bey, der frühere Mavromichalis, war also wieder umgefallen und hatte sich nun den Rebellen angeschlossen. Und den Osmanen standen offensichtlich auf der Peloponnes nicht genügend Streitkräfte zur Verfügung. Um Kolokotronis wirksam Widerstand leisten zu können, musste erst Verstärkung aus Kleinasien herbeigeholt werden. Die Rebellen schienen sich also eine günstige Ausgangsposition gesichert zu haben. Es bestanden gute Aussichten auf Erfolg.

Tiefe Befriedigung erfüllte die Herzen der Gefangenen. Keiner sprach, aber jeder las die Gedanken des anderen, jeder fühlte des anderen Freude, alle hatten die gleiche Gesinnung. Auf ihren Lippen zeigte sich ein gelöstes, hoffnungsvolles Lächeln. Sie begannen sich zu umarmen und zu küssen. Unterdrücktes Schluchzen wurde hörbar, Seufzer der Erlösung und des Glücks, und man vernahm aus ihren Kehlen immer wieder die gleichen Worte:

8 *Padischah: Sultan*

„Kolokotronis mit fünftausend Mann in Karytäna ... Kolokotronis mit fünftausend Mann in Karytäna ...“

Einfache Worte, die aber im Endeffekt alles sagten, was sie fühlten.

Nur Michalos stand unbeteiligt abseits. Er lehnte gelassen in einer Ecke des Zimmers, beobachtete die Gefühlsausbrüche seiner Schicksalsgenossen und lächelte sarkastisch.

„Kolokotronis mit fünftausend Mann in Karytäna!“, rief er schließlich zornig. „Und was ist damit erreicht? Was ist damit schon gewonnen?“

Aller Augen richteten sich auf ihn. Die Frage ernüchterte sie.

„Warum freut ihr euch darüber? Sagt es mir, damit auch ich mich freue! Kann uns Kolokotronis vielleicht vor den Messern der Türken retten? Ihr benehmt euch ja wie die kleinen Kinder!“

Manolis Trukas, der bisher nicht an dem allgemeinen Gespräch teilgenommen hatte, erhob sich langsam und wandte sich seinem Neffen zu:

„Hör, Michalos“, begann er bedächtig, „ich weiß nicht, wie die anderen über Kolokotronis denken, ich aber kenne ihn vom vergangenen Sommer auf Zante. Ich habe oft und lange mit ihm gesprochen. Und ich kann dir deshalb versichern: Die Erhebung Griechenlands ist in guter Hand!“

„Ja, ja, das stimmt“, warf Delijannis ohne große Überzeugung ein, „Hauptmann Thodorakis Kolokotronis ist gewiss ein tüchtiger Mann.“

„Na und?“, spottete Michalos. „Na und? Kann er deswegen unsere Köpfe retten? Kann er das?“

„Unsere Köpfe retten? Das wird nicht so ganz einfach sein“, erwiderte Trukas nachdenklich. „Aber ich will dir etwas sagen, mein Neffe: Wenn es darum geht, dass die Heimat frei wird – und Kolokotronis wird sie befreien, das steht fest –, dann lass unsere kostbaren Köpfe in Gottes Namen verloren sein!“

„Ja, so ist es! Wenn Griechenland frei wird, wollen wir gerne sterben!“, stimmten ihm die anderen zu.

Die Begeisterung, die aus aller Augen strahlte, konnte Michalos nicht mitreißen. Spöttisch lächelnd fuhr er fort:

„Vielleicht befreit Kolokotronis das Land wirklich. Ich wünsche das, weiß Gott, nicht weniger als ihr. Als erster bitte ich die Gottesmutter, seine Waffen zu segnen. Kann er aber auch die Griechen befreien? Kann er das?“

Nun begannen alle, neugierig zu werden. Er aber sprach hastig und erregt weiter:

„Seid ihr denn blind? Hat euch die Hoffnung so sehr die Köpfe verdreht, dass ihr nicht weiter seht, als eure Nase reicht? Kolokotronis ist das Werkzeug der Kalavrytaner. Er ist der Rebell, der die Türken vertreiben soll, damit die Kotzambassides ihre eigene Tyrannei errichten können. Wer weiß, was sie ihm dafür versprochen haben? Und er schafft es, dieser Kolokotronis, ihr sagt es selbst, dass er so tüchtig ist. Wenn das Volk bisher noch einen Hoffnungsschimmer hatte, der Sklaverei der Kotzambassides zu entgehen, so ist das nun vorbei. Dafür sorgt schon Kolokotronis mit seinem Säbel. Und ihr, Dummköpfe, freut euch noch! Begreift ihr denn nicht, wer der eigentliche Feind ist? Die Kalavrytaner, natürlich, die unseren Untergang um jeden Preis betreiben, um dann allein das befreite Volk – was sage ich, das geknechtete Volk, ausbeuten zu können. Die Männer um Dorotheos toben, weil die Türken uns noch nicht getötet haben. Darum werden sie auch keine Ruhe geben, bis wir krepiert sind. Ihr werdet sehen, sie werden türkische Frauen und Kinder hinschlachten, Grausamkeiten begehen, Schäden anrichten, wo sie nur können, nur um den Zorn der Agas gegen uns anzufachen! Und sie werden es schaffen! Natürlich werden sie es schaffen ... und ihr freut euch noch darüber, ihr Dummköpfe.“

Er hielt atemlos und erschöpft inne. Die anderen sahen

sich betroffen an. Die Worte trafen. Nur Manolis Trukas schien von ihnen unbewegt.

„Bist du fertig, Neffe?", fragte er.

„Brauchst du noch mehr?"

„Gewiss nicht, das war ja alles Unsinn."

Er schwieg eine Weile, dann begann er langsam und ruhig:

„Kolokotronis hat als Freischärler jahrelang die Türken von den Bergen aus bekämpft. Er sah die Seinen unter ihren Kugeln fallen, er sah sie am Galgen enden. Er sah, oft genug, dem eigenen Tod ins Auge. Er wurde verwundet, er spuckte Blut, er fror, er hungerte, er litt Durst ... Und wozu das alles? Was hatte er davon? Wenn Kolokotronis zu den Türken gegangen wäre und ihnen gesagt hätte: ‚Ich beende den Kampf und werde euer Bundesgenosse. Ihr belohnt mich und macht mich zum Archonten!' Zugegriffen hätten die Türken, ohne zu überlegen. Kolokotronis hätte es geschafft! Ja oder nein?"

„Klar, hätte er es geschafft", stimmte Daniel, der Tripolitaner, zu.

„Aber er hat es nicht getan. Er kämpfte bis zur letzten Kugel, bis zum letzten Mann. Als er dann sah, dass nichts mehr zu retten war, zog er sich auf die Insel Zante zurück, ohne eine Münze in der Tasche, und verdiente sich sein Leben kümmerlich als Metzger. Später trat er in die englische Armee ein und brachte es zum Offizier. Tat er es, um reich zu werden? Nein. Nur um bei den Europäern die Kriegskunst zu erlernen. Nur einen Traum und ein Ziel kannte er in seinem Leben: die Freiheit der Griechen! Denn Kolokotronis ist ein Kämpfer und kein Kotzambassis. Verstanden, Neffe?"

Alle schwiegen.

„Wenn du glaubst", fuhr Manolis fort, „dass ein solcher Mann sich als Werkzeug der Kotzambassides hergibt, irrst du dich. Die Kalavrytaner haben ihn sicher nicht gerne zu ihrem Feldherrn gemacht. Sie mussten es aber tun und taten es mit Vorbehalt, denn sie wissen sehr gut: Ohne Kolokotronis gibt es keinen Sieg. Im Augenblick brauchen sie ihn also. Wenn aber die Gefahr einmal vorbei und der Sieg errungen ist, wirst du sehen, dass sie ihn genauso werden hereinlegen wollen wie sie uns hereingelegt haben. Nur, dass sie sich bei ihm verrechnen werden. Ein Kolokotronis lässt sich nicht an der Nase herumführen wie wir. Außerdem vergessen die Kalavrytaner das Wichtigste: Ein Volk, das sich unter einem Kolokotronis die Freiheit erkämpft hat, lässt sich nicht so leicht zum Sklaven der Kotzambassides machen. Verstanden, mein Neffe?“

Die Worte des Kapitäns weckten bei seinen Zuhörern gemischte Gefühle. Hoffnung und Glauben kämpften mit Zweifel und Misstrauen. Es bildeten sich Gruppen und Grüppchen, die leise debattierten.

Michalos war blass geworden. Verlegen schweigend setzte er sich auf ein altes Kanapee, schloss die Augen und versuchte, seine Gedanken und Gefühle zu ordnen. Persönliche Interessen und gegensätzliche Gefühle standen miteinander im Kampf. Seine Gedanken und Gefühle gerieten immer mehr durcheinander, vergeblich suchte er nach Klarheit. Die Einzelheiten schienen nicht mehr übersehbar, Sinn und Gefühl für die Wirklichkeit waren im Schwinden, nur eine Ahnung und eine vage Hoffnung blieb, dass über all den Wegen und Irrwegen der Menschheit eine Kraft waltete, die die Geschicke lenkte und einen Menschen, wenn er das günstige Los zog, aus dem Verderben rettete. Doch am Ende übermannte ihn eine sanfte Müdigkeit. Wozu das alles, fragte er sich, wozu dieser ewige Kampf? Was heute unumstößliche Gültigkeit zu haben scheint, erweist sich vielleicht schon morgen als Trug und Irrtum. Wozu also kämpfen gegen das Schicksal, gegen die unbekannte Macht, die das griechische Volk in diesen Kampf gestürzt hat? Warum sollte gerade er, das schwächste Glied der Kette, sich auflehnen? Warum? Lieber den unabwendbaren Tod mit Gleichmut erwarten.

Aus solchen Gedanken riss ihn ein Gespräch, das in leisem Ton in seiner Nähe geführt wurde.

Theodoros Delijannis redete mit Anastassis Mavromichalis. Je länger er lauschte, desto weniger traute er seinen Ohren.

„Der alte Trukas hat schon recht", sagte eben Delijannis. „Jetzt, da Kolokotronis die Führung an sich gerissen hat, haben die Kalavrytaner ausgespielt."

„Dann wären wir also gerettet?", entgegnete Mavromichalis erregt.

„Wieso gerettet?"

„Kann unser Untergang Kolokotronis irgendeinen Vorteil bringen?"

„Natürlich nicht. Welches Interesse sollte er schon daran haben? Er kämpft nur für Griechenland, für die griechische Freiheit."

„Dann muss er doch alles, was in seiner Macht steht, unternehmen, um uns zu retten?"

„Bist du dessen so sicher?"

„Unbedingt. Auch ich kenne Kolokotronis! Er hat immer gefordert, dass alle Köpfe Griechenlands sich zum Wohle der Heimat zusammentun müssen. Er wird alles tun, um uns zu retten, glaub es mir."

„Dein Wort in Gottes Ohr."

„Im Einzelnen denk' ich mir das so: Kolokotronis hat gewiss schon einige hochgestellte Türken als Geiseln festgesetzt. So braucht er dem Kaymakam nur sagen lassen: ‚Tötest du die Kotzambassides in Tripolis, töte ich deine Agas!'" – „So weit, so gut. Aber was dann?"

„Nichts dann. Dann sind wir frei. Aber die Kalavrytaner ... In ihrer Haut möchte ich dann nicht stecken!"

„Wie meinst du das?"

„Da fragst du noch? Nach allem, was sie uns angetan haben? Mit Fäusten und Messern müssen wir uns auf sie stürzen, auf diese Lumpen!"

„Was redest du da für Unsinn?"

„Wieso Unsinn? Sie haben uns wie Schlachtvieh dem Henker ausgeliefert, und wir sollen am Ende Erbarmen mit ihnen haben? Zuerst werden sie alle totgeschlagen, und dann setzen wir uns an ihre Stelle, dann teilen wir die Peloponnes unter uns auf. Ganz unter uns ..."

„Und Kolokotronis?"

„Du erinnerst dich, was der alte Trukas gesagt hat? Glaubst du, er kämpft, damit wir reich werden?"

„Du meinst, er will alles für sich allein behalten?"

„Der will nichts für sich! Aber er wird auch nie zulassen, dass andere sich bereichern. Verstehst du?"

„Und ob ich verstehe! Hol ihn der Teufel!"

„Also, was du da redest, ist dummes Zeug. Wir sollen den Kalavrytanern den Garaus machen? Das wäre Wahnsinn!"

„Du meinst doch nicht, wir können die Schurken ungeschoren davonkommen lassen?"

„Genau das. Ungeschoren und in Frieden!"

„Ja – aber warum? Warum?"

„Weil wir sie brauchen. Weil wir alle zusammenhalten müssen, um den Kolokotronis stürzen zu können, damit wir die Peloponnes unter uns aufteilen können. Kolokotronis muss weg!"

„Eigentlich hast du recht. So hab' ich die Sache noch gar nicht betrachtet!"

„Was bist du aber auch für ein schwerfälliger Mensch!"

„So wie du sagst, soll es geschehen ... Nur müssen wir zuerst hier herauskommen!"

„Dafür lass Kolokotronis sorgen ..."

„Soll er, der Dummkopf! Dafür machen wir ihn dann schon unschädlich!"

„Das sollte nicht allzu schwer für uns sein."

Michalos hatte genug gehört. Tiefster Ekel erfüllte ihn. Am liebsten hätte er aufgeschrien, hätte ihnen ins Gesicht gespuckt, wäre mit den Fäusten auf sie losgegangen. Aber plötzlich war auch diese Aufwallung vorbei. Es war, als sei etwas in ihm zerbrochen. Alle Kraft war weg, alle Empörung war erlahmt.

„Nein", sagte er sich müde, „es ist nicht der Mühe wert. – Nichts ist der Mühe wert."

Ein Tag folgte dem anderen. Die Gefangenen warteten. Ihre Begeisterung hatte sich langsam in Zweifel verwandelt. Angst machte sich wieder breit und wollte sie nicht mehr verlassen. Sie versuchten, sie mit allen möglichen Mitteln zu überwinden und Hoffnung zu schöpfen. Die Karwoche kam und ging, es wurde Ostern, schreckliche Ostern im Schatten des Todes. Die Priester predigten ohne Evangelienbuch, sie hielten Gottesdienst ohne Messgewänder, sie erzählten von den Leiden des Herrn, von seinem Tode, seiner Grablegung und Auferstehung. Ihr Altar war ein gewöhnlicher Tisch. Der Osterkuss war ein Abschiednehmen vom Leben auf dieser irdischen Welt.

Dann, eines Tages, stürmte wieder eine wilde Horde in den Hof des Serails: bewaffnete Türken, unter ihnen Verwundete. Das konnten nur Soldaten sein, die sich aus einem verlorenen Gefecht retten konnten. Wieder schrien und tobten sie und forderten die Köpfe der Griechen, genau wie schon einmal zuvor. Aber diesmal war doch alles anders. Die wenigen, die offenbar aus eigenem Antrieb gekommen waren, verhielten sich kleinlaut. Die anderen wieder schrien mit wilder Gebärde, aber, wie die Griechen deutlich spüren konnten, ohne jede innere Beteiligung. Ihr Zorn war erlogen, ihre Wut gespielt, das ganze offenkundig bestelltes Theater.

Diesmal erschien auch niemand, um wieder Ruhe herzustellen. Es wäre auch sinnlos gewesen. Dieser Pöbel war der Chor einer Tragödie, deren Haupthandlung sich an einem anderen Orte mit anderen Hauptdarstellern abspielen musste. Das ahnten auch die Griechen, denn sie hatten schon erfahren, dass zur selben Stunde der Kaymakam alle Agas und Beys im Serail versammelt hatte und sich mit ihnen beriet.

Plötzlich öffnete sich die Tür. Im Rahmen erschien der Kavasbassis[9].

„Alle Diakone und Diener kommen mit“, rief er in den Saal, „der Gebieter will sie verhören.“

Unter allgemeinem, tiefem Schweigen erhoben sich die drei anwesenden Diakone, Safiropulos, Grigorios und Joannikios, und schritten kreidebleich zum Ausgang. Ihnen folgten Galanis, der Begleiter des Mavromichalis, und Kostas, der Neffe des Papalexis. Unten im Hofe brüllte und tobte noch immer die Menge. Immer wieder fragten sich die Gefangenen, was der Tumult zu bedeuten habe. Irgendein neues Ereignis musste im Gange sein, ein politisches oder ein militärisches. Wie sollte das nur enden? Was mochte Mechmed Salich mit seinen Agas wieder ausgeheckt haben? Warum hatte er nur die Diakone und die Diener vorgeladen? Und wo passte die schreiende Horde in das Bild?

Dann auf einmal wuchs der Lärm im Hofe an. Die Gefangenen stürzten an die Fenster: Galanis und Kostas waren dort unten eben ins Freie gestoßen worden, und schon wurden sie von der johlenden Menge umzingelt. Am gegenüberliegenden Fenster des großen Saales erschien jetzt der Kaymakam und, an seiner Seite, der Kyamil-Bey.

„Wollt ihr nun endlich gestehen?“, rief Mechmed Salich in den Hof. „Gesteht, sonst kostet es den Kopf!“

Kostas blickte zum Kaymakam auf und sprach: „Wir lügen nicht! Mach, was du willst! Wir haben nichts zu gestehen!“

Da blitzte ein blanker Türkensäbel auf. Mit einem einzigen Schlag war Kostas’ Kopf vom Rumpfe getrennt, mit zwei Schlägen der Galanis. Die Körper der Enthaupteten zuckten noch auf den Steinfliesen in der Mitte des Hofes. Die Menge grölte.

---

9 *Kavasbassis = türkischer Richter*

„Kantragas“, schrie da Papalexis voller Entsetzen dem Mörder zu. „Warum tötest du meinen Neffen?“

Kantragas Trassitas, ein Türke aus Langadia, ein alter Freund der Familie Papalexis, zog die Pistole und rief zum Fenster hinauf:

„Schweig, du Hund! Du selbst hast die Griechen auf dem Gewissen. – Und Siech-Netsip die gefallenen Türken – mit seiner lächerlichen Politik der Milde!“

Delijannis versuchte den verzweifelten Papalexis vom Fenster fortzuziehen und rief hinunter: „Kantragas, Unglücksmensch! Musstest du das wirklich selber tun, der du uns alle persönlich kennst? Konntest du die Schmutzarbeit nicht anderen überlassen?“

„Verschwinde, dich hat niemand gefragt!“, erwiderte Kantragas in etwas ruhigerem Ton.

Delijannis kehrte ins Zimmer zurück, griff nach einer Flasche Branntwein und schenkte auch den anderen ein.

„Fürchtet euch nicht“, sagte er. „Wenn Gott es will, dass man uns hinschlachtet – so gibt es keinen süßeren Tod als den durch das Schwert!“

Süß oder bitter ... Worte, nichts als Worte. Die Gefangenen sahen dem nackten Tod ins Auge, nichts weiter. Sie ergaben sich in ihr Schicksal, sie waren bereit, als Griechen und Christen in den Tod zu gehen. Aber nicht alle. Michalos Russis war keineswegs zum Sterben bereit. Er leerte sein Glas, schweigend wie alle anderen, aber seine harten, entschlossenen Züge würden dem, der zu lesen verstanden hätte, verraten haben, dass er nicht sterben wollte und auch nicht sterben würde.

Gegen Mittag kehrten die Diakone in ihr Gefängnis zurück. Sie brachten einiges Licht in die Tragödie des Morgens: Die Agas und Beys hatten das Schauspiel in Szene gesetzt, um Mechmed Salich zu zwingen, die Griechen doch endlich zu töten. Als Werkzeug diente ihnen ein bestochener Grieche.

Sie hatten ihn gründlich bearbeitet, bevor sie ihn dem Kaymakam vorführten. Dort bezeugte er, dass Kostas und Galanis, die beiden inzwischen Ermordeten, ihm geheime Nachrichten übergeben hätten, die er zu Kolokotronis nach Levidi bringen sollte. Was aber die Diakone und natürlich auch die anderen Griechen nicht wussten, waren die wirklichen Absichten des Mechmed Salich. Der hatte nämlich die Intrige gleich durchschaut. Auf keinen Fall aber wollte er die gefangenen Griechen töten. Er kannte die militärische Schwäche der Türken und durfte Kolokotronis keine Ursache zu blutiger Rache geben, falls der in Tripolis als Sieger einziehen sollte. So opferte er denn schweren Herzens die zu Unrecht beschuldigten Diener, nur um den Agas und dem Pöbel wenigstens einige Genugtuung zu verschaffen.

Die Griechen aber hielten den Tod des Kostas und des Galanis für den Auftakt zu ihrer eigenen Ermordung. Als nun am Sonntag des heiligen Thomas, eine Woche nach Ostern, die Wache vollzählig den Raum betrat und ihr Kommandant den Griechen den Befehl gab, sich zu erheben, glaubten sie, ihr Ende sei gekommen. Sie umarmten einander, vergaben sich unter Tränen jede Schuld und machten sich für ihren letzten Gang bereit.

Da trat Stavrakis Jovikis in den Raum. Daniel, der Tripolitaner, näherte sich ihm ehrfurchtsvoll und sprach:

„Gebieter, ich beschwöre dich bei deinem Leben – und möge dir der Herr noch viele Jahre schenken –, bitte den Kaymakam, dass er uns erst morgen töten lässt. Du bist Christ wie wir. Du weißt, dass wir Christen vor unserem Tode zur Beichte gehen und das Abendmahl nehmen. Diese fromme Pflicht wollen wir heute Abend erfüllen. Hier, sieh den Hostienkelch! Hab Erbarmen mit uns!“

„Beim Namen des Allmächtigen“, wehrte Jovikis überrascht und heftig ab, „niemand denkt daran, euch zu töten. Ihr werdet nur ins Verlies gebracht.“

Schenkten die Gefangenen seinen Worten Glauben oder nicht? In diesem Augenblick war es ihnen nicht möglich, Furcht und Hoffnung zu trennen. Ohne ein weiteres Wort machten sie sich fertig, um ihren Kerkermeistern zu folgen.

Aber Michalos Russis? Was tat der?

Er blieb allein in seinem Winkel sitzen. Er war die Ruhe selbst. Er hatte niemanden umarmt, er hatte weder Vergebung gefordert noch gewährt. Er hatte einfach die Augen geschlossen ... Vor seinem geistigen Auge erstand die alte Heimat, sein geliebtes Kastropyrgos, die schöne Stadt an der Küste, und dahinter das Meer, das sich unermesslich weit nach Süden erstreckte. Er sah das Land ringsum, Weinberge, Gemüsegärten, Olivenhaine und Weiden. Er sah platanenbeschattete Bäche und auf thymianbewachsenen Hängen dunkle Zypressen.

Auf den Feldern sah er die Knechte, seine Knechte, fleißig bei der Arbeit, gutmütige, ehrenwerte Menschen, stets auf das Wohl ihres Herrn bedacht. Und Frauen und Mädchen: Bäuerinnen, frohgemute, üppige Weiber, die ihm auf seinen Morgenritten zulächelten oder in sternhellen Nächten hinter Hecken auf ihn warteten. Er dachte an den frühlinghaften Morgen, wie er über den blanken, weißen Spiegel des Meeres gleitet, er dachte an den Sommermittag, sah schwarze Trauben in goldenem Licht und hörte das Zirpen der Grillen. Er sah herbstliche Abende sich farbenprächtig auf duftende Zitronenbäume und leuchtende Apfelsinengärten senken. Und winterliche Nächte sah er, klar und kalt, freundschaftlich verschwistert mit den glühenden Holzscheiten im Kamin seines Hauses. Sein Haus, seine Burg, mit den hohen, sonnigen Zimmern; die schweren, kostbaren Möbel, aus Konstantinopel und Venedig herbeigeschafft. Er erinnerte sich an die gut gefüllten Vorratsräume, die Ölkrüge im Keller, die Rosinen und Apfelsinen, an die Quitten und das Getreide – an all diese Glücksgüter des Himmels. Er sah die Zisterne, in der sich heimlich Maria-Theresien-Taler häuften, Dukaten und andere Goldstücke. Und über all dem waltete seine Frau. Er sah sie vor sich: zärtlich, verliebt, voller Jugend; und er wusste um das Kind – ein Kind, das er niemals an sein Herz drücken sollte. Alles das sollte er hinter sich lassen, auf dem Weg in den sicheren Tod.

Dann wieder überfiel ihn der Gedanke an Menschen, die von blinden Leidenschaften erfüllt sind, an deren Eitelkeit, Habgier und Verlogenheit. Und er glaubte, die Wurzel all dieser Übel, die jedes menschliche Handeln lenkten, zu erkennen: die Jagd nach dem Glück. Und dann dachte er an den Tod ... das Schrecknis, das dem Leben ein Ende bereitet.

Das Leben ... Wer von all den Hitzköpfen und lichtlosen Gestalten ahnt auch nur, was Leben wirklich bedeutet? Wer von ihnen dürstete schon nach dessen reinem Quell, wer trank schon davon, ohne ihn zuerst mit dem Gift der Leidenschaft zu verseuchen? Wer schickte den Unschuldigen als unnützes Opfer in den Tod? Wer richtete scheinheilig das eitle Trugbild der vermeintlichen Pflicht vor ihm auf? Und wagte es, ihm Glück und Leben zu rauben im Namen des Glaubens, des Vaterlandes, der Nation! Glaubten die wirklich ernsthaft, er, Michalos Russis, würde dem großen Trug zum Opfer fallen – wie diese dummen Patrizier, diese törichten Geistlichen, die dumpf und willenlos zur Schlachtbank drängten?

In diesem Leben galt nur eines: das Leben selbst!

Michalos Russis schlug die Augen auf. Er sah die lebenden Leichname sich zum Todesgang rüsten. Er sah die Henker das Schwert erheben. Er sah den Tod. Da wandte er sich an den Kerkermeister und sagte mit entschlossener Stimme:

„Ich bitte dich: Melde Mustafa-Bey, dass ich ihn sprechen will."

Aller Augen blickten ihn an, fragend und misstrauisch.

Michalos ging den Blicken aus dem Weg. Mit undurchdringlicher Miene schaute er starr auf die Tür. Als Mustafa-Bey den Raum betrat, sagte er mit lauter Stimme:

„Ich habe beschlossen, Allah anzubeten. Ich will Türke werden!“

FÜNFTES KAPITEL

Michalos Russis: Zweifel und Dilemmata eines Bekehrten

„Nun, Michalos, dass du Türke wurdest, das ... das verstehe ich gut. Nur, ob die anderen es auch verstehen werden – das bezweifle ich ...“

Wenn sie unter sich waren, nannte Mustafa-Bey den Abtrünnigen niemals bei seinem neuen Namen Eschref-Bey. Er nannte ihn, wie immer, Michalos. Damit wollte er auch andeuten, dass er die Gründe dieses Religionswechsels durchschaute. Es war eben eine Tat politischer Zweckmäßigkeit. Mit seinen Worten wollte nun Mustafa-Bey seinem Freund klar zu verstehen geben, dass er persönlich an diesem Betrug nichts Tadelnswertes fand.

„Und was glaubst du, erwarten die anderen Türken jetzt von mir?“, fragte Michalos gereizt.

„Was sie erwarten? Was würdest du von einem Mehmet erwarten, der sich auf Jannis umtaufen lässt – wenn du gerade nicht in Tripolis, sondern sagen wir, in Karytäna, bei Kolokotronis sitzen würdest?“

„Ich verstehe gar nicht, was du meinst.“

Mustafa-Bey lachte gutmütig. Er war ein untadeliger Mann von praktischem und klarem Verstand, der von Natur aus jede Lebenslage zu meistern wusste, ohne sich von Skrupeln quälen zu lassen. Mit einem Worte, er war ein Freigeist, der nicht nach den Werten der Religion und Moral fragte. Vor allem aber hatte er ein ausgeprägtes, politisches Urteilsvermögen, ein Fingerspitzengefühl, das ihm im Umgang mit Menschen von größtem Nutzen war. Er war nicht nur bei seinen Landsleuten sehr beliebt, sondern auch die Griechen schätzten ihn, wussten sie doch, dass er gerne bereit war, ihnen zu helfen, wo er nur konnte.

Dieses Gespräch fand in Mustafas Landhaus statt, nicht weit von Tripolis gelegen. An diesem Aprilabend hatten sich die beiden Beys zu einem Schmaus zusammengefunden, wo weder Wein und Schnaps noch Schweinefleisch verschmäht wurde, in bewusster Übertretung der Gebote des Korans. Das Purpur und Gold des späten Tages hatten sich vom Horizont gelöst, und hinter den Bergen von Tsakonia stieg der Mond empor. Bäume und Gräser wogten im aufkommenden Nachtwind und schmückten sich mit den abertausend Lichtern der Glühwürmchen.

„Ich verstehe immer noch nicht, was du damit sagen willst", wiederholte Michalos.

„Stell dich nicht dümmer als du bist, Michalos. Natürlich verstehst du mich ... nur, dass du manchmal eben nicht verstehen willst."

„Ist dies der Augenblick, mir mit deinem ernsten Gerede die Laune zu verderben? Schenk mir lieber ein!"

Sie tranken und setzten die Gläser ab. Mustafa wurde ernst:

„Hör, Michalos", begann er, „gerade jetzt, wo wir unter uns sind, muss ich reden. Du sollst wissen, wie man zu dir steht. Nachher kannst du dein Verhalten selbst danach richten. Glaube ja nicht, dass du die Herzen der Türken gewonnen hast, weil du Muslim geworden bist. So dumm sind sie auch wieder nicht. Sie wissen genau, dass du das getan hast, um dem Tod zu entgehen. ‚Klug ist er schon', sagen sie, ‚als er sah, dass es brenzlig wird, dass der Kaymakam Ernst macht, wechselte er auf unsere Seite. Wenn etwa Kolokotronis in Tripolis einziehen sollte – husch, wird er sich wieder in einen Christen verwandeln!'"

„Lass Kolokotronis nur erst einmal einmarschieren in Tripolis, dann wollen wir weiterreden", spottete Michalos.

„So ganz ausgeschlossen ist das nicht."

„Was redest du da? Es ist doch undenkbar, dass diese Räuber den großen Sultan besiegen?"

„Du bist noch ein allzu frischgebackener Türke, mein lieber Michalos, und alles Neue glänzt. Die Agas aber, die aus jahrzehntelanger Erfahrung wissen, wie morsch dieses Staatswesen ist, sind keineswegs so sicher wie du. Sie halten es für durchaus möglich, dass Kolokotronis Tripolis nimmt."

Michalos stellte sein Glas ab.

„Ist das dein Ernst, Mustafa-Bey?" Es war ihm plötzlich bange geworden.

„Mein voller Ernst, Eschref-Bey. Deshalb erwarten die Agas von dir etwas tatkräftigere Beweise deiner Zuverlässigkeit – und mit Recht."

„Was soll ich also ihrer Meinung nach tun? Soll ich vielleicht mit ins Feld ziehen, gegen Kolokotronis kämpfen?"

„Beim Namen Allahs! Rede doch keinen Unsinn! Du – kämpfen? Aus dir wird dein Lebtag kein Soldat. Und würdest du im Kampfe der Kugel des Kolokotronis entgehen, sein Säbel würde dich nicht verschonen, wenn er gesiegt hat."

„Wenn ...", sagte Michalos betont.

Mustafa-Bey lachte breit und behaglich.

„Wenn wir das ‚Wenn' vorher genau kennen würden, zerbrächen wir uns über nichts mehr den Kopf, mein guter Michalos. Aber wir kennen es nicht. Jeder Mensch kann seine Karte nur auf das Vielleicht setzen, auf das Mögliche, nie auf das Sichere – denn wo gibt es schon Sicheres? Auf dieser Erde nicht. Du zum Beispiel bist Türke geworden, um nicht mit den anderen getötet zu werden. Aber siehe: Sie sind noch alle am Leben!"

„So wie die leben, wird der Tod nicht lange auf sich warten lassen."

Mustafa-Beys Miene verdüsterte sich.

„Da hast du recht. Ich sagte es dem Kaymakam immer

und immer wieder. Aber er hört nicht auf mich. Der Einfluss der anderen ist stärker. Er will sie nicht töten, sondern nur gefangen halten – also warum quält er sie dann?“

„Diese Qualen sind etwas Schreckliches!“ Michalos schloss die Augen. „Ich hätte sie nicht einmal so lange ertragen können.“

„Das weiß ich. Doch sie, sie setzen ihr Leben für etwas Hohes aufs Spiel, für den Sieg der Heimat, den Sieg ihres Glaubens. Aber du? Wofür wärest eigentlich du bereit, es zu opfern?“

Michalos antwortete nicht. Mustafa fuhr fort:

„Sieh dir Stavrakis Jovikis an. Er steht als Christ im Dienste des Sultans. Nach ihrem Siege werden die Griechen ihm vorwerfen, dass er nicht auf ihrer Seite stand, wohin Blut und Glauben ihn hätten rufen müssen. Aber keiner kann ihn dafür verurteilen, dass er, getreu seinem Schwur, seine Pflicht erfüllt hat. Dein Verhalten ist da ganz anders. Du hast Glauben und Heimat verraten, hast deine Pflicht vergessen und deinen Eid gebrochen.“

„Und das sagst du zu mir und nennst dich meinen Freund?“, unterbrach ihn Michalos tief gekränkt.

„So muss jeder aufrechte Mensch zu dir sprechen. Mit deinem Abfall vom Christentum hast du die Herzen der Griechen auf immer verloren – niemals aber, was du auch unternimmst, werden sich dir die Herzen der Türken öffnen oder wird sich dir die Lehre Mohammeds erschließen. Gewiss: Dein Leben hast du dir gerettet. Aber diesen Gewinn wirst du vielleicht noch teuer bezahlen müssen, Michalos Russis – Eschref-Bey wollte ich sagen.“

Mustafas Worte saßen. Michalos war es nun klar, dass seine Rettung nur vorläufig war und nicht von Dauer. Wenn die Griechen siegten? Wenn das Osmanische Reich wirklich so schwach war, wie sein türkischer Freund meinte? Nichts würde ihn vor dem Säbel des Kolokotronis retten. Und wenn wieder die Türken siegten, musste er ein echter, richtiger Türke werden, um leben zu können. Als er im Trubel der Ereignisse den Entschluss gefasst hatte, seinen Glauben zu wechseln – einen anderen Ausweg sah er nicht –, war er sich nicht aller schwerwiegenden Folgen dieses Schrittes bewusst. Jetzt aber, wo die Bedrohung zunächst wenigstens gewichen war, wo er sein seelisches Gleichgewicht wiedergefunden hatte, entsetzte ihn seine Tat. Nicht dass er sie bereute, nicht dass er es vorgezogen hätte, jetzt mit seinen einstigen Schicksalsgenossen zusammengeschmiedet im Keller des Serails einem langsamen, qualvollen Tode entgegenzugehen, der um vieles schlimmer war als der sofortige Tod unter dem Messer. Aber jetzt erst dämmerten ihm die unabsehbaren Folgen, welche die Entscheidung eines Augenblicks für seine gesamte Zukunft mit sich bringen würde. Er war Türke geworden und würde sein ganzes Leben lang Türke bleiben müssen und als Türke sterben. Es war weder ein guter Christ noch ein mit Stolz erfüllter Grieche gewesen. In seiner Kindheit hatte man ihn gelehrt, Jesus Christus anzubeten. Er war, wenn auch nicht in echter Gläubigkeit, so doch unter den äußeren Zeichen der Christenverehrung herangewachsen und zum Manne gereift. Einen großen Teil der Romantik seines Lebens, und Romantik setzte er mit Glück gleich, verdankte er dem Christentum, wie die Kirche es geprägt hatte. Christliche Feiertage und Zeremonien bestimmen das Leben auch jener, für die der Dienst an der Kirche nur ein Lippenbekenntnis war. Auch dem Griechentum war er durch eine lange Geschlechterreihe unlösbar verbunden. Von dem Augenblick an, da ihm das bewusst geworden war, hatte sich dieses Griechentum zur natürlichen Substanz seiner Träume und Vorstellungen gewandelt. Die Sprache, die ihn seine Mutter gelehrt hatte, war der unbestreitbare Beleg seines griechischen Wesens. Die Menschen, die ihn in die Welt gesetzt hatten, und die anderen, unter denen er groß geworden und herangereift war, waren Christen und Griechen gewesen.

Dann, unversehens, angesichts einer fürchterlichen Gefahr, hatte der nackte Selbsterhaltungstrieb die Oberhand gewonnen. In seiner Todesangst hatte er eine Handlung vollbracht, derer er sich früher nie für fähig gehalten hätte. Er hatte verleugnet, was Grund und Voraussetzung seines Daseins gewesen war. Nun schien die Gefahr beseitigt. Sein Gewissen begann zu sprechen, und er musste die grausamen Konsequenzen seines Entschlusses erkennen: Niemals mehr durfte er sein, der er war; er musste werden, was er nie gewesen. Er musste sein Leben, seine Gewohnheiten auf fremde Fundamente gründen, die ihm zutiefst zuwider waren. Er musste hassen, was er bisher geliebt, und lieben, was er bisher gehasst hatte.

Michalos begriff, dass dies unmöglich war. Wie sollte er an Mohammed glauben, da er bisher nicht einmal an Christus geglaubt hatte. Wie sollte er in der Moschee beten, da er nur aus Gewohnheit in die Kirche gegangen war, oder Andacht beim Beirami-Fest empfinden, wo ihn sogar die griechischen Ostern kalt gelassen hatten? Es war nicht möglich, griechisches Wesen zu verleugnen und es durch türkisches zu ersetzen. Es war unmöglich, die Brüder zu hassen und den Feind zu lieben.

Dennoch: So musste es sein – oder zumindest scheinen. Wollte er sein Leben bewahren, so musste er in eine fremde Haut schlüpfen, eine Maske tragen, seine ganze Zukunft auf Betrug und Heuchelei bauen. War ein solches Leben überhaupt erträglich? Michalos Russis versuchte mit aller Kraft, solche Gedanken zu verscheuchen. Erträglich oder nicht, Leben ist Leben und tausendmal mehr wert als der Tod! Michalos Russis versprach sich, Eschref-Bey zu werden, ganz und gar Eschref-Bey, und zu leben!

Etwas anderes beunruhigte ihn noch. Was hatte Mustafa-Bey da über die Macht des Osmanischen Reiches gesagt? Hatte er da recht? Bestand wirklich eine Möglichkeit, dass der Aufstand gelingen, dass Griechenland frei werden könnte? Dann wäre es in seiner Lage geboten, als Türke eine gemäßigte Haltung einzunehmen, um später die Griechen überzeugen zu können, dass sein Glaubenswechsel wirklich nichts anderes gewesen war als ein listiges Manöver, um sich in Sicherheit zu bringen.

In der folgenden Nacht traf eine wichtige Meldung in Tripolis ein: Kurschid-Pascha, der Gouverneur der Peloponnes, der den abtrünnigen Ali-Pascha in Epirus bekämpfte, hatte Giosse Mechmed den Befehl erteilt, den Aufstand der Rajahs auf der griechischen Halbinsel sofort und mit allen Mitteln niederzuschlagen. Zudem hatte er ihn zum „Pascha mit den drei Pferdeschwänzen" befördert, hatte ihm achttausend gutausgerüstete Soldaten zugeteilt und ihm den tüchtigen Omer Vrioni als Stabsoffizier zur Seite gestellt. Wer würde diesem starken Heer widerstehen können, fragte sich Michalos aufatmend. Das Osmanische Reich hatte sich ermannt, es war im Begriffe, seine Macht zu beweisen.

Die Agas in Tripolis hatten schon geglaubt, die Pforte überlasse sie ihrem Schicksal. Nun schöpften sie Mut, ihr Widerstandsgeist erwachte, sie wollten dabei sein, sie wollten alles tun, um Giosse Mechmed zu unterstützen. Michalos sah, wie sich die Waage der türkischen Seite zuneigte und fasste den Entschluss, sich offen als eifriger Türke zu bekennen und nicht auf Mustafa-Bey zu hören, der ihm Zurückhaltung angeraten hatte. Er ließ sich also bei Mechmed Salich anmelden.

Der Kaymakam empfing ihn mit jener Höflichkeit, welche die politische Klugheit erforderte. Er hörte sich Michalos' Anerbieten an, gegen die Rebellen des Kolokotronis zu Felde zu ziehen.

„Ich erkenne deine Haltung an, Eschref-Bey", sagte er, „und danke dir für deine Bereitschaft, aber ich nehme dein Angebot nicht an. Ich zweifle nicht, dass du stark und mutig bist. Aber du hast noch nie gekämpft und beherrschst das Kriegshandwerk nicht."

„Ich werde es lernen!", antwortete Michalos trotzig.

„Es lernt sich nicht so leicht. Jedenfalls nicht das, was notwendig ist, und ich dir – deinem gesellschaftlichen Rang entsprechend – anvertrauen müsste. Mut allein genügt nicht, um ein guter Offizier zu sein. Wo aber hätte man je gehört, dass ein bedeutender Bey, wie du einer bist, als einfacher Schütze in die türkische Armee eingetreten wäre?“

Michalos fiel ein Stein vom Herzen. Er fühlte sich von Gefahr und Mühsal enthoben. Der Kaymakam fürchtete aber, ihn gekränkt zu haben und fuhr fort:

„Ich will dir etwas sagen, Eschref-Bey: Selbst wenn du ein geschulter Offizier wärest, würde ich dich nicht in den Krieg ziehen lassen. Deine Fähigkeiten liegen auf anderen Gebieten. Du bist der erste Kotzambassis, der aus Überzeugung unseren Glauben angenommen hat und dem Padischah dienen will. Wenn unsere Truppen den hellenischen Aufstand niedergeworfen haben werden, dann wirst du von Ort zu Ort, von Stadt zu Stadt gehen und durch aufklärende Arbeit vollenden, was der Säbel begonnen hat. Du wirst den geschlagenen Griechen beweisen, welch großen Fehler sie begangen haben. Du wirst sie davon überzeugen, dass es nur einen Weg gibt, wenn sie leben wollen, den Weg, den du beschritten hast. Denke weiter: Glaubst du, ich kann einen einzigen Rebellen am Leben lassen, nach den Schandtaten, die sie begangen haben? Wer ist geeigneter als du, ihre Macht und ihren Besitz zu übernehmen?“

Der Kaymakam schlug Michalos gönnerhaft auf die Schulter.

„Hör nur auf mich. Ich werde dich groß machen! Du wirst der mächtigste Mann auf der Peloponnes sein!“

Michalos verbeugte sich tief und wollte sich zurückziehen. Doch Mechmed Salich hielt ihn zurück:

„Nur eines noch, wegen der Agas, dieser Dummköpfe, damit sie aufhören, sich bei mir zu beschweren, gebärde dich doch nach außen hin etwas patriotischer! Schlag ein wenig Schaum, du verstehst schon!“

Michalos lächelte:

„Ich habe verstanden, mein Pascha!“

Giosse-Mechmed wollte den Türken in Tripolis schnelle Hilfe senden. Sein eigenes Kommen musste sich aber verzögern, bis das große Heer auf die Beine gestellt war. Darum schickte er inzwischen seinen Kechaja-Bey Mustafa mit dreieinhalbtausend Arvaniten nach Tripolis, damit sich die Türken dort überhaupt halten könnten. Der Kechaja-Bey, in dessen Natur sich draufgängerischer Leichtsinn und militärisches Können seltsam mischten, nahm nicht den üblichen Weg auf die Peloponnes über Ostgriechenland und den Isthmus, sondern durchquerte Rumelien, erreichte Messolongi, setzte sein Heer in Segelbooten nach Psathopyrgos über und erschien – zum Schrecken der Griechen – unerwartet in Achaia. Ohne Widerstand nahm er Vostitsa ein und marschierte gegen Korinth. Nicht weit davor, bei Vovoda, erwarteten ihn, verschanzt hinter den sogenannten Schwarzen Felsen, Zaimis, Petmesas und Soliotis. Doch schon beim ersten Angriff der Arvaniten stoben die Griechen auseinander, und der Kechaja-Bey drängte vor, ohne auf nennenswerten weiteren Widerstand zu stoßen. Er steckte Argos an, metzelte die griechische Bevölkerung nieder und entsetzte Nauplia, das von den Griechen umschlossen war. Wohin er kam, festigte er durch sein kluges und kraftvolles Auftreten die Macht der Türken. Schon befand er sich im siegreichen Anmarsch auf Tripolis. Dort trafen, eine nach der anderen, die freudigen Botschaften ein und versetzten die Osmanen in einen Taumel der Begeisterung. Ein heldenhafter Versuch der Griechen, den siegreichen Feind bei Piali aufzuhalten, scheiterte. So zog schließlich der Kechaja-Bey triumphierend in die Hauptstadt der Peloponnes ein.

Dort wurde ihm ein großartiger Empfang bereitet. Die ganze türkische Bevölkerung kam ihm entgegen, bis weit vor die Stadt. Freudengeschrei erscholl, Böllerschüsse wurden abgefeuert, es wurde getanzt und gesungen. Wo immer der

Kechaja-Bey auf seinem Araberhengst vorbeiritt, wurde er wie ein Gott verehrt. Hinter ihm folgten seine dreieinhalbtausend Arvaniten, dahinter ein langer Zug von Sklaven und beutebeladenen Maultieren.

Gemäß seinem Rang als Bey nahm Michalos bei dem Empfang einen bevorzugten Platz ein. Er befand sich bei den Offizieren und den türkischen Stadtoberhäuptern in der unmittelbaren Umgebung des Kaymakam. Mit seinem weißen Turban und dem grünen Kaftan wirkte er wie ein echter Türke. Er sah gut aus. Sein Benehmen war vornehm und zurückhaltend. Die Äußerungen seiner Freude waren maßvoll, aber seine Worte und sein ganzes Gehaben ließen seine aufrichtige Befriedigung über den Sieg der Türken deutlich erkennen. Im allgemeinen Jubel vergaßen die Agas ihre sonstigen Bedenken und Vorurteile und behandelten ihn wie einen der Ihren, was ihn tief befriedigte und manche seiner Befürchtungen zerstreute. Das einzige, was ihn reizte und ärgerte, waren die ironischen Blicke, die ihm sein Freund Mustafa zuwarf, als er ihn den selbstsicheren Türken spielen sah.

Am Abend begannen die eigentlichen Festlichkeiten. Dem offiziellen Empfang des siegreichen Kechaja-Bey im Serail durch den Kaymakam folgten alsbald kleine, private Gelage, mit Wein und Weibern. Überall war Michalos auch dabei und spielte sich geschickt in den Vordergrund. Er war lebhaft und gesprächig. Seine Rechnung war offensichtlich aufgegangen: Dreieinhalbtausend Arvaniten hatten genügt, um jeden griechischen Widerstand hinwegzufegen. Zaimis und einige andere Kotzambassides, die den Mut gehabt hatten, zu kämpfen, waren beim ersten Gewehrschuss davongelaufen, eine Tatsache, die Michalos mit Genugtuung erfüllte. Welches Recht hatten diese „Helden“ etwa, auf ihn herabzusehen, ihm einen Vorwurf zu machen? Memmen, die vor einer Handvoll Türken die Flucht ergriffen hatten!

Natürlich war da immer noch Kolokotronis mit seinen

fünftausend Palikaren. Aber auch er war zum Scheitern verurteilt. Was vermochten fünftausend schlecht bewaffnete, undisziplinierte Rebellen gegen die vereinten Kräfte des Kechaja-Bey und des Kaymakam? Schon meldeten die türkischen Spione, dass Kolokotronis' Heer, in Schrecken versetzt durch die jüngsten türkischen Erfolge, sich aufzulösen beginne. Das musste der Anfang vom Ende sein. Es gab keinen hellenischen Aufstand mehr, der diesen Namen verdiente.

Michalos fühlte sich befreit von Unruhe und Angst und fing wieder an, sich eines fröhlichen, sorglosen Lebens zu erfreuen. Er sah den Tag kommen, an dem er als unumschränkter Herr nach Kastropyrgos zurückkehren würde. Als erstes würde er dann Dorotheos und Mothonitis aufhängen und sich die Besitzungen des Mothonitis aneignen. Später dann ...

Über dieses „später" war er sich noch nicht ganz im Klaren. Da gab es noch die Frage, wie seine Frau sich verhalten würde, wenn sie ihn als Türken vor sich sähe? Würde ihre Liebe groß genug sein, sich damit so ohne weiteres abzufinden? Würde sie am Ende selbst auch Türkin werden? Oder würde sie ihren alten Glauben beibehalten und dennoch Frau eines Türken bleiben? Freilich konnte er, wenn er wollte, sie mit Gewalt in seinen Harem zwingen. Konnte aber Zwang erloschene Liebe neu entfachen?

Sein Harem ... Diese Vorstellung schmeichelte seinen Anlagen. Die osmanischen Gesetze gaben ihm die Möglichkeit, seinen Leidenschaften in Ehren nachzugehen. Aber Evangelia?

Dann waren da noch Manolis Trukas, sein Onkel, und Lukas Pyros, seine besten Freunde. Beide lagen nun gefesselt im Verlies des Serails. Seit er Türke geworden war, hatte er nicht mehr gewagt, sie zu besuchen und ihre Leiden mitanzusehen. Jeder Osmane, auch der geringste, hatte das Recht, gegen die gefangenen Griechen Mitleid zu zeigen, ohne falsch verstanden zu werden. Er aber, der neue Türke, hatte dieses Recht nicht. Er musste die Aufrichtigkeit seines Glaubenswechsels durch Fanatismus und Herzenshärte bekunden. Und schließlich, wie sollte er den Leidenden begegnen, wie sollte er ihnen in die Augen schauen? Was sollte er ihnen sagen, die mehr erduldeten als den Tod, ein Leben, das langsam und unbarmherzig zum Sterben führte? In den Kellern des Serails war einer an den anderen gefesselt. Die schweren Ketten lasteten unerträglich um Hals und Schultern. Durch das kleine, vergitterte Fenster drang kaum ein Lichtstrahl. Läuse nisteten in ihren wild wachsenden Bärten und juckten wie die Ameisen. Aus den Ritzen der auseinanderklaffenden Deckenbretter troff Schmutz auf ihre Köpfe. Das Essen war so unzureichend und schlecht, dass alle an der Ruhr erkrankten. Wollte einer der Gefangenen zur Kübeltonne gehen, die in der Kellerecke stand, mussten sich alle an ihn geschmiedeten Leidensgenossen mit ihm erheben.

Sie hätten nur ein einziges Wort zu sagen brauchen, um dieser Qual ein Ende zu machen: das gleiche Wort, das Michalos Russis gesagt hatte. Aber es kam nicht über ihre Lippen. Sie litten und starben unerschütterlich für ihren Glauben und für ihr Land. Michalos' Verstand musste sich wohl sagen, dass dieses Opfer töricht und sinnlos war. Aber seine Seele stand staunend und schaudernd vor einem Rätsel, dessen Antwort er nicht wusste, vor einem Phänomen, das ihm unheimlich und bewunderungswürdig zugleich erschien. Er ahnte, dass diese Männer sich in einer geheimnisvollen Sphäre befanden, in dem sie alles Kleinliche, alles Irdische weit hinter sich gelassen hatten, einer Sphäre zwischen Leben und Tod.

Unklar begann da Michalos zu ahnen, dass das Leben mehr ist als der kreatürliche Wert des Menschen und dass der Tod, wenn er zutiefst dem Lebensgesetz entspricht, dem Menschen übernatürliche und erhabene Größe verleiht.

SECHSTES KAPITEL

Eschrefbey und Michalos Russis

In jenen Tagen spielte sich auf dem Markt von Tripolis ein Schauspiel, ein tragisches Schauspiel ab. Die Arvaniten des Kechaja-Bey verkauften ihre Sklaven: Männer, Frauen und Kinder – so viele eben das siegreiche türkische Heer an griechischem Volk zusammengetrieben hatte, auf seinem Wege von Psathopyrgos nach Tripolis. Überall Wehklagen und Jammern, aufgeregte, fassungslose, abgekämpfte und ohnmächtige Gestalten; Menschen mit stumpfen Mienen, fast zum Vieh herabgewürdigt; Kinder, vor Angst dem Wahnsinn nahe; Mädchen, in ihrer Verlassenheit den schrecklichsten Bildern der Furcht ausgeliefert; Männer, die Lippen fest aufeinandergepresst. Auf der anderen Seite des Platzes standen die albanischen Händler und die türkische Kundschaft. Die Albaner, in weißen Hosen und buntbestickten Gamaschen, priesen mit lautem Geschrei ihre menschliche Ware an. Die Türken schritten gelassen und wortkarg einher, schauten sich um, prüften und feilschten, um endlich lustlos ihren Kauf abzuschließen.

In jedem Augenblick und allerorts spielten sich Tragödien ab: Ein Mann wurde von seiner Familie getrennt, ein Kind aus der mütterlichen Umarmung gerissen, eine Jungfrau einem verhassten Bett zugeführt. Um jede dieser Szenen sammelten sich Müßiggänger und Neugierige. Sie verhöhnten die Tränen, verspotteten die Küsse und hatten ihren Spaß an der tödlichen Verzweiflung der Opfer. Der Arvanite aber warf seine zappelnde Ware in die Arme des türkischen

Käufers, und dieser nahm sie hin, gleichmütig und mit angeborener Lässigkeit. Käufer und Gekaufte verloren sich in der Menge, die bald auseinanderging, um sich an anderer Stelle wieder zusammenzurotten. Dieses grausame Auseinanderreißen von Seelen dauerte vom Aufgang der Sonne bis zu ihrem Untergang.

Nach langem Zögern und unschlüssigem Hin und Her beschloss auch Michalos, auf den Markt zu gehen. Unauffällig mischte er sich unter die Leute. Anfangs schien er die Vorgänge, die ihm vollkommen fremd waren, nicht recht zu begreifen. Dann aber erfasste er die wirklichen Zusammenhänge, und ein tiefes Missbehagen stieg in ihm auf, Zorn und maßloser Ekel. Hatten bisher der Wille zur Selbsterhaltung und der Drang, sich Vorteile zu sichern, sein Denken beherrscht, so besann er sich jetzt, angesichts dieser Qualen, auf höhere und unsterbliche Werte. Sein wirkliches, lange unterdrücktes griechisches Wesen war erwacht. Mit zusammengebissenen Zähnen und geballten Fäusten, leichenblass, taumelte er durch die Menge. In jäher Gefühlsaufwallung wollte er die Pistole ziehen, das Messer zücken, sich, allein wie er war, auf diese Türken und Arvaniten stürzen und töten, töten, töten.

Aber er riss sich rechtzeitig zusammen, erschrocken darüber, wie stark ihn seine christliche und griechische Herkunft übermannt hatten. Den Kopf gesenkt versuchte er schnellen Schrittes ebenso unbemerkt zu verschwinden, wie er gekommen war; aber er stieß zu seinem Unglück auf eine Gruppe von Beys und Agas.

„Sei gegrüßt, Eschref-Bey! Wohin so eilig?“

Michalos fasste sich schnell und bezwang seine Wut. Er versuchte, vieldeutig zu lächeln.

„Ein kleiner Umweg über den Markt ... Aber ich gehe jetzt.“

„Ohne etwas ... einzukaufen?“

Michalos hob die Schultern.

„Was soll ich schon kaufen?“

Die Agas schüttelten sich vor Lachen. Alle waren sie leicht angetrunken und in übermütiger Laune.

„Irgendein hübsches Griechenmädchen, gut gewachsen ... zum Zeitvertreib."

„Damit du langsam deinen Harem zusammenbekommst ..."

„Was bist du für ein Türke, ganz ohne Harem?"

Michalos kniff die Augen zusammen und sagte mit leicht versteckter Ironie:

„Mit griechischen Sklavenmädchen soll ich mir meinen Harem einrichten? Schickt sich das für mich, einen vornehmen Herrn und reichen Bey?"

Die Agas blieben stehen. Einer fragte lauernd:

„Was also wünschtest du dir?"

„Gebt mir eure Töchter, eure Schwestern, wie es mir zukommt!"

Da lachten die Agas laut heraus.

„Aber Michalos, du wirst doch nicht etwa im Ernst an deinen neuen Namen Eschref-Bey glauben?"

„Keiner wird ein echter Bey von einem Tage zum anderen!"

„Du wirst noch viele Brote essen müssen, bis du eine unserer Schwestern haben kannst."

„Bekomm jetzt erst einmal mit türkischen Bauernmädchen Kinder, diese sollen wieder Kinder mit Türkinnen haben – der Reihe nach, damit dein wildes griechisches Blut etwas türkisch wird. Und vielleicht, dass dann deine Kindeskinder die Enkelinnen unserer Schwestern bekommen werden."

„Du musst nicht so hoch hinaus wollen, sonst bietet dir noch der Sultan seine Tochter zum Weib!"

„Das Zeichen deiner Türkenwürde, der Turban, ist noch sehr neu ... und drückt wohl noch ein wenig?"

Belustigt entfernten sie sich, weinselig schwankend, einer den anderen in die Rippen stoßend. Michalos blieb wie erstarrt zurück. Ihn so tief zu beleidigen, hätte ehemals kein Türke gewagt, als er noch Rajah war. Die türkischen Herren hatten es immer wohl verstanden, die Führer der Unterjochten zu achten. Wohl unterwarf man sie mit dem Recht des Eroberers, doch tat man es in einer Weise, die weder Anstand noch Ehrgefühl verletzte. Doch jetzt, wo er mit den einstigen Gebietern auf gleicher Stufe zu stehen vermeinte, jetzt begriff er, dass die Erhöhung, die er durch seinen Übertritt zu gewinnen erwartet hatte, in Wirklichkeit Absturz und Erniedrigung bedeutete: Vom ersten der Sklaven war er zum letzten der Herren geworden ...

Mit zusammengebissenen Zähnen, den Kopf gesenkt, drängte er sich zwischen den Händlern und der Masse feilgebotenen Fleisches hindurch, um zu entfliehen, um seine ungeheure Schande und maßlose Wut zu verbergen. Nicht so sehr die Worte der Agas hatten ihn bis ins Innerste getroffen, sondern mehr noch die Augen der griechischen Sklaven, die ihn fassungslos, mit glühendem Hass ansahen, und doch Blut von seinem Blut waren.

Plötzlich blieb er stehen: An der Ecke des großen Marktes stellte ein Gekkas seine Ware zur Schau: Mutter und Tochter. Die Mutter, außer sich, mit aufgelöstem Haar und irren, erschrockenen Augen, presste mit krampfhaft zuckenden Händen ihre jammernde Tochter an die Brust. Schreiend und gestikulierend handelte der Gekkas[10] mit dem Käufer, dem Hussein-Aga von Kiato, einem alten, bösen Mann von abstoßender Hässlichkeit, um den Preis.

„Gib fünfhundert Piaster und nimm sie alle beide“, schlug der Arvanite vor. „Was soll ich schon ohne die Tochter mit der alten Hexe anfangen? Soll sie mir als unverkäuflicher Rest übrig bleiben?“

„Und ich? Was soll ich mit ihr machen?“

„Die hält noch manches aus!“

„Wenn du so sicher bist, hab du deinen Spaß mit ihr!“

---

10 Gekkas: Nordarvanite

„Los, vorwärts! Vierhundertundfünfzig Piaster und Schluss. Damit wir zu Ende kommen. Ich lasse sie dir halb geschenkt!“

Der Hussein-Aga schüttelte eigensinnig den Kopf.

„Lass das Gerede, ich kaufe das Mädchen allein.“

„Dann musst du mir vierhundert für sie geben.“

„Dreihundert, und das ist schon überbezahlt.“

Der Arvanite schnaubte vor Entrüstung.

„Dreihundert, für diese Schönheit? Hast du sie dir gut angesehen, mein Aga, hast du sie gesehen?“

Ohne die Antwort abzuwarten, riss er das Mädchen aus den Armen der Mutter. Die Tochter schrie auf vor Verzweiflung und versuchte, sich an der Alten festzukrallen. Die Mutter verteidigte ihr Kind mit kampfbereiten Fäusten – ihr Kind, das sie unter Schmerzen geboren hatte, und das sie um ihr Leben nicht verlieren und opfern wollte. Mit einem Stoß warf der Arvanite die alte Frau zu Boden.

„Geh zum Teufel, alte Eule!“

Er packte das halbtote Mädchen, stellte sie aufrecht vor den Aga und entblößte mit brutaler Hand ihre Brust.

„Schau her, mein Aga, schau dir die Frau an, die ich dir verkaufe. Sieh diese Brüstchen, weiß wie Milch, hüpfend wie Turteltäubchen. Schau ihn dir an, diesen makellosen Körper! Schau nur!“

„Dreihundert Piaster“, bestand der Alte, „mein letztes Angebot.“

Der Arvanite jammerte.

„Dreihundert? Warum, mein Aga, warum?“

„Sie hat krumme Beine.“

„Krumme Beine? Wo hast du die gesehen?“

„Man sieht sie doch unter dem Rock!“

„Da irrst du dich, irrst dich sehr! Schau nur!“

Er ergriff den Saum des Kleides und hob es bis über die Knie hoch.

„Schau dir diese Füßchen an! Diese Schenkelchen! Wie Säulen, wie Zypressen!“

Der Blick des alten Türken verschleierte sich.

„Los, vorwärts! Dreihundertundfünfzig Piaster, damit wir zu Ende kommen."

Da geschah etwas Seltsames in Michalos' Seele. Er hätte selbst nicht erklären können, was ihn dazu trieb und was sein Gewissen und seinen Willen bewegte.

„Vierhundert!", rief er mit versagender Stimme und, um jedem höheren Angebot des Agas zuvorzukommen, warf er seinen Geldbeutel in die Hände des Albaners.

Aus schrägen Augen sah ihn der Türke voller Hass an, murmelte ein Schimpfwort und ging, ohne sich noch einmal umzusehen.

Der Arvanite, verwirrt über diese plötzliche Wendung, stammelte:

„Viel Glück, mein Bey, sie sei dein! Dass du dich ihrer erfreust!"

Das Mädchen sah zu ihrem neuen Herrn auf und begriff nichts. Auch die Mutter schien wieder zu sich zu kommen. Ein Gefühl sagte ihr, dass nicht Begehrlichkeit den Fremden zu diesem Kauf getrieben hatte, sondern etwas anderes, das aus reineren Motiven zu kommen schien. In Michalos' schönem Gesicht schimmerten Güte und menschliches Mitgefühl durch die steinerne Maske. Die Mutter fasste wieder Hoffnung, dass ihre Tochter bei diesem gutgewachsenen jungen Mann keinem zu harten Los ausgesetzt sein würde.

„Ängstige dich nicht", wandte sich Michalos jetzt an die alte Frau. „Deine Tochter wird es gut bei mir haben. Nur schade, dass ich nicht auch dich kaufen kann."

Die Alte beugte sich nieder und küsste ihm die Hand. Er fühlte heiße Tränen auf seinem Handrücken.

„Sorge dich nicht weiter um mich, mein Bey. Ich bin froh, wenn ich glauben darf: Mein Kind ist nicht in schlechten Händen. Kümmere dich nicht um mich."

Michalos musste schnell den Kopf wenden, als hätte er

etwas erblickt. Es geschah aber nur, damit niemand die Tränen in seinen eigenen Augen bemerken konnte.

Mustafa-Bey hatte Michalos in seinem großen Haus gastlich aufgenommen. Er hatte ihm drei mit üppiger Pracht ausgestattete Räume überlassen. Ein arvanitischer Hausmeister und eine arabische Alte standen zu seiner persönlichen Bedienung zur Verfügung. Aber auch alle anderen Bediensteten des Hauses sahen ihn als ihren zweiten Herrn und Gebieter an.

Als Michalos mit seiner Sklavin auf dieses Haus zuschritt, erfasste ihn ein seltsames Unbehagen. Er fürchtete seinen Freund, dessen Fragen und spitze Bemerkungen – und er atmete auf, als man ihm bei der Ankunft sagte, Mustafa sei ausgegangen.

Gemeinsam mit dem Mädchen stieg er die Treppen zu seinen Zimmern empor. Dort gab er der alten Araberin Aissa den Auftrag, der kleinen Griechin gleich etwas Essen zu bringen. Die Alte verbeugte sich demütig, kniff aber listig die Augen zu.

„Ich bringe ihm Essen, dem schönen Mädchen, damit es rasch wieder rundlich wird, ein süßer Leckerbissen. Aber zuerst solltest du das Kind in einen Zuber Wasser stecken, damit es appetitlich und sauber wird ... Wo soll man denn das Kätzchen hinlegen, mein Gebieter, es wird ja voller Läuse sein."

Die Anspielungen machten Michalos verlegen.

„Tu, was man dir sagt, und erspare dir deine Ratschläge!"

Die Araberin verließ, rückwärts schreitend, das Zimmer, aber bis zuletzt blieb das unverschämte Lächeln in ihrem Gesicht. Michalos streckte sich in den Polstern und sah zur jungen Griechin auf. Verlegen stand sie da, blass, gezeichnet von den erlittenen Qualen, verstummt von der ständigen Angst. Das zerzauste Haar fiel ihr ins Gesicht. Es waren nur noch Lumpenfetzen, die ihren Körper notdürftig bedeckten. Die Hände waren verschmutzt, die nackten Beine von Staub überkrustet und zerschunden. Ein Bild des Jammers!

Das erfahrene Auge Michalos' erkannte, was unter der Hülle von Schmutz und Elend verborgen war. Aissa hatte schon recht: ein Dampfbad, eine Woche gutes Essen, Ruhe und Schlaf – und die Blume würde aufblühen. Siebzehn Jahre mochte sie alt sein, älter gewiss nicht. Die hochgewachsene Gestalt, die ebenmäßigen Glieder und die schmalen Gelenke waren eher zart gebildet, aber gesunde Kraft schien die verwahrloste Haut, das feste Fleisch und die schwellenden Brüste zu durchströmen. Ein kupferner Glanz lag auf ihrem braunen Lockenhaar, von dessen Dunkel sich das schimmernde Blau der Augen reizvoll abhob. Dazu die schmale Nase, edel geformt, über vollen, kindlichen Lippen: Das Mädchen war schön.

Ein Lächeln huschte über Michalos' Züge. Was er getan, hatte er aus Güte und Mitleid getan, ohne jeden Hintergedanken. Gott war sein Zeuge – oder Allah. (Noch immer kam er durcheinander, noch hatte er sich nicht an die neue Lage gewöhnt)

„Setz dich ...", sagte er.

Das Mädchen ließ sich schüchtern auf einem Stuhl nieder und sah seinen Gebieter an. Es war ein sonderbarer Blick, in dem Angst und Zweifel mit Hoffnung und Vertrauen stritten und in dem die Frage lag: Was bist du für ein Mensch? Welches Schicksal erwartet mich bei dir?

„Wie heißt du?"

„Evangelia."

Diese Antwort verschlug Michalos einen Augenblick den Atem, und seine Augen umdüsterten sich. Er schwieg lange. Evangelia ... Die Gestalt seiner Frau tauchte vor ihm auf. Jung und hübsch auch sie, fast von gleichem Wuchs. Nur, dass sie nicht braunes, sondern schwarzes Haar hatte und dunkle Augen voller Fragen. Evangelia ... seine Frau ... Evangelia.

Aissa brachte auf einem Tablett Speise und Trank, stellte es vor das Mädchen hin, kreuzte die Arme und wartete.

„Verschwinde!“, herrschte Michalos sie an. Ihr ewiges Lächeln ärgerte ihn.

Die Araberin verließ das Zimmer.

„Nun iss und hab keine Angst!“

Langsam und zögernd begann das Mädchen zu essen. Anfangs brachte sie nur· mühsam die Bissen hinunter. Das Schlucken fiel ihr schwer. Immer wieder sah sie zu ihrem Herrn auf, der ihr voller Ruhe und Güte zu sein schien, und in dessen Lächeln so viel Wohlwollen lag, dass auch sie bald schüchtern zurücklächelte.

„Iss, Evangelia ... Fürchte dich nicht!“

Nein, sie fürchtete sich nicht mehr. Ihr wacher weiblicher Instinkt sagte ihr, dass sie vielleicht nichts Böses zu erwarten habe. Aufregung und Angst wichen der Sicherheit und einem zaghaften Wohlbefinden. Der Ring um ihre Kehle wurde lockerer, der Krampf im Magen löste sich, und Evangelia begann mit Heißhunger zu essen. Sie aß, sie schlang, sie säuberte die Teller, sie leerte die Gläser, benommen vor Glück, dass das Hungern nun zu Ende war. Als nichts mehr auf dem Tablett übrig war, schaute sie wieder zu Michalos hinüber, von dem nun jede Sorge und Strenge gewichen war und die lächelnder Freundlichkeit Platz gemacht hatten.

„Willst du noch mehr?“

„Nein ...“

„Wenn du noch Hunger hast – schäme dich nicht.“

„Ich weiß nicht, was mich gepackt hat, ich habe mehr gegessen als man darf.“

Michalos antwortete nicht, er lächelte nur. Das Mädchen senkte den Blick. Es geschah in jener Scham, die tiefstes Betroffensein verrät, ein ängstliches Betroffensein, qualvoller und beglückender als jede reale Angst.

„Bist du müde?“

„O ja, sehr!“

Michalos stand auf.

„Komm, leg dich hin, auf den Diwan!"

Das Mädchen zögerte. Wieder flackerte Misstrauen in ihren Augen auf. Sie schaute Michalos an und rührte sich nicht von der Stelle.

„Sei nicht töricht! Schlaf ohne Furcht! Niemand wird dich stören!"

Evangelia näherte sich mit vorsichtigen Schritten dem Diwan. Sie legte sich nieder und versuchte, ihre nackten Beine unter den Lumpen zu verstecken. Dabei warf sie einen kurzen, ängstlichen Blick zu Michalos hinüber. Sein Lächeln, ein trauriges Lächeln, beruhigte sie. Doch sie wollte nicht einschlafen. Sie wollte wach bleiben und bereit sein, nicht, um ihren Körper zu verteidigen – sie wusste, dass im Augenblick keine Gefahr bestand –, sondern um ihrem Schicksal mit klarem Bewusstsein gegenüberzutreten. Sie wollte ..., aber sie schaffte es nicht. Die Müdigkeit legte sich bleiern auf ihre Lider. Immer ruhiger hob und senkte sich ihre Brust. Für den Augenblick war alles vergessen. Auf Zehenspitzen verließ Michalos das Zimmer. Vor der Türe stand Aissa mit gekreuzten Armen.

„Sie schläft. Dass niemand sie stört! Wenn sie aufwacht, bring sie zum Bad und gib ihr neue Kleider."

Die Araberin verbeugte sich schweigend, und immer noch lächelte sie anzüglich. Diese Kreatur, dachte Michalos, begreift die denn noch immer nicht?

Draußen, in den abendlichen Straßen, wanderte eine bunte, laute Menge ziel- und zwecklos umher. Unruhe, aus Gefahr und Hoffnung gemischt, vergiftete schon seit Tagen die Menschen, vergiftete die ganze Atmosphäre. Man erwartete ein Unbekanntes, das sich noch versteckt hielt, das heimlich lauerte, um sich, niemand wusste wann, gewaltsam und unerwartet zu entladen: zum Guten oder zum Schlechten, als Freud oder Leid? Nur Michalos spürte heute nichts von dieser Umwelt. Er durchquerte die vibrierende Menge, fremd, als ginge er über eine Bühne von Marionetten. Befreit und beschwert zugleich.

Das beste Kaffeehaus von Tripolis befand sich auf dem großen Platz gegenüber dem Serail. Nur Türken durften es betreten, und unter diesen auch nur Adelige und Würdenträger, vom Aga aufwärts. Für das Volk gab es andere Lokale.

Als Michalos eintrat, war der große Saal schon dicht besetzt. Mit gekreuzten Beinen saßen die Gäste auf Polstern im Kreise - vor sich, auf winzigen Tischchen, die Tasse mit Sahnekaffee oder die Schale mit süßem Scherbett. Hinter jedem Türken stand sein Diener, jederzeit bereit, den Tschibuk seines Gebieters mit Tabak neu anzufüllen, anzuzünden und nach vorne zu reichen, nachdem er mit dem Ärmel den Speichel von den Lippen seines Herrn gewischt hatte.

Dichter Tabakqualm lag in der Luft und verdunkelte beinahe die zitternden Flammen der Öllämpchen, die in den Ecken hingen. Kein Hin und Her, kein Stimmengewirr. Friedlich saßen die Agas da, teilnahmslosen Blicks, der sich scheinbar in fernen, wohl nicht vorhandenen Welten verlor. Sie sprachen ruhig und fast träge. Jeder schien nur mit sich selber zu sprechen. Denn die Zuhörer legten dem jeweiligen Sprecher gegenüber einen betonten Gleichmut an den Tag. Und doch lauerte unter den müden, abwesenden Masken eine stets wache Aufmerksamkeit. Schwieg der eine, nahm der nächste das Wort auf, dann ein dritter und vierter, als säßen sie nicht im Kreise von Freunden und Bekannten, sondern im öffentlichen Parlament, wo die Abfolge der Reden strengen Satzungen unterworfen ist. Langsam und wohlabgewogen gingen die Worte über die Lippen, in einem dunklen und geheimnisvollen Duktus, der den ohnehin klugen Gedanken eine noch gelehrtere Form gab.

Sehr fremd fühlte sich Michalos in dieser Umgebung. Wenn er auch in seiner Erziehung zum künftigen Kotzambassis gelernt hatte, die tief verwurzelte Leidenschaftslosigkeit der Türken nachzuahmen, so gelang es ihm doch nie, sein griechisches Temperament zu unterdrücken und sich an die gewundene, doppeldeutige und undurchsichtige Redensart der Türken anzupassen. Nur mit großer Unlust ging er deswegen zu den Agas ins Kaffeehaus und nur, weil es sich für ihn gehörte. Diese Pflicht schien ihm unumgänglich, er glaubte, sie seiner neuerworbenen türkischen Nationalität schuldig zu sein.

In die Runde blickend entdeckte er zu seiner Erleichterung, mitten in einem Kreis ortsansässiger Türken, seinen Freund Mustafa-Bey. Bei ihm saßen der alte Siech-Netsip, ein würdiger, allseits geachteter Mann, Kyamil-Bey aus Korinth, der Marabut und ein paar andere, niedrigeren Ranges.

Die eingeborenen Türken waren ihm sympathischer als die zugereisten. Sie kannten die Art der Griechen, die immer noch der Peloponnes ihren Stempel aufdrückten, und sie waren maßvoller und vernünftiger als die überheblichen und fanatischen Türken aus Anatolien. Mustafa-Bey war eine Klasse für sich. Ein freier, überlegener, sehr fortschrittlicher Geist. Er kümmerte sich nur wenig um jene Konventionen, welche die Taten und Gedanken der Menge bestimmten.

„Sei willkommen!"

„Willkommen, Eschref-Bey, setz dich zu uns!"

Sie machten ihm in ihrer Mitte auf den Polstern Platz. Michalos setzte sich auf untergeschlagene Beine. Dabei stieß er einen wohl einstudierten Seufzer der Befriedigung aus, obschon es ihm schwer fiel, sich an diese fakirhafte, unbequeme Sitzweise zu gewöhnen.

„Was gibt es Neues?"

„Nimm zuerst einen Kaffee und stecke dir deinen Tschibuk an. Dann wird schon die Zeit kommen, nach Neuigkeiten zu fragen."

Dies war eine diskrete Art, ihm anzudeuten, wie ganz und gar untürkisch seine Hast war. Alles zu seiner Zeit. – Der starke Kaffee mit reichlicher Sahne wurde in kleinen

Porzellantässchen serviert. Da Michalos keinen Diener bei sich hatte, bot ihm Mustafa-Beys Begleiter einen Tschibuk an. Langsam trank Michalos seinen Kaffee und genoss das Aroma des Tschibuks. Seine Bewegungen waren gemessen und feierlich, wie der Augenblick und die Umgebung es geboten. Als er meinte, dass der geeignete Augenblick gekommen war, fragte er wieder:

„Was gibt es Neues?"

Fünf Bernsteinkugeln, an eine Schnur gereiht, mit denen ein Türke gelangweilt spielte, schlugen aneinander. Das war die einzige Antwort. Nach einer Pause, die notwendig war, um nicht den Eindruck eitler Eile zu erwecken, öffnete Siech-Netsip langsam den Mund und sprach:

„Groß ist die Macht Allahs! Und groß ist die Macht des Sultans!"

Alle nickten zustimmend zu dieser religiös-politischen Einleitung. Als nächster sprach der alte Sechas:

„Der Sultan hat Kurschid-Pascha befohlen: ‚Zieh mit Heeresmacht auf die Peloponnes; bestrafe die Ungläubigen, die das Haupt gegen meine Allmacht zu erheben versuchen. Und die zu den Waffen griffen, mit Waffen vernichte sie! Und die sich von ihren Führern verleiten ließen, jetzt aber Reue und Unterwürfigkeit zeigen, ihnen gib eine ordentliche Tracht Prügel!' Kurschid-Pascha ist aber in Kämpfe mit Ali-Pascha verwickelt, dem Hundesohn, dem Sohn der Hölle ... Er sprach daher zu Giosse-Mechmed: ‚Zieh du in Windeseile auf die Peloponnes und vollstrecke die Befehle des Sultans!' Und Giosse-Mechmed sagte zu Mustafa: ‚Mein lieber Kechaja-Bey, bis ich mein Heer aufgestellt habe, sei so gut, und begib du dich mit dreieinhalbtausend Arvaniten auf die Peloponnes. Hilf unseren Brüdern, die in Gefahr sind! Über kurz oder lang folge ich dir dorthin nach.'"

Siech-Netsip lächelte ernst und würdevoll. „Kechaja-Bey mit seinen Arvaniten ist schon da. Hinterher kommt Giosse-

Mechmed. Dann Kurschid-Pascha. Doch bis die eintreffen, wird sich nicht einmal die Spur eines einzigen Rajahs auf der ganzen Peloponnes finden lassen. So gewaltig ist die Macht des Sultans."

Wieder ein allgemeines Kopfnicken, Zustimmung und Bewunderung. Weiter ging das Gespräch der Runde. Jeder sprach. Wer an der Reihe war, knüpfte an die Worte des Vorredners an.

„Patras, Vostitsa, Korinth, Argos und Nauplia haben sich bereits dem Kechaja-Bey unterworfen. Was bleibt noch übrig?"

„Kolokotronis und einige Klephten. Einmal stark gepustet, und sie sind dahin!"

„Erscheint erst die Hälfte unseres Heeres, ein Viertel – und die Rebellen sind verloren!"

„Der Kechaja-Bey ist stark!"

Nun war die Reihe an Michalos.

„Zugegeben", sagte er, „aber jetzt sind es zwei Wochen her, dass der Kechaja-Bey in Tripolis ist. Warum macht er keine Ausfälle und zerschlägt den Rest der Feinde?"

Ein kurzes Schweigen folgte. Man überlegte die treffendste Antwort auf die taktlose Frage des neugebackenen Türken, der noch immer nicht seine griechische Wildheit verleugnen konnte.

„Wenn du etwas mit dem Mund zu vollbringen vermagst, wozu die Hände dazu verwenden?"

„Blut bleibt Blut. Schlimm ist es, Blut der Rajahs zu vergießen. Sünde aber, Blut des Osmanen mutwillig zu vergeuden!"

„Ein kluges Wort wiegt tausend Schwerter auf."

„Warum sollten die Rajahs noch kämpfen? Welche Hoffnung bleibt ihnen? Der Fährmann der Unterwelt erwartet sie."

„Ja, ja. Das sagt der Kechaja zu den Griechen: ‚Was wollt ihr mit mir kämpfen? Euch erwartet der Fährmann der Unterwelt ...'"

„Überallhin hat er seine Boten geschickt."

„Boten mit Handschreiben sogar."

„Die Stadtoberhäupter und Geistlichen wurden aus den Kerkern geholt."

„Man brachte sie zu den Geldwechslern."

„Man sagte ihnen: ‚Schreibt an eure Anhänger, an alle Rajahs: Unterwerft euch und rettet euren Kopf. Denn Hoffnung gibt es nicht mehr für euch! Mustafa ist mit viertausend Arvaniten eingetroffen.'"

„Diese Briefe hat der Dolmetscher Stavrakis geschrieben."

„Und die Geistlichen und Patrizier haben unterschrieben."

„Griechen aus Tripolis haben die Briefe in Empfang genommen und über die ganze Peloponnes verteilt."

„Die Rajahs werden sie lesen. Ihre Galle wird überlaufen."

„Sie werden die Waffen von sich werfen."

„Die Griechen aus Tsipiania haben schon den Anfang gemacht."

„Sie haben sich unterworfen."

„Sie brachten ihre Waffen mit."

„Sie erhielten Stockschläge, was das Zeug hält." „Auf dass sie von ihren Sünden reingewaschen werden."

„Und schöne, neue rote Feze gaben wir ihnen." – „Und für ihre Frauen jedem einen Piaster." – „Damit auch die anderen kommen."

„Sie werden kommen. Wohin sollten sie sonst gehen?"

„Was können sie schon machen ..."

„Ja, ja, was können sie schon machen ...

SIEBTES KAPITEL

Michalos Russis und Eschrefbey

Als Michalos und Mustafa-Bey das Kaffeehaus verließen, war es schon dunkel geworden. Ein schöner, sternklarer Maiabend. Die kühle Gebirgsluft belebte wie prickelnder Wein.

Schweigend gingen sie durch die Straßen der Stadt, mit ihren Lichtern, mit den betrunkenen Soldaten an jeder Ecke, die schrien und lachten. Es herrschte die aufgeregte, hektische Stimmung, die unsichere Zeiten mit sich bringen.

Michalos aber war ruhig. Die Türken im Kaffeehaus hatten seine eigene Meinung nur bestätigt. Sie hatten recht: Dieser Aufstand, schlecht organisiert und unklug begonnen, der konnte doch gar keinen Erfolg haben. Um sich gegen die überlegene Macht des Osmanischen Reiches zu erheben, hätte es ganz anderer Voraussetzungen bedurft, die einfach nicht vorhanden waren. Schon bei den Vorbereitungen hätten die Griechen größere Vorsicht walten lassen müssen, um ihre Pläne geheim zu halten. Einigkeit, echter Zusammenhalt, Entschlusskraft und klare Dispositionen – all das hatte gefehlt. Statt dessen nichts als Zwietracht, Planlosigkeit, unzulängliche Improvisationen. Die unerträgliche Eigenwilligkeit des Griechen und sein scheußlicher Egoismus trugen bei zur Unordnung, zu einem heillosen Durcheinander. Die unfähigen Kotzambassides – mit ihren selbstsüchtigen Hintergedanken – hatten also das leichtgläubige, nach Freiheit dürstende Volk in die Katastrophe gejagt, die weitaus schlimmer enden musste als damals der Orlowsche Aufstand. Hatten die groben Fehler seiner Landsleute ihn nicht geradezu gezwungen, ein Eschref-Bey zu werden? Nur die Niedertracht der Kotzambassides hatte ihn abgehalten, am Kampfe seines Volkes teilzunehmen, um sich später als Grieche der gewonnenen Freiheit zu erfreuen. Als Grieche, dachte Michalos voller Bitterkeit, als Grieche.

„Auch das für immer verloren!", murmelte er unwillkürlich vor sich hin, wie ein befreiendes Schlusswort seiner traurigen Gedanken.

Mustafa-Bey blieb stehen.

„Was meinst du damit?"

„Tu nicht so, als ob du es nicht wüsstest."

Mustafa-Bey lächelte:

„Hör gut zu, Michalos. Wir Türken sind Dickköpfe. Wir sehen unser Riesenreich, wir sehen die unterworfenen Völker, die uns als Sklaven dienen. Wir erinnern uns unserer einstigen Macht, die diesen gewaltigen Bau errichtet hat. Und da dieser Bau noch standhält, glauben wir, irrigerweise, dass die Macht, die ihn schuf, noch vorhanden sei.

Aber diese Macht ist nicht mehr da. Denk einmal nach, Michalos: Was sind wir heute? Und was waren wir vor fünfhundert Jahren, als wir aus den Steppen Turkestans kamen? Damals waren wir ein starkes, wildes Volk von Kriegern. Wir haben euch besiegt und unterworfen. Wir setzten uns an eure Stelle und schufen ein neues, großes Ost-Reich. Und als wir das geschaffen hatten, blieben wir staunend und ratlos vor diesem Werk stehen. Wie sollten wir rauen Krieger dieses Reich lenken und verwalten? Waren wir überhaupt fähig, fremde Völker zu regieren? Konnten wir die Kräfte dieses Reiches richtig einschätzen? Waren wir klug genug, die Schätze des Landes zu nutzen, uns die Fähigkeiten der einzelnen Völker nutzbar zu machen? Haben wir es nun verstanden, unserer Siege wert zu sein – wert zu werden? Leider nein. Aus eigener Kraft waren wir nicht imstande, Neues zu schaffen. Wir waren nur darauf bedacht, das Vorhandene zu bewahren, und zwar mit Gewalt. Darum haben wir ein großes, starkes Heer geschaffen, das uns vor jeder Gefahr schützen sollte. Ab und zu spielten wir noch die wilden Krieger, wenn die Not uns zwang – sonst verkrochen wir uns aber lieber in unsere Harems, wurden faul und weich, dumm und fett in Wohlleben und Reichtum. Wir rosteten ein, wir wurden schwach und willenlos, zugleich aber auch, aus Angst, hart und grausam.

Die geringste Bedrohung unseres Wohlergehens machte uns ängstlich. Und da nun der Feige der Wahrheit nicht ins Auge sehen kann, berauschen wir uns gerne an unseren eigenen Lügen und Märchen. Wir nebeln uns ein, wir unterdrücken jeden vernünftigen Gedanken, wir machen uns etwas vor. Wir machen uns vor, dass wir stark sind. Wir wollen es glauben. Wir machen uns vor, dass unser Reich durch nichts erschüttert werden kann, dass der Rajah, sollte er überhaupt wagen, die Waffen gegen unsere Allmacht zu erheben, sichere Vernichtung zu erwarten hat."

Er lachte bitter und fuhr spöttisch fort:

„Hast du das Geschwätz im Kaffeehaus gehört? ‚Der griechische Aufstand wird zusammenbrechen. Die Rebellen werden sich ergeben, weil der Kechaja-Bey auf den Plan getreten ist. Sie werden alle zu Kreuze kriechen. Es gibt keinen Grund, Krieg zu führen. Lächerlich, sich Sorgen zu machen!' Und das sagen erwachsene Männer mit ernsthafter Miene! Sie sagen es, weil sie es glauben wollen und weil sie Angst haben vor der Wirklichkeit."

Michalos blieb erschrocken stehen.

„Die Wirklichkeit? Wie steht es mit der Wirklichkeit?"

„Die Wahrheit ist, dass der Kechaja-Bey, nachdem er wie der Blitz die Peloponnes durchquert hat, sich nun auf seinen Lorbeeren ausruht, zu faul weiterzukämpfen. Der starke Mann ist müde geworden, siehst du. Viel zu lange schon hat er das bequeme Leben entbehrt, den Harem, das holde

Nichtstun! Er muss sich erst einmal ausruhen, der Arme. Er ist nach Tripolis gekommen, um seinem Herrn Hörner aufzusetzen. Der schöne Mann hat sich mit Kurschid-Paschas Weibern eingelassen – und freut sich seines Lebens. Und weil er keine Lust hat weiterzukämpfen, redet er sich ein, dass es keinen Grund für Feldzüge gebe. Es genüge, so sagt er sich – Briefe zu schreiben! Briefe an die Rajahs, mit der Aufforderung, sich zu unterwerfen! Er betrügt sich selbst mit dem Märchen seiner Macht. Das ist echt türkisch! Er will natürlich bloß in seiner Ruhe nicht gestört werden, es fällt ihm gar nicht ein, sich von Kurschid-Paschas Weibern zu trennen. Darum macht er sich das Ganze vor. – Willst du die Wahrheit wissen, Michalos? Du warst ein sehr dummer Grieche! Und jetzt bist du eben ein sehr dummer Türke! Ich will dir etwas verraten: Von all den Boten, von denen da die Rede war, ist kein einziger zurückgekommen. Die Männer von Tsipiania haben sich unterworfen, das ist wahr. Aber nur sie. Sonst dachte kein einziger Grieche daran. In Valtetsi wächst das Heer des Kolokotronis von Tag zu Tag. Immer neue Soldaten stoßen zu ihm. Doch der Kechaja-Bey genießt die Liebkosungen von Kurschids Haremsfrauen. Sollte er sich eines Morgens wirklich zum Kampf entschließen, dann wird es wahrscheinlich schon zu spät sein. Viel zu spät. Na? Wie gefällt dir dieses Bild der Wirklichkeit, Michalos Russis? – Verzeihung, Eschref-Bey, wollte ich sagen."

Michalos betrat in Gedanken verloren sein Zimmer, das von einem dreiarmigen Leuchter spärlich erhellt war. Er erschrak, als er sich unversehens einer Frau gegenübersah, die auf ihn gewartet hatte. Das Gespräch im Kaffeehaus und die Unterhaltung mit Mustafa-Bey hatten sein Denken so beschäftigt, dass alles andere fast vergessen und ausgelöscht war. Michalos blieb stehen und musterte Evangelia. Er lächelte zufrieden, denn er hatte sich nicht getäuscht. Die Haut des Mädchens glänzte nun sauber und rosig, das sorgfältig gekämmte Haar umrahmte ein helles Antlitz. Ihr wohlgeformter Körper kam im kirschroten, eng anliegenden Jäckchen und in den grünen weiten Hosen wohl zur Geltung. Das Essen, der Schlaf, das Bad und die beruhigende Gewissheit, dass nichts Böses ihrer harrte, hatten ihren schönen Gesichtszügen Entspannung und Ruhe verliehen. Sie war noch sehr jung und empfänglich für jeden neuen Eindruck. Auch sie musste unwillkürlich lächeln, als sie Michalos sah. Sie wusste, dass er ihr Herr und Gebieter war, und erkannte ihn als solchen vorbehaltlos an, wie es Brauch war, und wie ihre Erziehung es forderte. Hätte ihr Vater ihr einen Gemahl bestimmt, sie hätte ihn mit der gleichen Willfährigkeit anerkannt.

„Guten Abend Evangelia."

„Einen guten Abend ..."

Mit einem Seufzer der Erleichterung setzte er sich zu ihr auf den Diwan, denn er war rechtschaffen müde.

„Hast du gut geschlafen?"

„Mehr als drei Stunden. Hätte Aissa mich nicht geweckt, würde ich jetzt noch schlafen."

Ihr Ton war munter und unbefangen, als hätte sie sich schon völlig mit ihrer neuen Lage abgefunden. Michalos klatschte in die Hände. Am Türvorhang erschien das dunkle Gesicht der Araberin.

„Aissa, wir haben Hunger. Bring uns zu essen!"

„Ich habe keinen Appetit", sagte das Mädchen.

„Ein Happchen nur, mir zur Gesellschaft."

Das volle Tablett kam, und die Appetitlose stürzte sich auf die Teller. Michalos schmunzelte. Solange sie beim Essen waren, wechselten sie kein Wort. Erst nachdem die Araberin das Tablett fortgetragen hatte und sie wieder allein waren, steckte Michalos seinen Tschibuk an und sagte:

„So, und nun erzähl mir doch ein wenig aus deinem Leben."

Das Mädchen sah ihm klar und offen in die Augen. Sie schienen ihr freundlich und voll Verständnis, aber nicht frei von Selbstgefälligkeit. Sie brauchte nicht lange, um zu ahnen, dass der fremde Mann, der neben ihr saß, dieser Türke mit Turban und Tschibuk, im Grunde ein guter, großer Junge war, ein wenig verwöhnt, ein wenig widerspruchsvoll – und sehr schwach. Sie lächelte ihn an, ohne es eigentlich zu wollen. Denn unbewusst spürte sie, dass sie die Stärkere war. Trotz ihrer Jugend strahlte sie so viel mütterliche Weiblichkeit aus, dass sein unbeständiges, willenloses Wesen kaum dagegen aufkommen konnte. Sie sah ihn lächelnd an und begann also zu erzählen ...

Evangelia Spiropulos hieß sie, war in Vostitsa geboren, wo ihr Vater einige Weinberge besaß und einen Krämerladen betrieb. Ihre Mutter war aus Sacharos und stammte aus guter Familie: eine geborene Mavris.

„Mavris?", unterbrach sie Michalos. „Ich kenne die Familie Mavris."

Sie sah ihn erstaunt an:

„Woher kennst du sie?"

„Sacharos liegt nicht weit von meinem eigenen Heimatort Kastropyrgos."

„Du bist in Kastropyrgos zu Hause? Dann kennst du sicher Michalos Russis, den Kotzambassis. Er war mit Assimakis Mavris befreundet, dem Bruder meiner Mutter. Gott hab ihn selig!"

Michalos schloss die Augen.

„Deine Mutter ist die Schwester von Assimakis?"

Sein Herzschlag stockte fast vor Scham. Er, Michalos Russis, hatte also die Nichte des Assimakis Mavris als Sklavin gekauft ...

„Du kennst ihn also, den Michalos Russis?", wiederholte das Mädchen.

„Ja ... ich kenne ihn."

„Das klingt etwas seltsam. Du scheinst ihn nicht zu lieben. Nun ja, eigentlich kein Wunder, du ein Bey – er ein Kotzambassis ...“

Schweißtropfen traten ihm auf die Stirne.

„Was hast du“, beunruhigte sich das Mädchen, „fehlt dir etwas, du bist weiß wie die Wand!“

Michalos versuchte, die qualvollen Gedanken, die ihn im Bann hielten, zu verjagen. Er hob die Augenlider und sagte:

„Nichts, es ist schon vorbei. Erzähl weiter ...“

Sie war das einzige und verwöhnte Kind ihrer Eltern, die in Wohlstand, wenn auch nicht in Reichtum lebten. Sie führte ein sorgloses, aber kein müßiges Dasein. Denn in einem Bauernhaus gibt es für Frauen immer Arbeit. Gefahren und Ängste waren ihr unbekannt geblieben, bis der Aufstand ausbrach. Als der Kechaja-Bey mit seinen Arvaniten bei Psathopyrgos landete, flüchteten alle Einwohner von Vostitsa in die Berge. Evangelias Familie und zwanzig andere Vostitsaner verbargen sich in einer Felsenhöhle bei Voidia. Sie glaubten schon in Sicherheit zu sein. Doch eines Nachts weckte sie heftiges Gewehrfeuer.

Ein Grieche aus Akrata hatte sich für einen Judaslohn den Türken verkauft und ihr Versteck verraten. Die Männer kämpften bis zur letzten Kugel. Evangelias Vater war als einer der ersten gefallen, aber auch sonst blieb keiner am Leben. Die Arvaniten nahmen Frauen und Kinder gefangen und schleppten sie auf den Markt von Tripolis.

Das war Evangelias Geschichte. Sie erzählte sie mit solch einfachen, schlichten Worten, als wäre sie die alltäglichste und gewöhnlichste Begebenheit der Welt. Nur als sie auf den Griechen zu sprechen kam, den Verräter, den Türkenknecht, bekam ihre Stimme einen harten, bösen Klang. Hass und Verachtung sprachen aus ihren Worten. Sie gab ihrem türkischen Gebieter offen zu erkennen, dass sie leidenschaftliche Griechin war. Sie fürchtete sich nicht. Sie hatte Vertrauen und fing nun an, wie unter einem Zwang, Einzelheiten zu erzählen, aus ihrem Leben, aus ihrem Dorf, von ihren Eltern, Freunden und Bekannten; wie sie ihre Tage verbracht, mit welchen Leuten sie verkehrt hatte und zu welchen Festen sie gegangen war. Dabei tauchte immer wieder, wahrscheinlich ohne dass sie selbst es wusste, ein Name auf – Jannis. Ein junger Palikare war das, Bruder einer Freundin, immer lustig, immer ausgelassen, dabei den Mädchen gegenüber höflich und bescheiden, und vor allem sehr tapfer.

„Liebst du ihn?“, fragte Michalos lächelnd.

„... Nein“, antwortete sie nach einigem Zögern.

„Und er? Liebt er dich?“

„Vielleicht. Ich aber weiß jetzt, dass ich ihn nicht liebe.“

Michalos fuhr ihr liebevoll und zärtlich übers Haar.

„Wie willst du das wissen. Vielleicht verliebst du dich eines Tages in ihn, vielleicht heiratest du ihn sogar ...“

Sie lachte bitter:

„Heiraten? Er wollte fort. Er ist nach Patras gegangen, mit den Palikaren des Karatsas. Vielleicht sind sie alle nicht mehr am Leben ... Und ich? ... Ich bin eine Sklavin ...“

Michalos vermochte nicht, sie anzusehen, so schämte er sich. In einer plötzlichen Anwandlung sagte er hilflos und mit leiser Stimme:

„Du bist keine Sklavin mehr. Ich schenke dir deine Freiheit.“

Überraschung und Misstrauen lagen in ihrem starren Blick. Ohne Michalos aus den Augen zu lassen, flüsterte sie:

„Du machst dich lustig über mich. Das solltest du nicht tun.“

„Ich sage es in vollem Ernst.“

„Schwörst du?“, fragte sie ängstlich.

„Ja ...“

„Gut, dann schwöre! Schwöre bei Mohammed ...“

Da erblasste Michalos wieder und schloss die Augen. Evangelia sah ihn voller Besorgnis fragend an:

„Was ist mit dir?“

„Oh, nichts. – Ich schwöre also ... bei Mohammed ...“

Kaum hörbar kamen die Worte über seine Lippen. Eine bedrückende Stille war im Raum. Michalos versank in düstere Gedanken. Forschend blieb des Mädchens Blick auf ihn gerichtet, als wollte sie mit Gewalt das Geheimnis dieses seltsamen Mannes ergründen.

„Du bist also frei. Du kannst gehen. Morgen werde ich dafür sorgen, dass du nach Vostitsa zurückkehren kannst.“

„Nach Vostitsa?“, fragte sie. „Nach Vostitsa? Was soll ich in Vostitsa?“

„Die Deinen suchen. Du bist frei.“

„Die Meinen ... Du weißt doch, ich habe keine Angehörigen mehr. Der Vater ist tot, die Mutter ist Sklavin. Auch meine Verwandten sind nicht mehr am Leben. Was soll ich allein und verlassen in Vostitsa tun? Wer wird eine arme Waise anschauen? Wer wird sie aufnehmen? Und wenn die Türken mich wieder fangen und wieder zur Sklavin machen? Wer weiß, in was für Hände ich das nächste Mal falle.“

Michalos schwieg. Den Kopf in die Hände gestützt dachte er nach.

„Ja, wenn Jannis da wäre ...“, begann das Mädchen leise, mehr zu sich selbst. „Der würde mich schon heiraten. Aber Jannis ist ins Feld gezogen. Ob er überhaupt noch lebt?“

Sie fing plötzlich an, bitterlich zu weinen.

„Was habe ich dir getan, Eschref-Bey, dass du mich wie einen Hund auf die Straße jagst?“

Michalos sprang auf und ging mit langen Schritten durch den Raum. Wirr wirbelten die Gedanken durch seinen Kopf. Widerstreitende Gefühle wühlten ihn auf. Was war der Mensch doch für ein sonderbares Wesen? Klar sah er die Mächte vor sich, die den Menschen dominieren: Seele und Körper. Kraft stand gegen Kraftlosigkeit auf. Eine Sklavin fleht, Sklavin bleiben zu dürfen ... Welcher Leib ist bereit, sich freiwillig dem Zwang zu beugen, damit die Seele sich frei fühlen kann?

Welchen Wert hat diese Freiheit, wenn der Zwang, den Leib zu erhalten, dem Menschen schlimmere Fron auferlegt? Freiheit ist Sklaverei, die der Mensch sich selber schafft. Sklaverei war und ist das Prinzip des Lebens, das alle anderen Gesetze außer Kraft setzt. Sklaverei findet man nicht nur bei den Barbaren, sondern auch bei jenen Kulturvölkern, welche sich einbilden, die Freiheit in Strömen von Blut errungen zu haben. Michalos lachte. Ein bitteres, ein hässliches Lachen.

„Du lachst?", fragte Evangelia erschrocken. „Was hast du? Du bist ein sonderbarer Mensch, bei Gott!" Er beruhigte sich allmählich und ließ sich neben ihr nieder.

„Es ist nichts. So geht es mir manchmal. Ich komme nicht dagegen an. Da gibt es manchmal Dinge, viele Dinge ... und da lache ich eben ... sonst müsste ich weinen."

Er spürte, wie ihre kühlen Finger seine heiße Hand berührten.

„Irgendetwas quält dich, mein Bey. Etwas Furchtbares scheint dich zu beunruhigen. Sag mir doch deinen Kummer."

Michalos sah sie freundlich an.

„Was kümmert dich ein fremder Mensch, mit dem der Zufall dich zusammengeführt hat. Heute bist du hier. Morgen oder übermorgen anderswo. Der Krieg wird bald vorbei sein. Dann kehrt auch dein Jannis nach Vostitsa zurück und du kehrst zurück, und eines Tages seid ihr verheiratet ..."

„Und wenn ich nicht nach Vostitsa zurückkehren will? Und wenn ich Jannis nicht heiraten will?", und ganz leise fügte sie hinzu:

„Und ... wenn ich bei dir bleiben will?"

Ihre Augen leuchteten im dämmrigen Raum. Den Mund halbgeöffnet, so wartete sie auf die Entscheidung des Schicksals. Dann warf sie sich in atemloser Glückseligkeit in Michalos' Arme. Er zog sie an sich, er liebkoste sie, er küsste sie leidenschaftlich. Nach kurzen Augenblicken der Selbstvergessenheit ließ er das Mädchen los und sprang auf.

„Nein!“, flüsterte er, „das darf nicht sein!“

Michalos, der große Frauenheld, der die Hälfte der Ehemänner von Kastropyrgos zum Hahnrei gemacht hatte, sah sich plötzlich mit einem Dilemma konfrontiert. Wenn Mustafa-Bey recht behält, wenn die Griechen über die Türken siegten, würde er sterben müssen. Kolokotronis würde ihn töten. An diesen Gedanken begann er sich allmählich zu gewöhnen. Er war ja jetzt schon von der Welt getrennt. Schuld daran war aber nicht er, sondern dieser Aufstand. In diesem Glücksspiel – denn was war das Leben sonst? – hatte er auf die türkische Karte gesetzt. So oder so, er war in jedem Fall verloren. Gut, er würde eben sterben. Aber was sollte dann mit diesem Mädchen geschehen? Welche Stellung würde es einnehmen in der neuen griechischen Gesellschaft: die Frau, die sich vom Verräter verführen ließ. Als Grieche kannte er nur zu genau die Vorurteile seiner Landsleute, die einer Frau niemals die Hingabe vor der Ehe verzeihen, auch wenn sie das Opfer einer Vergewaltigung gewesen war. Nein, das durfte nicht geschehen.

„Evangelia“, sagte er mit fester Stimme. „Du kannst bei mir bleiben, solange du willst. Aber überlege: Selbst wenn du mich liebtest, tausend Hindernisse stehen zwischen uns. Wenn die Griechen die Stadt einnehmen, was wird dann aus dir? Wohin kannst du gehen? Wo darfst du bleiben? Als Geliebte eines Türken. Weißt du, was das heißt? Nein, Evangelia, wenn du leben willst, darfst du mich nicht lieben.“

Sie schaute mit feuchten Augen zu ihm auf.

„Ich habe dich geliebt, vom ersten Augenblick an, da ich dich sah, als der Albaner mit dem alten Aga feilschte. ‚Lieber Gott‘, sprach ich zu mir, ‚ich bitte dich, füge es, dass dieser Mann mich kauft.‘ Und als du mich hierhergebracht und mit mir gesprochen hattest, als ich dein gutes Herz erkannte ... sag, warum nur musst du Türke sein?“

Sie lehnte den Kopf an seine Brust und weinte. Es war

ein verzweifeltes Weinen, ein Weinen aus fassungsloser Liebe. Und Michalos, überwältigt von diesem Gefühlsausbruch, gestand flüsternd:

„Ich bin kein Türke!"

Evangelia stockte der Atem.

„Du bist kein Türke? Wieso kein Türke?", murmelte sie leise und staunend vor sich hin. Es war nicht zu fassen.

„Du hast mich gefragt, ob ich in Kastropyrgos Michalos Russis gekannt habe, den Freund deines verstorbenen Onkels."

„Ja, und ich erhielt eine halbe Antwort."

„Michalos Russis, der bin ich."

Sie sprang auf. Sie sah ihn entsetzt an: „Du bist Michalos Russis?"

„Ja. Es ist noch keinen Monat her, seit ich Türke wurde."

Sie schwieg. Wie von einer unbekannten Kraft bewegt wich sie zurück, entfernte sich mit langsamen Schritten wie eine aufgezogene Puppe. Sie blieb erst stehen, als sie mit dem Rücken gegen die Wand stieß. Ihre Augen blieben auf Michalos gerichtet – in Schrecken erstarrt wie beim Anblick einer giftigen Schlange.

Der Kotzambassis wollte auf sie zugehen.

„Evangelia ..."

Beim Klang seiner Stimme zuckte sie zusammen wie unter einem Hieb.

„Komm mir nicht in die Nähe!", warnte sie, „rühr mich nicht an!"

Er ließ sich willenlos auf den Diwan fallen und lauschte erschüttert ihren keuchend hervorgebrachten Worten:

„Rühr mich nicht an! Du hast kein Recht dazu. Du hast mich freigegeben. Ich bin nicht mehr deine Sklavin! Nein! Aber wenn ich es auch noch wäre, lieber würde ich sterben. Rühr dich nicht von der Stelle, sonst spring' ich aus dem Fenster! Ich verabscheue dich, Verräter! Hörst du, Verräter!

Ich ekle mich vor dir. Ich gehe fort, ich verlasse dich auf der Stelle, du kannst mich nicht halten! Wenn du in meine Nähe kommst, kratze ich dir die Augen aus! Ich spucke dir ins Gesicht! Ich bringe dich um! Verräter! Pfui, pfui, pfui!“

Michalos barg sein Gesicht in beide Hände. Nichts regte sich in ihm, kein Gefühl, kein Gedanke. Grenzenlose Müdigkeit lag auf ihm wie eine schwere Last. Er hörte die Stimme des tobenden Mädchens, als erreichte sie ihn aus einer anderen Welt, es war ihm, als wenn er selbst nicht mehr auf dieser Erde wäre.

„Warum musstest du mich kaufen? Warum durfte mich nicht der Aga behalten und mitnehmen? Tausendmal lieber er als du! Er ist Türke. Was kann er dafür, als Türke geboren zu sein. Ich hätte die Zähne zusammengebissen und mich zusammengenommen. Sklavin eines Türken – ein schlimmes Los! Sklavin eines griechischen Verräters – niemals! Lieber würde ich mit einer Schlange schlafen, mit einer giftigen Viper, als zuzulassen, dass ein Verräter mich berührt! Lieber sterben!“

Ihr Zorn würgte ihr die Kehle, dass sie bei den letzten Worten fast erstickt wäre. Sie holte tief Luft und öffnete den Mund, um weiterzusprechen, um ihm noch mehr von ihrem Abscheu ins Gesicht zu speien, aber sie kam gar nicht mehr dazu. Herzzerreißendes, verzweifeltes Schluchzen drang an ihr Ohr. Michalos lag mit dem Gesicht in den Kissen und weinte.

Sie schwieg. Plötzlich verloren ihre Augen den Ausdruck der Härte, ihre eben noch grenzenlose Wut schien verflogen, an ihre Stelle trat ohne Übergang müde Trauer. Einsicht und Mitleid gewannen die Oberhand. Die Verzweiflung des Mannes rührte sie. Still ging sie zu ihm hin.

„Weine nicht“, flüsterte sie, „bitte, weine nicht.“

Michalos hob den Kopf und sah sie an.

„Sie wollten mich töten ... mich abschlachten ... wie ein

Tier ... und ich ... ich wollte nicht sterben ... ich wollte nicht!“

Das war alles, was er sagte. Sein Kopf fiel wieder in die Kissen zurück. Da verstand die Frau vollends, dass dieser Mann ein großes Kind war, gutherzig, aber kraftlos, ängstlich und verloren der Härte des Lebenskampfes preisgegeben, hilflos und weltfremd im Widerstreit der menschlichen Leidenschaften, seinem Wankelmut vollkommen ausgeliefert. Neben der Liebe, derer sie sich kaum noch bewusst war, war etwas anderes in ihr erwacht, das mütterliche Gefühl, das in jeder wahrhaft Liebenden lebt.

„Weine nicht so“, wiederholte sie.

„Was bleibt mir noch im Leben? Was bleibt mir?“, stöhnte er.

Die Frau ahnte, dass ihr vom Schicksal eine schwere Bürde auferlegt worden war, eine harte Pflicht. Mit einem Seufzer voller Bitterkeit unterwarf sie sich ihrem Schicksal.

„Ich werde bei dir bleiben“, flüsterte sie, „und ich werde dich retten.“

Michalos sah sie fassungslos an. Dann nahm er ihre Hände in die seinen und bedeckte sie mit Tränen und Küssen.

Nun lächelte Evangelia wieder.

„Es wird Zeit, dass du zur Ruhe gehst“, sagte sie, „geh und lege dich ins Bett, ich komme nach.“

„Ich komme nach.“ Diese Worte waren wie von selbst über ihre Lippen gekommen. Sie waren nicht die Worte eines fügsamen Mädchens, sondern die einer starken Frau, die ausersehen war, den geliebten, aber unentschlossenen und schwachen Mann zu beschützen.

ACHTES KAPITEL

Als Thodorakis Kolokotronis die Pläne des Eschrefbey durcheinanderbringt

In der Nacht vom elften zum zwölften Mai schloss keiner ein Auge im Hause des Mustafa-Bey. Der Gebieter zog in den Krieg.

Im Hof war der Stallmeister dabei, die Pferde zu satteln, die jungen Burschen des Gefolges überprüften nochmals ihre Waffen. Alle waren froh und guter Dinge. Sie zogen in den Kampf für Mohammed und den Sultan, beherrscht von religiösem Eifer und bedingungsloser Untertanentreue. Auch waren sie eines leichten Sieges gewiss. Bei ihrem Anblick würden die armselig bewaffneten Rebellen auseinanderstieben, ohne einen einzigen Schuss abzufeuern. Das Auftreten des gewaltigen Heeres allein würde genügen, sie zu verjagen. Der Branntwein in der Feldflasche, die heimlich von Hand zu Hand, von Mund zu Mund ging, steigerte die Siegeszuversicht der Soldaten. Branntwein war zwar ein verbotenes Getränk, aber der freudige Anlass gestattete schon eine kleine Übertretung der Gebote des Korans. Im Schein der Holzfeuer blitzten die Waffen, Säbel schlugen klirrend an Gewehrkolben, frohes Rufen ging hin und her. Mit geblähten Nüstern witterten die Pferde und scharrten ungeduldig mit den Hufen den Boden.

Mustafa-Bey hatte schon zeitig mit seinen Frauen im Harem gespeist und sich dann ein wenig zur Ruhe gelegt, doch ohne Schlaf zu finden. Gegen Mitternacht war er aufgestanden, hatte sich angekleidet und war bewaffnet im Hofe erschienen, wo seine Soldaten ihn mit Jubel und Geschrei empfingen. Er saß auf, gab das Zeichen zum Aufbruch und ritt an der Spitze seiner Schar zum Tor hinaus und durch die Straßen der schlafenden Stadt zu seinem Sammelplatz.

Michalos stand am Fenster seines Zimmers und verfolgte den Trubel. Er war nervös und unruhig, und tiefe Sorge lag auf seinem Gesicht. Neben ihm stand Evangelia. Der Lärm und das Getrampel der Pferde verloren sich in der Ferne. In dieser tiefblauen, mondhellen Nacht wollte die Stadt nicht mehr zur Ruhe kommen. Von überallher ertönte ein geheimnisvolles Summen, ein anhaltendes Gemurmel: Die Türken rüsteten sich zum Kampf.

„Worauf wartest du noch?", fragte Evangelia. „Komm, geh schlafen!"

„Ich bin nicht müde."

„Leg dich trotzdem hin, ruhe dich aus."

Michalos wandte sich um.

„Ich werde in die Stadt gehen", erklärte er.

„Jetzt, mitten in der Nacht? Wo willst du denn hin?"

„Ich muss hinaus an die Luft ..."

Die Frau zuckte die Achseln.

„Wie du willst. Aber zieh deinen Pelz an. Draußen ist es kühl."

Er ging durch menschenleere Straßen dem Serail zu. Alle Fenster des Palastes waren erleuchtet. Hinter halboffenen Jalousien hörte man erregte Gespräche. Es war klar, dass niemand schlief. – Auch die in den Kellern eingeschlossenen Griechen horchten auf. Sie hörten Bewegung, auch sie packte Unruhe, sie warteten auf etwas. Worauf? Sie wussten es selbst nicht. Der Sieg des Kolokotronis könnte für sie den Tod bedeuten.

Michalos wanderte weiter. Er traf auf eine Gruppe bewaffneter Türken und Arvaniten, die schweigend ihrer Kaserne zueilten. In einer offenen Türe erschien ein Aga. Zwei weiße Arme hielten ihn umschlungen und wollten ihn nicht loslassen. Ein letzter Kuss, das unterdrückte Schluchzen der Frau, der Aga riss sich aus ihrer Umarmung.

Als Michalos sich dem Markt näherte, erklang der Gleichschritt marschierender Soldaten. Er beschleunigte seinen Gang und stieß auf eine lange Kolonne Reiter und Fußvolk, die schweigend und eilig vorwärtsdrängte. An der Spitze ritt der Fahnenträger, dahinter der Kommandant der Einheit. Michalos erkannte ihn im Schein des Mondes. Es war Rumpis, ein tüchtiger, erprobter Haudegen, ein Aga, den er schon lange kannte.

„Rumpis!", rief Michalos.

Der Türke hielt sein Pferd an und sah nach, wer gerufen hatte.

„Bist du es, Eschref-Bey?"

„Ich bin's, Rumpis. Wohin des Weges, so früh? Die Hauptmacht rückt doch erst bei Morgengrauen aus, so lautet doch des Kechajas Befehl?"

Rumpis lachte verächtlich.

„Um tausend lächerliche Ziegenräuber zu schlagen, hat der Kechaja-Bey fünfzehntausend Soldaten aufgeboten! Um uns die Rebellen vom Hals zu schaffen, mussten erst die Arvaniten herzitiert werden! Die Türken der Peloponnes haben offenbar dazu nicht ausgereicht? Was? Lass es dir wohl ergehen, Eschref, und sage dem Kechaja, solltest du ihn zufällig sehen, er brauche sich nicht mehr zu bemühen. Bis er nach Valtetsi kommt, gibt es dort keinen einzigen lebendigen Griechen mehr!"

Er gab seinem Pferd die Sporen und verschwand mit seiner Truppe, die zur Elite des türkischen Heeres gehörte, im Dunkel der Nacht.

Nun wurde es wieder still. Michalos schlenderte weiter durch vereinsamte Straßen, planlos. Seine Nerven waren überreizt, er konnte nicht klar denken. Ein einziger Gedanke hatte sich aber in seinem Kopf festgesetzt und wollte ihn nicht mehr loslassen: Heute ist der große Tag, heute ist der Tag der Entscheidung. Heute wird sich alles klären. Alles, alles!

Drüben im Osten dämmerte der Tag. Unmerklich verblasste der Mond. Sein schwacher Schein kämpfte auf den Wänden der Häuser, auf dem Pflaster der Straßen, im Laubwerk der Bäume mit dem Gegenlicht des aufsteigenden Morgens. Der leise Wind brachte Kühle und einen Hauch morgendlicher Feuchtigkeit.

Michalos beschleunigte seinen Schritt und stand nun ein zweites Mal in dieser Nacht vor dem Serail. Türen und Fenster waren verschlossen, kein menschlicher Laut war zu hören, keine Stimme und kein Tritt. Samtenes Schweigen, eingebettet in die unbestimmten Geräusche des Morgens, die von fernher herüberdrangen. Plötzlich aber ertönte aus dem großen Bau eine Stimme voller Angst und Verzweiflung, eine Stimme, die aus der Tiefe der Erde zu kommen schien:

„Mein Gott, wie lange wirst du uns noch quälen?"

Dann war es wieder still. Michalos schloss die Augen und lehnte sich an einen Baum. Hier schrie eine Stimme zu Gott, zu seinem einstigen Gott und nicht zu Allah und Mohammed. Er kannte sie gut, diese Stimme. Sie hatte ihn durch viele, viele Jahre begleitet, eigentlich von dem Augenblick an, wo er sich seiner selbst bewusst geworden. Diese Stimme war verbunden mit seinem Leben, seinem Herzen, seinem Schicksal. Michalos erinnerte sich seiner Knabenjahre, als er mit seinem Freund Lukas Pyros in den Weinbergen von Kastropyrgos und den Olivenhainen von Vatitsa herumgestreunt war. Er dachte an die Schulzeit, die die beiden Archontensöhne gemeinsam in Dimitsana verbracht hatten, die Heimkehr, die Feste, die Jagden, die Ausflüge; er dachte an die ersten gemeinsamen Abenteuer mit Frauen, die reichen, frohen Stunden ihrer Freundschaft. Und nun schmachtete sein Freund in den Verliesen des Serails und beschwor Gott, den Allmächtigen, ihn von seinen unerträglichen Qualen durch den Tod zu befreien. Dabei hätte es eines einzigen Wortes bedurft, sein Leben zu retten, jenes Wortes, das Michalos ausgesprochen hatte. Das Leben retten, welches Leben?, dachte Michalos. Der Tod ist leichter als dieses Leben, zu dem ich nun verurteilt bin. Du, Lukas Pyros, wirst nur einmal sterben. Ich aber sterbe jede Stunde und jeden Tag aufs Neue.

Plötzlich wurde es laut. Das Heer brach auf. Der Serail erwachte wie auf einen Schlag. Das große Tor wurde geöffnet, und auf einem schwarzen Hengst ritt der Kechaja-Bey bis in die Mitte des Platzes. Ihm folgten Beys und Agas und scharten sich um ihn. Plötzlich war der ganze Platz erfüllt von Soldaten, die ihren Führer mit wildem Geschrei begrüßten. Der Kechaja-Bey zog seinen Säbel und schwang ihn hoch, dass er aufblitzte im ersten Strahl der Morgensonne.

„Vorwärts, gläubige Muslime, für Allah! Für unseren Padischah!"

Das Heer tobte vor Begeisterung. Von den Minaretten sandten die Muezzins ihre Gebete empor. Priester kletterten auf Mauern und Steine, sprachen Suren des Korans und fanatisierten durch ihre Reden die Soldatenherzen zur Ekstase. Säbel, Messer und Gewehre tanzten bedrohlich über den Köpfen; Fahnen wehten im Morgenwind.

„Vorwärts!"

Der Kechaja-Bey warf einen letzten Blick nach dem Serail. Auf einem hölzernen Balkon stand Esme, die Lieblingsfrau des Kurschid-Pascha, und winkte den Soldaten zu. Als Frau des obersten Feldherrn wünschte sie ihnen Sieg und Triumph. Und das Heer erwiderte ihren Gruß mit erneutem Jubel und Jauchzen.

Höhnisches Lachen traf auf Michalos' Ohr. Er wandte sich um. Da war Mustafa-Bey, hoch zu Ross.

„Hast du sie gesehen?", rief er vom Pferd herab, „die Dirne des Kurschid-Pascha? Sie nimmt Abschied von ihrem Liebhaber. Sie wünscht ihm raschen Sieg, damit er sie bald wieder in seine Arme schließen kann. Dafür scheint aber die Hoffnung gering. Leider. Denn betörte Schürzenjäger pflegen keine Schlachten zu gewinnen."

Ohne eine Antwort abzuwarten, gab Mustafa dem Pferd die Sporen und wandte sich den Soldaten zu, die sich schon zum Abmarsch formierten.

Dann zogen sie vorbei, in endlosen Reihen: dreitausend schwerbewaffnete Reiter, viertausend kampferprobte Arvaniten, Alio-Bey an ihrer Spitze, mehr als fünftausend Mann ausgebildete, freiwillige Infanterie, dahinter die Artillerie und der Tross. Dazu kam noch die Ortsgarnison unter Führung von Rumpis, die schon um Mitternacht ausgerückt war. Alles in allem fünfzehntausend Mann, gut ausgerüstet, gut befehligt, begeistert und zum Sieg entschlossen.

Michalos zuckte die Achseln:

„Heute Abend gibt es keinen griechischen Aufstand mehr. Mag Mustafa reden, was er will ..."

Dennoch war Michalos den ganzen Tag über unruhig. Da er nicht allein bleiben wollte mit seiner Wirrnis, drängte es ihn unter Menschen. Wo würde er sie finden? Sein einziger Freund in ganz Tripolis, Mustafa-Bey, und die wenigen anderen jungen Türken, deren Gesellschaft ihm zusagte, waren mit dem Heer fortgezogen. Nur die Alten waren zurückgeblieben, Siech-Netsip, Kyamil-Bey und der Marabut.

Er ging also ins Kaffeehaus, wo er wusste, dass er sie antreffen würde. Sie saßen mit untergeschlagenen Beinen auf den gleichen Polstern wie das letzte Mal, die gleichen Tässchen vor sich, rauchten, wie immer, ihren Tschibuk, den ihre Diener, wie immer, aufs Neue in Brand steckten. Alles war wie immer. Sie blieben unbeweglich, schweigsam, gleichgültig. Nichts konnte ihren Gleichmut erschüttern, ihr Vertrauen, ihre Überzeugung.

Wieder fragte Michalos, ob sie etwas Neues gehört hätten. Wieder hoben sie ihre Schultern „Warum diese Hast? Diese Unruhe? Was Allah vorausbestimmt hat, das geschieht, nur das, und so ist es!"

Michalos kehrte bald nach Hause zurück, um Evangelia,

nein, um Vangelio zu sprechen. Er nannte sie jetzt immer so, weil es ihm unangenehm war, sie mit dem Namen seiner Frau zu rufen. Dieses Mädchen liebte ihn, sie würde seine Erregung verstehen, sie würde die geeigneten Worte finden, ihn zu beruhigen. Aber Vangelio war an diesem Abend wie verwandelt: kühl, schweigsam, abwesend. Michalos brachte es darum nicht über sich, ihr seine Sorgen, den quälenden Zwiespalt seines Herzens anzuvertrauen. So sehr sie ihn auch liebte, so klar es ihr war, dass Kolokotronis' Sieg ihrer beider Tod bedeuten müsste – in ihrem Inneren gab es keine Zweifel, das wusste er.

Nach dem Essen suchte er in zärtlicher Umarmung Vergessen, hoffte in ihr seine Unruhe zu überwinden. Das Mädchen versagte sich ihm nicht – aber es schien weit fort zu sein in seinen Gedanken. Schließlich überfiel ihn ein bleierner, traumloser Schlaf. Kurz vor Sonnenuntergang erwachte er. Sein Kopf war klar, aber ein bitterer Geschmack lag ihm auf der Zunge. Schnell kleidete er sich an und ging aus, um Neuigkeiten zu erfahren. Doch es gab keine Neuigkeiten. Planlos schlenderte er durch die Straßen von Tripolis und betrat schließlich, ohne es so recht zu wollen, das Kaffeehaus. Die Alten saßen wiederum dort: in gleicher Haltung, auf dem gleichen Platze, als ob sie sich nie weggerührt hätten. Aber dennoch gab es einen Unterschied. Ein Anflug von Unruhe schien sich auf ihre maskenhaften Gesichter gelegt zu haben. Ihr völliges Schweigen – sonst wechselten sie doch gelegentlich ein Wort – ließ erkennen, dass etwas Außergewöhnliches im Gange war. Aber nur Kyamil-Bey konnte nicht mehr länger an sich halten und verriet seine innere Erregung durch ein gleichgültig hingeworfenes Wort:

„Es dauert lange, bis sie zurückkehren ...“

Siech-Netsip warf ihm einen vorwurfsvollen Blick zu:

„Verlass dich getrost auf Allah!“

Es war schon spät, neun Uhr vorbei, als Selim, ein Aga

aus Sinano, das Kaffeehaus betrat, die Runde der Alten begrüßte und sich zu ihnen auf die Polster setzte.

„Warum so spät?", fragte der Marabut.

„Ich war draußen in meinem Garten, der an der Straße hinter Sinano liegt. Mit diesem und jenem verging die Zeit."

Er gähnte laut.

„Ich konnte kein Auge schließen, so stark war das Gewehrfeuer, das von den Bergen widerhallte. Als ich wegging, war es schon dunkel, aber das Schießen dauerte an."

Keiner sagte ein Wort. Alle hatten sie verstanden, aber sie taten so, als wäre die Mitteilung belanglos.

„Trink Kaffee, damit du wieder wach wirst!", riet Siech-Netsip.

Michalos grüßte und ging. Er brauchte Luft. Die gespielte Ruhe der Türken fiel ihm auf die Nerven.

Zu Hause empfing ihn Vangelio, unverändert, kühl, doch mit einem fragenden Blick.

„Das Gewehrfeuer hält noch an", sagte Michalos, „die Griechen scheinen erbitterten Widerstand zu leisten."

„Also haben die Sturmbataillone des Kechaja-Bey die alten Strauchräuber noch nicht hinweggefegt?"

Michalos überhörte mit Absicht den Spott. Sie aßen schweigend, dann ging Vangelio schlafen. Michalos setzte sich ans offene Fenster und sog nervös am kalten Mundstück seines Tschibuks.

Die Stunden vergingen. Um Mitternacht stieg rötlich die Sichel des Mondes auf. Plötzlich hörte Michalos unten, auf dem Kopfsteinpflaster, schwere Schritte und dann Keuchen und Stöhnen, wie von Menschen, die in den letzten Zügen liegen. Aufhorchend beugte er sich vor. Im Schein des Mondes erkannte er vier türkische Soldaten, die sich, schwach und erschöpft, nur mühsam vorwärtsschleppen konnten. Die Hand des einen ruhte in einer blutigen Schlinge, die um den Hals geknüpft war. Zwei andere hatten verbundene Köpfe.

Zwischen ihnen, auf ihre Schultern gestützt, mühte sich der letzte laut stöhnend vorwärts.

„Was ist los?“, fragte Michalos voller Schrecken.

„Allah kerim! Bei Allah! Die Hunde haben uns fertig gemacht!“

Michalos erstarrte, das Fensterkreuz krampfhaft umklammernd. Erst nach einer Weile wandte er sich um. Da bot sich ihm ein seltsames Bild: Auf einem Stuhl war die Ikone des heiligen Georg aufgestellt. Davor kniete Vangelio und betete. Ihr Gesicht strahlte vor Freude.

Am Morgen des nächsten Tages, es war der dreizehnte Mai, folgte ein trauriges Nachspiel. Auf einer Bahre trugen vier Soldaten Mustafa-Bey in sein Haus und brachten ihn zu Bett. Er hatte einen Bauchschuss erhalten. Der Arzt, ein Grieche, der in Pisa studiert hatte, untersuchte die Wunde. Beim Fortgehen schüttelte er müde den Kopf und meinte:

„Den heutigen Tag überlebt er nicht ...“

Das wusste auch Mustafa. Seine Frauen, die ihn klagend umstanden, schickte er mit einer Handbewegung fort. Dann bat er Michalos, ganz nahe zu ihm zu kommen. Seine großen Schmerzen ertrug er beherrscht, und sein ewig spöttisches Lächeln umspielte wie gewöhnlich seine Lippen.

„Es ist nicht so schlimm, Mustafa“, versuchte Michalos ihn zu trösten. „Bald bist du wieder gesund ...“

„Ja, ich werde geheilt sein, geheilt von der schlimmsten Krankheit, die Allah uns mit der Geburt schickt: vom Leben! Ich werde bald vom Leben geheilt sein! ... Lassen wir also das Geschwätz. Setz dich lieber zu mir, ich habe dir Wichtigeres zu sagen.“

Er kniff listig die Augen zusammen.

„Hast du gestern das Heer gesehen, als es siegesgewiss aufbrach, die griechischen Strauchräuber zu schlagen? Fünfzehntausend Mann, die Blüte der türkischen Peloponnes, der Stolz Albaniens! Bei Allah, wir waren nicht müßig, wir haben tapfer gekämpft! Angriff auf Angriff warfen wir gegen die Stellungen des Kolokotronis und des Plaputas und des Mitro Petrovas. Wir verdeckten unsere Augen, um den Tod nicht zu sehen. Dreiundzwanzig Stunden hielt das an, ohne Schlaf, ohne Brot, ohne Atempause! Wir wurden rasend vor Wut darüber, dass es fünfzehntausend Mohammedanern nicht gelingen sollte, mit einer Handvoll schlecht bewaffneter Rebellen fertig zu werden. Immer wieder stürzten wir uns auf die Palikaren, mit dem Ruf: ‚Wie viele auch immer fallen, wir müssen siegen!'"

Mustafa hielt inne. Sein höhnisches Gelächter ging bald in ersticktes Husten über.

„Und die Unseren fielen in Scharen, ohne die Griechen auch nur aus einer Stellung treiben zu können, ohne ihnen auch nur einen Fußbreit Boden oder einen Stein entreißen zu können. Weißt du, was das bedeutet? Gepriesen sei unser Sterben, gepriesen seien die Toten! Aber was weiter? ... Was weiter?"

Er schloss die Augen und fuhr mit leiser Stimme fort:

„Gegen Morgen, als wir – ich weiß nicht zum wievielten Male – angriffen, sahen wir plötzlich hinter unseren Linien, also in unserem Rücken, Palikaren. ‚Es kommen noch mehr Griechen von Vervena herab!', riefen sie uns zu. Da verlor er die Fassung, unser tapferer Kechaja-Bey, der in Vostitsa so heldenhaft Frauen und Kinder besiegt hatte. Jetzt fürchtete er sich vor dem Kampf nach zwei Seiten und gab Befehl zum allgemeinen Rückzug. Wie sollte aber dieser Rückzug erfolgen, Michalos? Unser großer Feldherr hatte alles genau vorausberechnet – für den Fall des Sieges, versteht sich! Jede Einzelheit stand fest: wie und wann wir die Griechen in die Enge treiben sollten.

Aber eines hatte er vergessen: Für den umgekehrten Fall, für den Fall der Niederlage hatte er keine Vorkehrungen getroffen. Daran hatte er nicht gedacht! Aber für den Rückzug blieb uns nur ein einziger Weg: der Weg durch die Schlucht. Diesen Weg hatte der Kechaja-Bey absichtlich offen gelassen, er hatte ihn den besiegten Griechen zugedacht, um sie dort völlig vernichten zu können. Aber nun mussten wir ihn gehen, diesen gefährlichen Weg durch die Schlucht! Rechts von uns stand Plaputas, links Kolokotronis! Die Griechen konnten kaum noch zuschlagen, so stumpf waren ihre Säbel geworden."

Mustafa öffnete die Augen und sah Michalos groß an:

„Ja, das war gestern eine herrliche Schlacht, ein großartiges Gemetzel! Du hast viel versäumt, Michalos, dass du nicht dabei warst, in Valtetsi! Viel hast du versäumt ...!"

„Ich wollte ja, aber der Kaymakam hat es nicht erlaubt! Er hat mich nicht mit euch in den Kampf ziehen lassen."

„Mit uns? Was hast du bei uns zu suchen? Du hast viel versäumt, weil du nicht an der Seite der Palikaren von Kolokotronis gekämpft hast!"

Mustafa-Bey starb noch am selben Abend. Eine Stunde vor seinem Tode hatte er sich noch einmal zu Michalos gewandt: „Rufe mir schnell Vangelio her. Ich muss sie sprechen."

Das Mädchen betrat zögernd das Zimmer.

„Michalos", sprach da der Sterbende, „lass uns allein. Ich habe ihr ein Geheimnis anzuvertrauen. Du wirst doch hoffentlich nicht eifersüchtig sein?"

Seinen Sarkasmus verlor er auch an der Schwelle des Todes nicht.

Vangelio blieb lange bei ihm. Als sie dann nachdenklich und sorgenvoll das Sterbezimmer verließ, fragte Michalos neugierig:

„Was wollte er von dir?"

„Sei nicht so ungeduldig! Du wirst es schon erfahren, wenn es an der Zeit ist."

Die Beisetzung des Mustafa fand im allgemeinen Durcheinander der großen Katastrophe statt. Ganz Tripolis hallte wider von Jammer, Klage und Trauergesang. In den Straßen stauten sich die Leichenzüge. Verwundete schleppten sich mühsam durch die Gassen, weil sie in den überfüllten, notdürftig eingerichteten Lazaretten keinen Winkel finden konnten, um wie ein Mensch zu sterben. Haremsfrauen zerrissen ihre Schleier und beweinten verzweifelt ihre Toten. Die wie durch ein Wunder heil gebliebenen Soldaten stritten mit finsterer Miene darüber, wie es zu diesem grausamen Blutvergießen hatte kommen können. Aus der Verzweiflung des Augenblicks erwuchs die Frage nach der Ursache der Katastrophe und nach den Maßnahmen für die Zukunft: Wer ist schuld? Was wird geschehen? Der allgemeine Unwillen richtete sich gegen den Kechaja-Bey. Nur er trägt die Schuld, so hieß es. Dieser Mann, der schutzlose Frauen und hilfsbedürftige Kinder zu unterjochen versteht, der Liebeskämpfe in ehebrecherischen Betten gewinnt! Nur er ist schuld. Als Strafe hat ihn uns Kurschid-Pascha geschickt, als Strafe für unsere Sünden! Doch genug der Strafe! Weg mit ihm! Verschwinden soll er, er und seine Arvaniten! Mit den griechischen Rebellen würden sie allein fertig werden, sie, die bodenständigen Türken der Peloponnes! Sie brauchten ihn nicht! Mit den Rebellen würden sie schon fertig werden, so oder so!

Die Arvaniten aber, die von Valtetsi, wenn auch besiegt, so doch geordnet zurückgekehrt waren, besetzten den Serail und stellten den Kechaja-Bey und die anderen Heerführer unter ihren Schutz. Einige Tage lang waren die Türken von Tripolis außer sich, sie tobten und schimpften, aber zuletzt beruhigte sich alles wieder.

Michalos war nun der einzige Mann im Haus des verstorbenen Mustafa-Bey – Gast und anerkannter Hausherr zugleich. Der Tote hinterließ keine Kinder. Seine fünf Frauen wehklagten Tag und Nacht, ohne die Haremsräume zu verlassen. Wie ein Tier im Käfig ging Michalos in den verödeten Zimmern des Hauses umher. Die Ereignisse der letzten Tage, die niederschmetternden Geschehnisse hatten ihn aufgewühlt und aus der Bahn geworfen.

Nach der Niederlage von Valtetsi versammelten sich die türkischen Notabeln zu einer großen Beratung. Auch Michalos war eingeladen. Niemals, so lange er lebte, würde er diese dramatische Sitzung vergessen.

Kechaja-Bey, der geschlagene Feldherr, war grün vor Wut. Mechmed-Salich hingegen, der die militärische Führung an den Kechaja hatte abgeben müssen, konnte seine Schadenfreude kaum verbergen. Die Anatolier ergingen sich in religiösen Flüchen und politischen Phantastereien. Sie bedrohten alles und jeden mit dem Donner Mohammeds und der Rache des Sultans. Nur die ansässigen Türken schwiegen niedergeschlagen und machten sich ihre eigenen Gedanken über das wirre Geschwätz. Des Kechaja-Beys Stimme bebte vor Zorn, als er einen Brief verlas, den ihm Kolokotronis nach der Schlacht von Valtetsi geschrieben hatte. Dies war nicht der Rebellenführer, der eine Aussprache vom Oberbefehlshaber der osmanischen Streitkräfte erbat, sondern ein Gleichgestellter, der „Befehlshaber der nationalen Streitkräfte“. Mit anderen Worten: Nach bestehendem Völkerrecht befanden sich der neue griechische Staat und das Osmanische Reich in Kriegszustand. Das war der Sinn des Briefes. Der Kechaja-Bey konnte nicht sprechen vor Wut. Die Anatolier ballten die Fäuste. Bei Allah! Das war der Gipfel der Herausforderung! Der Brief des Rebellenhäuptlings war ein Schlag ins Gesicht des erhabenen Sultans, weitaus schlimmer als das militärische Missgeschick von Valtetsi. Schließlich war es nicht das erste Mal, dass es aufrührerischen Elementen gelang, ein türkisches Heer zu besiegen, für kurze Zeit die Oberhand zu gewinnen. Dann aber kamen regelmäßig Verstärkungen und vernichteten die Rebellen. Hier aber hatten die Dinge eine gefährliche Wendung genommen. Die Sieger legten sich einen anmaßenden Titel bei: Streitkräfte des freien griechischen Staates! Es war zu befürchten, dass die Regierungen Europas sie anerkennen würden, als kriegführende Macht, mit allen sich ergebenden Folgen: finanzielle Unterstützung, Waffenlieferungen, Entsendung von Freiwilligen, vielleicht sogar ein Bündnisangebot! Dies alles war zu befürchten, wenn man sie nicht in Kürze entscheidend schlug. Diese völkerrechtlichen Möglichkeiten und Zusammenhänge musste Stavrakis Jovikis, der Dolmetscher und kluge Diplomat aus der Schule der Phanarioten, der Rajah und der treue Diener des Sultans, den schwerfälligen Türken mühsam auseinandersetzen. Es dauerte lange, bis die Agas begriffen. Aber dann wurde es allen klar: Kolokotronis musste vernichtend geschlagen werden. Wie aber? Sollten sie die Ankunft von Verstärkungen abwarten? Aber vielleicht trafen die Hilfstruppen zu spät ein. Die osmanische Staatsmaschinerie arbeitete schwerfällig und langsam. Oder sollten sie allein angreifen, mit den Resten der bei Valtetsi geschlagenen Truppen? Wegen dieser Frage begann der Streit. Die Gegner des Kechaja-Beys hatten nur auf diese Wendung gewartet, um über ihn herzufallen. Selbst der sonst besonnene Rumpis vergaß seine Schmach bei Valtetsi und schrie mit hochrotem Kopfe: „Solange wir allein waren, haben wir immer gesiegt. Die Rebellen ergriffen vor uns immer die Flucht. Nirgends konnten sie sich halten. Da kamt ihr – und schon sind wir geschlagen!“

Der Kechaja-Bey erblasste.

„Wenn euch meine Hilfe unerwünscht ist – nun gut –, versucht es allein! Macht eure Ausfälle – und siegt! Niemand hindert euch daran!“

„Krieg führen ist nicht unsere Sache, nun, nachdem ihr hergekommen seid, ihr großen Krieger! Ganz im Gegenteil: Ihr allein sollt in den Kampf ziehen. Wofür zahlt euch der Sultan denn sonst euren Sold?“

„Wenn wir aber etwa nicht kämpfen wollten?“, fragte ironisch einer der arvanitischen Söldner. „Wir haben nichts zu verlieren. Die Griechen trachten euch nach dem Leben. Die Palikaren des Kolokotronis warten nur drauf, in eure Harems einzubrechen und dort ihren Spaß zu haben."

Michalos hörte zu, aber sagte nichts. Seine Gedanken waren ganz woanders.

Wenn ich jemals etwas verabscheut habe, dachte er sich, wenn mich jemals etwas veranlasst hatte, Glauben und Vaterland zu verraten und Türke zu werden, so war es die widerliche Eigenbrötelei, die abscheuliche Einzelgängerei, die Zwietracht der Griechen noch angesichts der Gefahr, die die Nation bedrohte. Aber siehe da: Die Türken sind noch größere Egoisten, sie sind noch kleinlicher und streitsüchtiger! Hat sich da meine Schurkerei gelohnt? Er zuckte die Schultern. Ach was, dummes Zeug, kam es ihm in den Sinn, das stimmt ja alles nicht. Ich bin Türke geworden, einzig und allein, um meinen Kopf zu retten. Damals hab' ich es geschafft. Jetzt muss ich zusehen, dass ich es ein zweites Mal schaffe.

Der Streit der Türken hatte seinen Höhepunkt erreicht. Da erfolgte, genau wie auf der Bühne, ein unerwarteter Auftritt. Die Saaltür öffnete sich, herein trat Esme, die Lieblingsfrau Kurschid-Paschas. Sie zeigte sich den Männern mit unverhülltem Gesicht, ohne Schleier. Sie missachtete die strengen Gebote des Korans und glaubte, der tiefe Eindruck ihrer Erscheinung würde genügen, ihre Kühnheit vergessen zu machen. Alles war, bis ins Kleinste, klug berechnet worden: ihr überraschendes Auftreten, ihre wirkungsvolle Aufmachung, ihre gut einstudierte Haltung und ihre Worte:

„Schande über eure Bärte! Jetzt, wo der Rajah dabei ist, unsere Stadt zu belagern, liegt ihr euch in den Haaren wie die Weiber! Greift lieber zu den Waffen, rückt vor und schlagt zu! Das ist alles, was ich euch zu sagen habe!"

Ganz langsam drehte sie sich um und schritt majestätisch hinaus. Die Agas erröteten vor Scham, und rasch hatten sie sich geeinigt, ganz ohne weiteren Disput. Sie waren bereit zu kämpfen, und die Parole hieß: Sieg oder Tod!

Diesmal verfolgte Michalos nicht den Auszug des Heeres. Sein Glaube an die Macht des Osmanischen Reiches war ins Wanken geraten. Er erkannte jetzt, wie richtig das Urteil seines verstorbenen Freundes Mustafa gewesen war. Aber war es wirklich nur die Schwäche der Türken gewesen, die den Griechen den Sieg verliehen hatte? Wie war es möglich, dass die Kotzambassides, die Kalavrytaner, ein solches Heer auf die Beine stellen und organisieren konnten? Wie war es möglich, dass sie plötzlich ihre ewigen Streitereien vergaßen? Wie konnten sie sich einigen und Kolokotronis die oberste Führung anvertrauen? Michalos stellte sich diese Fragen, die seine Neugier schmerzlich reizten, auf die er aber keine Antwort wusste. Auf sich allein gestellt im türkischen Tripolis konnte er die wahren Hintergründe der griechischen Erhebung nicht durchschauen. Hätte er nur mehr gewusst!

Dann wäre es ihm auch leichter gewesen, einen Plan zu fassen, mit dem seine Haut ein zweites Mal zu retten wäre.

Sehr diskret machte sich diesmal das türkische Heer auf den Weg, ohne Jubel, ohne Kriegsgeschrei. Alle Begeisterung war geschwunden. Auch das Wetter hatte sich verschlechtert, es war trüb und regnerisch. Mit gesenktem Kopf rückten die Soldaten aus. Auch bei den Daheimgebliebenen verging der Tag in bedrückter Stimmung, in beklommener Erwartung. Der Mairegen nahm kein Ende. Doch als sich die Dunkelheit herabsenkte und schwarze Wolken den Himmel überzogen, da trafen die ersten türkischen Flüchtlinge in Tripolis ein.

Panischer Schrecken verbreitete sich in der Stadt. Michalos schloss die Augen. Er hatte es erwartet. So hatten ihn seine Ahnungen diesmal nicht betrogen. Doch er wusste: Es war nicht nur die Schwäche der Türken, sondern auch die Stärke der Griechen, die diesen Erfolg herbeigeführt hatte. Er wusste, dass das griechische Volk nur das zündende Feuer von ein paar Siegen brauchte, um zu entflammen und sich in seiner Gesamtheit zu erheben. Er wusste auch, Stavrakis Jovikis hatte darauf hingewiesen, dass die Siege der Griechen europäische Anteilnahme wachrufen und die Fragwürdigkeit des morschen, anachronistischen Türkenreiches vor den Augen der Welt bloßlegen würden. Wohl war es noch verfrüht zu glauben, der Aufstand habe seine Ziele erreicht. Es gab aber für ihn keinen Zweifel mehr, dass die Aufstandsbewegung nicht mehr aufzuhalten war und eines Tages zu Sieg und Freiheit führen müsse. Und er wusste, dass es nur mehr eine Frage der Zeit war, bis Kolokotronis Tripolis angreifen und belagern würde. Da hieß es überlegen, wie er seinen Kopf ein zweites Mal in Sicherheit bringen könnte.

NEUNTES KAPITEL

Warum und wie Eschrefbey wieder Michalos Russis wird

Auf einen verregneten Mai folgte der Juni mit plötzlich hereinbrechender, ungewöhnlicher Hitze. Kolokotronis hatte Tripolis von allen Seiten eingeschlossen. Den türkischen Posten, die Tag und Nacht auf den Zinnen der Stadt Wache hielten, schienen die umliegenden Berge förmlich zu glühen von den roten Fezen der Griechen. „Der Griechen!" Keiner wagte mehr, sie Rebellen zu nennen.

Die Lage in der umschlossenen Stadt verschlimmerte sich von Tag zu Tag. Mehrmals versuchten die Türken, die Blockade zu durchbrechen. Doch wozu? Selbst wenn der Versuch gelungen wäre, wohin hätten sie sich wenden, was hätten sie unternehmen sollen? Die ganze Peloponnes war bereits in griechischer Hand. Aber jeder Ausbruchsversuch war ohnehin zum Scheitern verurteilt. Die Linien des Kolokotronis standen fest und unerschütterlich. Des Kechaja-Beys Truppen kehrten nach jedem Ausfall geschlagen in die Stadt zurück. Hoffnungslosigkeit und Verzweiflung machte sich breit.

Die Lebensmittel fingen an knapp zu werden, und in der Verwaltung gab es keine starke Hand, die für eine gerechte Verteilung hätte sorgen können. Die Arvaniten in türkischem Sold bemächtigten sich rücksichtslos der Vorräte und verkauften sie zu Wucherpreisen. Zusehends traten sie frecher und selbstherrlicher auf und ließen sich von niemandem mehr Vorschriften machen. Die Türken waren nicht imstande, sie zu überwachen, geschweige denn, sie im Zaum zu halten.

Nicht nur Hunger quälte die Bevölkerung. Auch Krankheiten verbreiteten sich in der belagerten Stadt. Seit den ersten Tagen des Aufstandes waren Türken aus allen Richtungen nach Tripolis geströmt, sodass die Einwohnerzahl der kleinen Stadt auf das Dreifache gestiegen war. Mit dem Gedränge nahmen Schmutz und Unrat überhand, und ein böses, typhusartiges Fieber brach aus. Kaum ein Haus blieb von Krankheit verschont, und nur ein kleiner Teil der Erkrankten kam mit dem Leben davon.

Im Juli, da die Hitze noch größer wurde, führten die Griechen neue Streitkräfte heran. Der Ring um die Stadt wurde enger. Die Kampflust der Türken schien völlig erlahmt. Sie machten keine Ausfälle mehr, sondern beschlossen, nur noch im Falle eines griechischen Angriffes Widerstand zu leisten. Doch Kolokotronis dachte nicht an einen Angriff. Er wollte seine Leute schonen und überließ es Hunger und Typhus, die Stadt zu Fall zu bringen.

Michalos verließ jetzt selten Mustafas Haus. Er tat es höchstens, um etwas Luft zu schnappen. Ab und zu ging er ins Kaffeehaus, um sich den Leuten zu zeigen. Die Agas saßen an ihren gewohnten Plätzen, in der gewohnten Haltung, bewegungslos, so als ob nichts geschehen wäre, als ob nicht der Tod innerhalb und außerhalb der Stadtmauern lauerte, als ob der sichere Untergang nur ein Schreckbild der Fantasie wäre, das sich eines Tages auf irgendeine Weise auflösen müsse. Auf die Frage, warum dieser hoffnungslose Kampf weitergeführt und keine Verständigung mit den Griechen gesucht werde, hätten sie wohl seelenruhig geantwortet: „Vielleicht wird Allah uns helfen, vielleicht der Sultan. Aber sollten uns auch beide im Stich lassen, so werden wir uns niemals diesen rebellischen Rajahs ergeben. Lieber sterben wir!"

Fatalismus und Fanatismus schienen die Vernunft dieser Männer völlig gelähmt zu haben. Michalos' Verstand dagegen arbeitete klar. In den langen stillen Stunden des Alleinseins hatte er alles genau überdacht. Seit April war Giosse-Mechmed mit achttausend Soldaten unterwegs. Er hatte versprochen, den Aufstand auf der Peloponnes niederzuwerfen. Jetzt war es bald August, und noch immer wartete man auf ihn. Was war geschehen? Die Belagerten wussten es nicht, konnten es nicht wissen. Hatte Giosse-Mechmed vielleicht mit der Unbeständigkeit und Trägheit des echten Türken den Feldzugsplan aufgegeben, so wie er oftmals auch seine politischen Pläne verworfen hatte? Oder sollte er in Thessalien geschlagen worden sein, wo doch inzwischen sicher auch der Aufstand ausgebrochen sein musste? Hatte das Osmanische Reich aber wirklich kein anderes Heer zur Verfügung, das auch die tapfersten Griechen zu schlagen vermochte? Schließlich waren die Türken geübte Krieger! Was war nur mit ihrem Heer geschehen? Wo befand es sich? Was tat es? Warum erschien es nicht? Warum landeten nicht zwanzig- oder dreißigtausend Janitscharen an den griechischen Küsten? Was hielt die osmanische Flotte auf? Michalos verstand nichts mehr. Für ihn war es ein unerklärliches Rätsel, warum die selbstverständlichsten Dinge unterblieben. Wer konnte denn die Unzahl der türkischen Sturmbataillone aufhalten? Die Griechen Rumeliens? Unmöglich. Wer sollte den Geschwadern eines Paschas das Ägäische Meer verschließen? Die Hydrioten vielleicht mit ihren veralteten Segelschiffen? Undenkbar! Und doch – so musste es sein. Eine andere Erklärung gab es nicht. Der schwerfällige Koloss, das Osmanische Reich, war machtlos geworden. Nur seine rohe Kraft war übriggeblieben. Die geistigen Fähigkeiten aber, sie zu steuern, waren verlorengegangen, hatten sich – seit Jahrhunderten schon – in Harem und Kaffeehaus verbraucht, sie waren verpufft in einer kleinlichen und verlogenen Bestechungspolitik, sie wurden erstickt im Nichtstun der Eliten, die sich nur mehr durch die Dienste ihrer Sklaven am Leben erhalten konnten.

Die Agas im Kaffeehaus sollten ruhig auf die Hilfe Allahs und des Sultans hoffen. Michalos Russis aber war nicht so töricht. Er wusste, dass Tripolis eines Tages fallen musste, er wusste auch, dass nichts ihn retten würde, wenn er als Gefangener in die Hände von Kolokotronis geriet. Folglich durfte es dazu nicht kommen. Wie aber das vermeiden? Wie? Das war das Problem, mit dem er Tag und Nacht seinen Kopf zermarterte. Die Zeit verging, doch Lösung zeigte sich keine. Sollte er verschwinden? Aber wie? Auf welchem Weg?

Die Linien der Belagerer waren unpassierbar. Und käme er durch – wohin sollte er gehen? Die ganze griechische Halbinsel war für ihn verbotenes Gebiet. Er müsste auf geheimen Wegen nach Asien oder Europa gelangen. Ein unausführbares Vorhaben!

Sollte er untätig bleiben, sich verstecken, wo er war, und warten? Ein gefährliches Spiel! Oder sollte er im letzten Augenblick, unmittelbar vor dem Einzug der Sieger, zu den griechischen Gefangenen gehen, vor ihnen niederfallen und Abbitte leisten? Vielleicht würden sie ihn verstehen ... Aber wenn sie kein Mitleid mit ihm hätten? Nein, das kam nicht in Frage. Im Keller wütete Typhus. Die Gefangenen starben wie die Fliegen. Nicht einer von ihnen würde mehr am Leben sein, wenn Kolokotronis in Tripolis einziehen würde. Es gab einfach keinen Ausweg. Höchstens einen glücklichen Zufall. Sollte aber der Mensch sein Leben diesem blinden Zufall anvertrauen? Michalos wusste, dass viele Griechen täglich mit klarem Bewusstsein für die Idee der Freiheit starben. Er selbst hatte einmal vor der gleichen Frage gestanden. Beinahe hätte auch er an der Seite seiner griechischen Brüder gekämpft. Dann hätte wohl auch er den Tod für eine Idee nicht gefürchtet. Wogegen er sich aber immer aufgelehnt hatte, das war der sinnlose Tod. Im Kampf fallen, das war nicht sinnlos. Aber mehr als sinnlos wäre es gewesen, sich als Opfer intrigierender Kalavrytaner von den Türken abschlachten zu lassen. Ebenso sinnlos war es freilich, sich von den Griechen als Verräter füsilieren zu lassen.

In dieser ständigen Angst hatte er nur einen Halt und eine Freude: Vangelio. Ihr vertraute er alles an, jeden geheimsten Gedanken und jede Regung seines Herzens. In ihren Augen konnte er lesen, dass sie ihn verstand, dass sie mit ihm fühlte. Schweigend hörte sie ihm zu, wenn auch manchmal ihre Gedanken ganz woanders schienen. Seit ihr Michalos gestanden hatte, dass er kein Türke, sondern ein abtrünniger Christ war, seit jener Stunde hatte sich etwas in ihr gewandelt, sehr gründlich gewandelt, wobei sie ihn aber nachher nicht weniger liebte als zuvor. Im Gegenteil: Sie fühlte sich ihm noch enger verbunden, und Michalos spürte, dass damals in Vangelio neue Tatkraft erwacht und ihre Stärke von Tag zu Tag gewachsen war. Ihr Einfluss auf ihn wurde täglich größer. Er fürchtete manchmal ihren Blick, der hart und eigensinnig geworden war. Er fürchtete ihr hartnäckiges Schweigen, das ihm verriet, dass ihre Gedanken ununterbrochen arbeiteten. Er fürchtete auch andere Zeichen ihrer wachsenden Energie und Entschlossenheit. In der letzten Zeit begann sie noch sonderbarer zu werden. Hatte sie bisher niemals das Haus verlassen wollen, so erklärte sie ihm eines Tages völlig unerwartet, sie wolle abends spazierengehen. Michalos war damit einverstanden gewesen, wollte aber mitkommen. „Das ist nicht nötig, ich gehe allein!", beharrte sie.

„Allein, in diesem Hexenkessel von Stadt? Schickt sich das für eine Frau, zumal für eine Griechin, allein herumzulaufen?"

„Das ist meine Sache."

„Das ist ebensosehr meine Sache, und ich verbiete es dir."

„Dazu hast du kein Recht. Vergiss nicht, du hast mir die Freiheit geschenkt!"

„Das Recht gibt mir unsere Liebe!"

„Red keinen Unsinn. Ich gehe, wann und wie es mir beliebt. Darüber gibt es nichts zu verhandeln."

Er gab nach, unwillig zuerst, aber bald beruhigt, im Gefühl, dass er ihr vertrauen müsse. Doch konnte er nie ergründen, wozu sie diese geheimnisvollen Spaziergänge unternahm, die sich oft bis in die Nacht hinein ausdehnten. Auf alle seine Fragen antwortete sie immer mit: „Ich muss etwas Luft schnappen", oder: „Ich habe eine griechische Familie besucht", oder Ähnlichem. Er fing an, misstrauisch zu werden. Eifersucht aus Liebe oder Eitelkeit macht auch den klügsten Menschen dumm. Eines Abends kam es zu einem hässlichen Auftritt. Vangelio kehrte erst sehr spät, erst gegen zehn Uhr, zurück. Sie war außer Atem, als hätte sie einen weiten Weg hinter sich. Ihre Wangen glühten.

„Du hast einen Liebhaber! Du betrügst mich!", fuhr er sie an.

Sie warf ihm nur einen spöttischen Blick zu.

„Dummkopf! Wenn ich es mit einem anderen Mann hielte, würde ich es dir klar und deutlich sagen. Welchen Grund hab' ich schon, dir treu zu bleiben?"

„Mein Brot mag dir schmecken."

„Verräterbrot ist ein bitteres Brot. Nur Liebe kann es schmackhaft machen. Ich bin bei dir und bleibe bei dir, weil ich dich liebe. Merke dir das, ein für alle Mal. Und lass mich in Ruhe mit solchen dummen Reden!"

„Aber ich, der Mann, den du liebst", meinte er kleinlaut, „darf ich nicht auch erfahren, wo du deine Nächte verbringst?"

Sie sah ihn zärtlich und nachsichtig an wie eine Mutter.

„Du wirst es schon erfahren, wenn es so weit ist ..."

Einige Tage später verlangte sie Geld von ihm.

„Was willst du damit?", fragte er freundlich.

„Ich brauche es."

Er öffnete seine Börse und gab ihr einige Münzen.

Sie zuckte die Achseln und meinte ungeduldig:

„Geld habe ich gesagt. Nicht ein kleines Taschengeld. Ich brauche eine größere Summe."

„Größere Summe? Welche Summe?“

„Tausend Piaster.“

„Du bist wohl nicht gescheit?“

Sie sah ihn eindringlich an und sagte mit tiefem Ernst:

„Ich bitte dich, gib mir tausend Piaster, ich brauche sie, brauche sie unbedingt.“

Da gab er ihr das Geld und beschloss, sie nicht mehr zu fragen, sie von nun an tun zu lassen, was sie wollte. Angst hatte seinen Widerstand zerstört. Hilflos und schwach wie er war, musste er zu dem einzigen Menschen, der sich um ihn sorgte, Vertrauen haben. Das ewige Grübeln über seine trostlose Lage hatte ihn allmählich müde und gleichgültig gemacht. Wenn ich mich ihr widersetze, dachte er, lässt sie mich noch im Stich, und was soll ohne sie aus mir werden?

Der August kam mit sengender Glut. In den Straßen von Tripolis wandelten fast nur noch Gespenster, die ihre Toten zu Grabe trugen. Zwischen den griechischen Belagerern und den eingeschlossenen Türken hatte sich ein lebhafter Schleichhandel entwickelt. Selbst hier zeigten sich die Schwächen des griechischen Charakters, die Michalos so verabscheute: fehlender Stolz und niedrige Habsucht. Es war aber nicht so sehr der Hunger als der Typhus, der die Einwohner der Stadt hinwegraffte, die Reichen hatten weniger zu leiden und konnten deshalb leichter bei ihrem unerschütterlichen Entschluss bleiben, die Verteidigung fortzusetzen. Das Volk aber begann die Lage klar und nüchtern einzuschätzen. Im Geheimen wuchsen Empörung und Hass. Dieser wandte sich hauptsächlich gegen die Arvaniten, die den Schwarzen Markt kontrollierten und mit den überteuerten Lebensmitteln ein Vermögen zusammenrafften. Das Volk wusste, es musste die Zeche allein bezahlen, wenn die Griechen eines Tages in die Stadt einmarschieren würden. Die Reichen und Mächtigen finden immer Mittel und Wege, der Gefahr zu entkommen, ihren Besitz in Sicherheit zu bringen. Sie hatten ja ein kostbares Pfand in Händen: Noch immer lagen die gefangenen Patrizier und Geistlichen als Geiseln in den Kellern des Serails. Dagegen rechnete niemand mehr auf Hilfe aus der Türkei. Stambul hatte sie aufgegeben.

So stand es um Tripolis, und alle wunderten sich, warum Kolokotronis die Stadt nicht stürmte, die ihm wie eine reife Frucht zufallen musste.

Um seine Angst zu betäuben und seine Sorgen zu vertreiben, suchte Michalos jede Nacht Vergessen in den Armen seiner schönen Geliebten. Ihr junger, starker, kaum erwachter Körper war voller leidenschaftlicher Hingabe.

Da, eines Nachts, rüttelte Vangelio Michalos aus dem Schlaf:

„Wach auf, Michalos!"

„Was gibt's, was ist los?" „Steh auf und verhalte dich ruhig. Ich werde es dir schon sagen ..."

Er richtete sich im Bett auf und sah sie verwundert an. Vangelio war offenbar schon lange wach gewesen, denn sie war gewaschen und gekämmt. Aber alte, verschlissene Kleider hatte sie an, wie die peloponnesischen Bäuerinnen sie zur Arbeit zu tragen pflegen.

„Sag doch endlich, was ist los? Wie bist du denn angezogen?"

Vangelio lächelte.

„Frag nicht, auch du musst dich so anziehen."

Sie zeigte auf den Diwan, wo für Michalos ein kurzer Bauernrock, eine Jacke aus weißer Wolle, lange Strümpfe, wie die Hirten sie tragen, Schnabelschuhe, ein Fez und ein weiter Radmantel mit Kapuze bereitlagen – alles alt, ein wenig verschmutzt. Michalos wurde ungeduldig:

„Lass endlich die Geheimniskrämerei. Sprich offen zu mir!"

Mit einer Handbewegung schnitt ihm die Frau das Wort ab und lauschte: Unter dem Fenster ertönte leises Pfeifen. Sie beugte sich über das Fensterbrett und pfiff ebenso leise zurück. „Fertig?", flüsterte unten eine Stimme.

„Bald ... sofort ...“

Michalos sprang auf.

„Wer ist das? Mit wem sprichst du?“

„Still! Schrei doch nicht!“

Und leise fügte sie hinzu:

„Es ist Panagos, dein Diener. Mach schnell jetzt!“

Er fragte nicht weiter. Er hatte verstanden. Rasch zog er die bereitgelegten alten Sachen an, tat so viel Geld in seinen Beutel, wie ihm gerade zur Hand war, schob zwei Pistolen in den Gürtel und warf den weiten Radmantel um.

„Fertig!“, flüsterte er.

„Gehen wir!“

Auf Zehenspitzen verließen sie das Haus und stiegen in den großen, verlassenen Hof hinab. Alles war still. Sie wandten sich der nordöstlichen Ecke des Hofes zu, wo die Pferdeställe waren. Die Stalltür stand halb offen. Ein kleines Öllämpchen warf seinen Schein auf die müden Tiere. Der Stallknecht, der Dienst hatte, lag, in tiefem Schlaf, auf einem Heuhaufen. Auf leisen Sohlen schlichen sie zu einem kleinen Fenster an der hinteren Wand. Um jeden Lärm zu vermeiden, öffnete es Vangelio mit größter Vorsicht. Sie zog sich auf das Fensterbrett hoch und sprang auf die Straße. Michalos folgte ihr. Ein Schatten löste sich von der dunklen Mauer, ein bewaffneter Mann kam auf sie zu, ausgestattet mit kurzem Rock und Kopftuch. Es war Panagos.

„Gehen wir!“, flüsterte er.

Sie liefen durch dunkle, einsame Straßen auf das Armenviertel zu, das sich in der Nähe des Kalamata-Tores der westlichen Stadtmauer entlangzog. In einem Winkel der Mauer erwartete sie ein zweiter Schatten, ebenfalls bewaffnet, aber in arvanitischer Tracht.

„Fertig?“, fragte der Schatten, „Fertig!“, erwiderte Panagos.

„Gut, aber zuerst das Geld!“

Panagos flüsterte Michalos zu:

„Gib ihm fünfhundert Piaster."

Ein Feuerschwamm wurde entzündet, in seinem Schein zählte Panagos das Geld ab. Der Arvanite steckte es in seine Gürteltasche.

„Also los!"

Dann standen sie vor der eigentlichen, großen Stadtmauer, die sich hoch und dunkel vom Himmel abhob. Sie schlichen ein paar hundert Meter am Fuß der Mauer entlang und stiegen in einen schmalen Graben, der in die Fundamente der Befestigungen hineinführte.

Undurchdringliche Finsternis. Der Arvanite schlug seinen Feuerstahl und entzündete ein Schwefellicht, dessen Flamme er rasch mit der Hand abdeckte.

„Weiter!", mahnte er.

Am Ende des Grabens befand sich ein Sprengloch. Als erster schlüpfte der Albaner hinein, ihm folgten Michalos und Vangelio, zuletzt kam Panagos. Etwa fünfzig Meter weit tasteten sie sich vorwärts, durch einen engen Tunnel, voll mit Schlamm und Schmutz. Sie rissen sich die Hände auf und stießen sich die Knie wund. Die Luft war zum Ersticken. Plötzlich, als er es am wenigsten erwartete, sah Michalos über seinem Kopf Sterne leuchten. Er richtete sich auf und sog gierig die frische Luft ein. Vor ihm dehnten sich Felder, umgeben von Bergen.

„Wir sind durch", sagte der Arvanite und löschte rasch sein Licht.

„Los jetzt, und Gott mit euch!"

„Wir danken dir, mein Bey!", flüsterte Michalos.

Der Arvanite spuckte aus.

„Danke lieber dem seligen Mustafa, der mir ein treuer Freund war. Sonst hättest du mir alles Gold der Erde geben können – ich hätte dir nie geholfen, niemals einen Verräter hier herausgeführt."

Und wieder spuckte er voll Abscheu aus.

„Gehen wir!"

Panagos ging voraus, er kannte den Weg. Zweihundert Meter weit krochen sie noch vorwärts, damit die türkischen Posten auf den Mauerzinnen sie nicht erspähen konnten, dann erreichten sie eine kleine Schlucht, die ihnen Deckung bot. Die Gefahr war vorbei. Sie konnten sich nun aufrichten und schneller vorwärtskommen. Aus der Schlucht gelangten sie wieder auf offenes Feld und marschierten weiter, immer weiter. Michalos wandte sich öfters um, jedes Mal war der Koloss der großen schwarzen Stadt klein und kleiner geworden, um schließlich ganz zu verschwinden – Tripolis, das böse Phantom, das ihn ein halbes Jahr lang gefangen gehalten hatte, Tripolis, das seltsame Schreckbild, das ihn so unselig verwandelt hatte.

Kaum war er den Mauern dieser Stadt entflohen, war es ihm, als läge alles, was dort geschehen war, weit zurück, fast, als wäre es nie Wirklichkeit gewesen. Erleichtert atmete er die frische Luft des offenen Feldes; mit inniger Freude beobachtete er den aufdämmernden Morgen, der von den Bergen ins Tal stieg, Baum und Gras mit seinem Tau benetzend. Mit einem Mal fühlte er sich wieder leicht, stark und frei. Er hatte es wiedergefunden, sein eigenes Ich, das in der Enge und Schwüle der türkischen Stadt verlorengegangen war. Weit wies er den Gedanken von sich, dass die abenteuerliche Wandlung, die er dort erfahren hatte, jetzt noch weitere Folgen haben könnte. Vorläufig wusste er noch nicht, wohin er ging, er wollte es auch gar nicht wissen. Menschen, die ihn liebten, hatten für ihn gesorgt – sie hatten ihn nicht gehasst und nicht verabscheut, sie würden ihn auch weiterhin nicht im Stich lassen. Er vertraute seinem Gefühl, dass nun alles gut ausgehen werde, weil Gott ihm nun einmal diese seltene Gabe beschert hatte: Menschen, trotz seiner Fehler und Charakterschwächen, für sich einzunehmen. Vielleicht sogar gerade wegen seiner Fehler ...

Die Sterne waren längst verblasst, der Himmel war hell.

Die Blätter der Steineiche, die Felsen der Berge, der Thymian am Hang erglänzten in rosigem Licht. Plötzlich blieb Panagos stehen, legte die Finger an die Lippen und ließ zwei kurze, scharfe Pfiffe ertönen. Ähnliche Pfiffe antworteten ihm. Hinter einem Baum trat ein Soldat hervor, in kurzer Fustanella, die Hand am Büchsenlauf.

„Seid ihr endlich da?"

„Wie ihr seht! Wir haben es geschafft."

„Kommt, gehen wir."

Der Palikare schritt voran, die anderen folgten ihm. Es war Tag geworden, alles war deutlich erkennbar. Auf einem Felsvorsprung standen zwei Posten, in ihre weiten Radmäntel gewickelt, die sie vor der Kühle des feuchten Gebirgsmorgens schützen sollten. Unbeweglich standen sie da, auf ihre langen Büchsen gestützt. Andere Palikaren, Jungen, kaum dem Knabenalter entwachsen, sahen aus einiger Entfernung dem seltsamen Zug neugierig nach. Von weither erklang ein Lied, eine raue Weise, rau wie die Bergfelsen, wo sie entstanden war. Michalos war außer sich vor Freude und Glückseligkeit. Tränen liefen über seine Wangen: Die Soldaten, die ihnen entgegenkamen, waren griechische Soldaten, es waren Soldaten des Heeres des Freien Griechenlands.

Unter vier breiten Ulmen stand ein kleines, teilweise zerstörtes Haus, dessen weiße Mauern in der Morgensonne rötlich leuchteten. Zwei Palikaren bewachten die halboffene Tür.

„Ist der Kommandant schon wach?"

„Gewiss, er ist schon bei der Arbeit."

Der Palikare, der sie begleitet hatte, wandte sich freundlich an Michalos:

„Tritt ein, er erwartet dich."

Michalos überschritt klopfenden Herzens die Schwelle. Der Kommandant ... wer mochte er sein? Er blieb stehen und sah sich um. Der kleine Raum war ärmlich eingerichtet. Die Decke war durchlöchert, der Boden festgetretener Sand. In einem Winkel des Raumes lag auf einem zusammengerollten Mantel eine kleine Katze, auf dem Tisch brannte ein Öllämpchen. An diesem Tisch aber saß ein alter Mann mit stark gerötetem, gutmütigem Gesicht, der Michalos mit einem kaum merklichen Lächeln ansah. Es war Andreas Merssinis, Kotzambassis von Panochora, Oberkommandant der Provinz Trifylien, Michalos' Schwiegervater.

„Na, Michalos, was sind das für Dummheiten?"

Michalos kniete vor seinem Schwiegervater nieder und küsste ihm die Hand.

„Verzeih mir!"

„Was soll ich dir verzeihen? Du ... was soll ich verzeihen?"

Merssinis' Stimme war sanft, voll Verständnis und Mitgefühl.

„Komm und lass uns einmal reden. Viel Zeit haben wir nicht. Du musst schleunigst verschwinden."

„Wie geht es meiner Frau?"

„Wie soll es ihr gehen, der Ärmsten? Sie hat das Gift des Unglücks nicht tropfenweise, nein, löffelweise schlucken müssen. In der ersten Zeit wussten wir ja nichts von dir, nicht einmal, ob du lebst oder tot bist. Später kam dann die Nachricht, dass du den Glauben gewechselt hast. Da bin ich schnell nach Kastropyrgos geeilt, um zu verhindern, dass sie davon erfährt."

„Sie weiß es also gar nicht?", fragte Michalos beklommen.

„Doch, doch, sie weiß es. Leider war ich zu spät, man hatte es ihr schon gesagt. Dorotheos war schon bei ihr gewesen. Ich fand sie aufgelöst vor Verzweiflung und Scham."

Dorotheos. Michalos erblasste, als er den verhassten Namen hörte.

„Du kannst ihn, scheint es, nicht leiden, was?", fragte Merssinis. „Aber wer von uns kann ihn schon ausstehen? Er hatte sie ganz verrückt gemacht mit seinem ruppigen Geschwätz. Er wollte dich aus der Kirche verbannen, er wollte eure Ehe trennen. Dazu brauchte er ihre Zustimmung."

„Und sie? Sie hat eingewilligt?"

„Wo denkst du hin? Nein, sie weigerte sich. Sie ergriff für dich Partei und verteidigte dich mit tausend Gründen. Wie erfinderisch sie wurde! Ich habe sie wirklich bewundert, meine Tochter. Eben eine Merssinis, eine echte Merssinis ... Klug und viel Herz! Ja, ja, das Herz! Sie liebt dich eben, Michalos, liebt dich noch immer. Würde sie sonst weiter zu dir stehen, bei der Lage, in die du dich gebracht hast?"

„Aber du, Vater, du verurteilst mich, du verdammst mich, ohne mich anzuhören?"

Merssinis zog die Stirn in Falten.

„Ich verdamme dich nicht. Ich urteile vernünftig. Du brauchst kein Plädoyer zu halten. Ich kenne es im Voraus. Ganz Griechenland kennt es. Es gibt keinen einzigen aufrechten Griechen, der nicht jene Männer verdammt, die dich hinterlistig verraten haben, so wie sie unseren ganzen glorreichen Freiheitskampf verraten wollten. Weißt du, dass auf allen Bergen die Parole zu hören ist: Tod den Kotzambassides! Was schaust du mich so sonderbar an? Weil auch ich ein Kotzambassis bin – so wie du?"

Merssinis lachte, dann fuhr er fort:

„Auch ich erhielt die Aufforderung des Kaymakam, nach Tripolis zu kommen. Die Freunde rieten mir, unverzüglich hinzugehen. Sie würden es auch tun. Zum Glück wurde ich krank, und als ich das Bett wieder verlassen konnte, war ihre Gemeinheit schon offenkundig geworden. Ich dankte Gott für meine Rettung und schwor, die Kalavrytaner zu bekämpfen, wann und wo ich sie träfe. Die sind die schlimmsten Feinde der Nation, schlimmere als die Türken. Ich sammelte also die Palikaren von Trifylien und schloss mich Kolokotronis an. Seit sechs Monaten schon dauert der Kampf gegen die Türken – aber der weitaus härteste Kampf ist unser

Kampf gegen die Kotzambassides. Prinz Ypsilantis kam zu uns, ohne Hinterlist, aufrichtig wie ein Kind. Ihn wollten wir zu unserem Führer machen – nicht nur, weil er es verdiente, sondern auch, weil er von auswärts kommt, nicht in unsere kleinlichen, persönlichen Angelegenheiten verstrickt ist. Die Kotzambassides protestierten natürlich und wollten ihn nicht haben. Sie dachten nicht daran, dem Heer irgendeine Macht zu geben. Die Soldaten waren ihnen eben gut genug zu kämpfen, ihr Blut für die Freiheit zu vergießen. Die Kotzambassides aber sollten ihre Paläste behalten und die griechischen Bauern weiter aussaugen. Sie trafen sich also in Kaltetses und riefen in Eile ihre eigene Nationalversammlung aus, die angeblich das griechische Volk repräsentierte. Dann begannen die Intrigen gegen Ypsilantis. Der Prinz erhob sich voller Abscheu und wollte fort. Die Soldaten aber, die diesen Machenschaften zugesehen hatten, tobten. Dreitausend Palikaren umzingelten die Kotzambassides und wollten ihnen den Garaus machen. Sie können Kolokotronis dankbar sein, der sie vom sicheren Tod errettet hat."

„Kolokotronis? Kolokotronis hat sie gerettet?" Michalos konnte es nicht glauben.

„Ja, Kolokotronis. Und er hatte recht. Die griechische Erhebung – in ihrem heutigen Stadium – braucht alle Griechen, alle, ohne Ausnahme. Auch Räuber, Taschendiebe, Mörder – sogar die Kotzambassides! Denn sie haben ja noch immer eine gewisse Macht. Wenn wir uns jetzt untereinander bekämpfen, sind wir verloren. Wir müssen uns, gleichgültig wie, verständigen. Oder, wenn das unmöglich ist, so müssen wir zumindest nach außen hin so tun, als wären wir einig. Nur so können wir die Großmächte für unsere Sache interessieren. Und wir brauchen die Hilfe Europas. Verstanden?"

Michalos schwieg. Sein Schwiegervater sah nach der Uhr.

„Aber jetzt musst du fort! Es ist höchste Zeit! Ich habe alles mit Panagos besprochen und geregelt. Er wird dich oben in Divri in einer Berghöhle verstecken. Noch darfst du dich nicht zeigen, man würde dich umbringen. Später werden wir schon sehen, was sich machen lässt. Wir werden zuerst abwarten – und dann handeln. Jetzt aber heißt es untertauchen. Man muss dich vergessen. Aber achte darauf, dass keiner merkt, wie und warum du verschwunden bist. Wer mich fragt, dem sage ich, du seist in Tripolis an Typhus gestorben."

Inzwischen war es ganz hell geworden. Merssinis löschte die Öllampe.

„Noch etwas", fragte er, „wie geht es den anderen in Tripolis?"

Michalos senkte den Kopf.

„Unvorstellbar. Lieber hätte man sie gleich hinrichten sollen, statt sie so, hilflos wie die Fliegen, verrecken zu lassen. Chryssantos von Monemvassia ist tot, ebenso der Metropolit Germanos und sein Diakon. Desgleichen Grigorios von Nauplia, Filotheos aus Dimitsana, Meletopulos, der Vorbeter Kostopulos, Papalexis, Delijannis ..."

Die Augen des Alten füllten sich mit Tränen.

„Lauter Freunde, ich habe sie geliebt ... Und dennoch, wären sie den Fängen der Türken lebendig entkommen, was hätten sie getan? Schnurstracks sich den anderen angeschlossen!"

„Den Kalavrytanern meinst du, nach all dem, was die ihnen angetan haben?"

„Das wundert dich? Blut ist dicker als Wasser. Und leider steht Habsucht über Hass und Tod. Darum sage ich dir: Es ist besser so. Gut, dass sie an Typhus gestorben sind, das erspart uns manche Schwierigkeit!"

Panagos erschien in der Tür.

„Es wird spät, wir sollten uns beeilen, Gebieter!"

Merssinis erhob sich:

„Was zu sagen war, wurde gesagt. Jetzt will ich dich nicht länger aufhalten."

Michalos hatte noch eine Frage:

„Vater, will Evangelia noch immer ...“

„Was soll mit Evangelia sein?“

„Nach allem, was geschehen ist, fühlt sie sich noch als meine Frau?“

„Würden wir all das für dich tun, was getan wird, wenn sie dich nicht liebte? Sie war es doch in erster Linie, die mich veranlasste, dich zu retten. Was wir gelitten haben, will ich gar nicht erzählen ... Aber nichts hätten wir erreicht, nicht das Geringste, wenn diese andere Frau nicht gewesen wäre, um uns zu helfen. Wie heißt sie noch? Ach ja, Vangelio ...“

Peinlich berührt blickte Michalos zur Seite.

„Wo ist sie denn?“, fragte Merssinis, „hast du sie am Ende in Tripolis zurückgelassen?“

„Nein, sie ist mitgekommen ... sie ist draußen ... Ich musste sie ja mitnehmen, es ging nicht anders. Aber ich werde schon dafür sorgen, dass sie möglichst schnell in ihre Heimat zurückkehrt.“

Merssinis’ Miene verfinsterte sich.

„Schäme dich, Michalos. Was du sonst getan hast, ist bedenklich genug! Aber das, was du jetzt gesagt hast, ist niederträchtig! Du weißt genau, dass die Ärmste ganz allein ist, dass sie niemanden auf dieser Welt hat, der ihr beisteht. Und da willst du sie zu ihren Verwandten schicken, da willst du sie auf die Straße jagen, den Menschen verjagen, dem du deine Rettung verdankst?“

„Du verstehst mich falsch, Vater. Ich will sie natürlich nicht ohne Dank gehen lassen. Ich werde sie versorgen. Ich werde ihr so viel Geld geben, wie sie braucht. Ich werde ihr einen braven jungen Mann suchen, der sie heiratet.“

„Jajaja, das kennen wir! Noble Niederträchtigkeiten! Lösungen nach Kavaliersart! So kann wieder nur ein Kotzambassis sprechen! Pfui! Nein, mein Lieber, so billig kommst du nicht davon! Du wirst sie bei dir behalten, solange du lebst. Zu deiner Strafe!“

„Zu meiner Strafe? Oder zur Qual deiner Tochter? Mit der Geliebten ihres Mannes in einem Hause ...“

„Auch zu ihrer Strafe. Sie soll dich lieben lernen, wie du nun einmal bist, mit allen deinen Fehlern!“

ZEHNTES KAPITEL

Evangelia Spyropulu und Michalos Russis

Drei Tage und drei Nächte wanderten sie. An der Spitze Panagos, hinter ihm Vangelio, zuletzt Michalos, der nicht einmal einen Esel fand, den er hätte kaufen können, um seine wundgelaufenen Füße zu schonen. Die beiden anderen waren solche Märsche gewohnt. Zunächst gingen sie am Ufer des Rufiaflusses entlang, dann wandten sie sich rechts in die Berge. Michalos kannte diesen Teil des Landes, der zum Besitz des Schwiegervaters gehörte, nicht. Sie vermieden die Nähe des bebauten Ackerlandes und machten deswegen oft große Umwege. Merssinis hatte für ihren Reiseproviant gesorgt. Ihre Rucksäcke waren reichlich mit Fleisch, Brot, Käse und Wein gefüllt. Unterwegs gab es Quellen, wo sie ihren Durst löschen konnten, des Nachts schliefen sie, in ihre Radmäntel gehüllt, unter Bäumen.

Am Morgen des dritten Tages erreichten sie auf großer Höhe einen einsamen Gebirgspass, von dunklen Tannen umsäumt. Am Fuß eines Felsens, unter Farnkräutern versteckt, lag der Eingang zu einer Höhle. Sie waren am Ziel: Hier sollten sie hausen, in dieser tiefen, feuchten, dunklen Höhle. Im Inneren fanden sie zunächst nichts als einen großen Steinhaufen. Doch Panagos begann sofort, die Steine beiseite zu räumen. Da kam zum Vorschein, was darunter versteckt war: Wolldecken, Kleidung, Töpfe und Teller, ein Sack Mehl, Hülsenfrüchte und Teigwaren, Öl, Butter und andere Lebensmittel. Dazu noch ein Gewehr mit reichlich Munition, zwei große Messer und eine Axt.

„Hier werdet ihr bleiben“, erklärte Panagos. „Ich muss wieder zurück. Die Herrin von Kastropyrgos ist allein – und das Leben dort ist nicht ganz leicht. In vier Wochen bin ich wieder da und bringe, was euch dann fehlen wird.“

Mit diesen Worten verließ er sie. Vangelio und Michalos blieben allein zurück, in der Einsamkeit der Berge. Auf wie lange? Sie wussten es nicht.

Am ersten Tage gab es einiges zu tun, und sie richteten es sich, so gut es ging, ein. Es war nicht ganz einfach, ihr Leben den neuen Gegebenheiten anzupassen. Nachdem sie die Höhle gründlich gesäubert hatten, machten sie sich daran, ein bequemes Lager herzurichten; sie schichteten Farnkräuter auf und legten die Wolldecken darüber. Vor der Höhle suchten sie eine geeignete Feuerstelle aus, und dann verstauten sie die Lebensmittel und Werkzeuge. Michalos fiel die ungewohnte Arbeit des Holzhackens zu. Dann half er Vangelio, das Feuer zu entfachen und bei der Zubereitung des Essens. Sie mussten überlegen, wie sie Brot backen könnten, denn es gab keinen Backtrog. Die einzige Möglichkeit war schließlich, in der Pfanne flache Brote in Öl auszubacken.

Nachmittags nahm Michalos sein Gewehr und ging auf die Jagd. Er tat es gerne, denn er war ein guter Schütze. Er kletterte die steilen Felswände der Schlucht hinauf, wo die Tannen noch dichter standen. Zum ersten Mal nach sechs langen Monaten fühlte er sich hier frei und wie erlöst. Fort war die Erschöpfung des dreitägigen Marsches. Viele Stunden stieg er herum, aus reiner Freude an der freien Bewegung, berauscht von der Luft, von den Bergen, der Sonne und der Freiheit. Bergvögel flogen auf, Hasen sprangen über den dicht mit Tannennadeln bestreuten Boden davon. Doch davon sah Michalos nichts. Er genoss die große Einsamkeit und Stille. Er wurde wieder zuversichtlich, schöpfte neuen Mut und vergaß allen Kummer und alle Sorgen. Sein Abenteuer war noch nicht zu Ende, harte Tage und unsichere Nächte standen noch bevor, das wusste er.

„Alles wird gut! Alles wird gut!“, so sang er fröhlich vor sich hin. Golden und mild war die Sonne, leicht und würzig der Wind. Aus Bäumen und Sträuchern erklang Vogelgezwitscher, bunte Insekten krochen im Gras und summten durch die Luft. Die ganze Welt schien ihm tiefe, beglückende Schönheit zu atmen.

Spät erst machte er sich auf den Heimweg. Nur, um nicht mit leeren Händen nach Hause zu kommen, schoss er unterwegs zwei Waldhühner. Als er die Felshänge hinunterstieg, waren die Farben erloschen. Die Schlucht lag im Abendschatten, friedlich und still, in dunstigem Dämmern. Vangelio stand am Feuer und bereitete das Abendessen. Michalos gab ihr das Wildbret und setzte sich, wohlig ermüdet, auf einen Stein vor der Höhle. Das Mädchen schenkte ihm Schnaps ein. Er trank mit Genuss, zündete seinen Tschibuk an und verfolgte das langsame Hereinbrechen der Nacht – schweigend und zufrieden.

Nur allmählich kam ein Gespräch in Gang. „Gemüse wird uns fehlen“, meinte Michalos. „Ach was, wilde Kräuter gibt es genug in den Bergen. Die tun es auch. Wir werden nichts entbehren müssen.“

„Aber Fleisch?“

„Du hast ja das Gewehr!“

„Hm ... Nicht jeder Jagdtag ist auch ein Fangtag. Und dann, weißt du ... so ein kleines fettes Lamm ...“

„Hinter dem Doppelkamm des Berges soll eine Schäferei sein, so hat mir Panagos erzählt. Ungefähr eine Stunde von hier. Geh hinauf und kauf eins ...“

„Nur Milch und Käse wird es dort geben ...

Aber worauf ich besonderen Appetit hätte, das wäre ein Fisch! Ich weiß schon gar nicht mehr, wie das schmeckt, seitdem ich nach Tripolis gekommen bin ...“

„Du bist zu anspruchsvoll ...“

Am blauen Firmament leuchtete silbern der erste Stern

auf, blieb unbeweglich über der Spitze einer dunklen Tanne stehen, um dann langsam seine Bahn nach Westen zu ziehen, nach und nach von anderen Sternen begleitet. Mit zunehmender Finsternis senkten sich dichte Nebelschwaden über die Schlucht, um dann wieder, die Baumwipfel verschleiernd, zum Himmel aufzusteigen. Aus der Ferne erscholl Hundegebell, dann und wann heulte im Wald ein Schakal, ertönte der dumpf klagende Ruf des Uhus. Sonst war es still. Vangelio lauschte beklommen.

„Hab keine Angst", beruhigte sie Michalos.

Sie zuckte die Achseln.

„Wovor sollte ich Angst haben?"

Im Schein des erlöschenden Herdfeuers aßen sie ihr Mahl. Dann gingen sie in die Höhle, entzündeten das Öllämpchen und legten sich auf ihr Lager. Doch der Schlaf wollte nicht kommen. Nach so viel Unruhe und Aufregung waren dies nun die ersten gemeinsam verbrachten Stunden der Entspannung. Es war natürlich, dass sich die Ereignisse der letzten Tage noch einmal in ihr Bewusstsein drängten, besonders jene, die im Trubel des Geschehens fast unbewusst aufgenommen worden waren. In der Ruhe und inneren Harmonie der Natur gewann alles eine neue und klare Gestalt. Der Abstand führte schließlich zur Erkenntnis, dass manches nicht so war, wie es vordem den Anschein hatte.

Natürlich war es Michalos klar, dass seine abenteuerliche Rettung nur unter besonderen Umständen vonstatten gehen konnte, von denen er nichts ahnte. Von jener Stunde an, da Vangelio ihn des Nachts in Tripolis geweckt hatte, bis zur Ankunft in diesem Versteck überschlugen sich die Ereignisse derart, dass er lange nicht zur Besinnung kam und auch keine Gelegenheit fand nachzufragen, wie sich denn alles abgespielt hatte. Jetzt aber war der Augenblick gekommen.

„Vangelio ..."

„Ja?"

„Sag einmal, was ist denn genau passiert? Wie hast du es eigentlich geschafft?"

Das Mädchen legte den Kopf an seine Schulter und begann mit leiser Stimme zu erzählen:

„Du erinnerst dich, wie mich Mustafa kurz vor seinem Tode zu sich rief? Damals sagte er mir: ‚Vangelio, du liebst ihn, den Michalos. Du brauchst es gar nicht zu leugnen. Er ist ein gutmütiger Mensch, ich weiß es. Hast du jemals ungewaschene Goldkörner gesehen? Sie rinnen dir durch die Finger. So ist auch Michalos. Er wurde Türke, um sein Leben zu retten. Aber das war nicht der einzige Grund. Es war auch sehr viel Eigensinn dabei, viel blinde Wut über die Niederträchtigkeiten, die ihm die Kalavrytaner angetan hatten. In seinem Herzen ist er aber immer Christ und Grieche geblieben. Daran ist nicht zu zweifeln. Kolokotronis wird Tripolis erobern, und wenn er ihn dann hier als Türken antrifft, wird er ihn umbringen. Darum müssen wir ihn retten.' Ich fragte ihn, wie das geschehen könne. Und er fuhr fort: ‚Ich liege im Sterben. Ich werde nichts tun können. Aber dir will ich sagen, was du tun musst, und du wirst es schaffen. Du bist tüchtig, du bist tapfer, du bist die Frau, die ihn liebt. Wüsste er von einem Plan, aus Stolz würde er ihn vereiteln. Aus Eigensinn. Und Schwierigkeiten bringen ihn leicht aus der Fassung. Darum muss er vor vollendete Tatsachen gestellt werden. Höre also gut zu: Warte erst einige Tage, bis sich die Türken mit der Blockade abgefunden haben. Dann gehe zu Achmed Toska. Er ist Hauptmann bei den Arvaniten. Ich kenne ihn seit langem.' Er gab mir einen Brief für ihn und fuhr fort: ‚Erzähl Achmed Toska von deinem Anliegen: Du musst eine Nachricht nach Kastropyrgos schicken, an Panagos, den Diener von Michalos. Achmed wird es schon arrangieren, denn er hat gute Freunde auch auf der anderen Seite, bei den Griechen. Schreib also dem Panagos, dass er heimlich nach Tripolis kommen soll, um sich mit Achmed in Verbindung zu setzen. Gemeinsam werden sie schon den Plan ausarbeiten, wie ihr aus Tripolis fliehen könnt. Wichtig ist, dass ihr drei zusammenhaltet: Du, Panagos und Achmed. Dann gelingt es euch auch. Noch eines: Du wirst viel Geld brauchen für dieses Unternehmen. Nun geh, mit dem Segen Allahs und der Heiligen Jungfrau!' – Dass dieser Plan seine Schwierigkeiten hatte, wusste ich sofort. Aber er musste gewagt werden. Die Türken wurden bei Vervena geschlagen, die Blockade begann. – Ich ließ ein paar Tage vergehen, bis sich die Belagerung auf beiden Seiten eingespielt hatte, und ging dann zu Achmed Toska. Er empfing mich sehr unfreundlich. Als ich ihm dann Mustafas Brief übergab, war er wie verwandelt. Er fragte zuvorkommend nach meinen Wünschen. Als er sie gehört hatte, schüttelte er verzagt den Kopf: ‚Nicht ganz einfach, was du da von mir verlangst! Wo soll ich diesen Panagos finden? Wie willst du, dass ich ihm Botschaften zukommen lasse?' – ‚Wenn du wirklich willst, mein Hauptmann', antwortete ich, ‚kannst du es auch.' – Er drehte an seinem Schnurrbart. ‚Nun gut, ich will's versuchen. Dir schlage ich nicht gerne eine Bitte ab.' Ich wusste gleich, dass mit ihm nicht gut Kirschen essen war, aber was konnte ich tun? Ich musste sehr schlau sein, um mein Ziel zu erreichen und die Angelegenheit unbeschadet zu Ende zu bringen. Ich lächelte also und sagte: ‚Ich bin dir ewigen Dank schuldig, mein Hauptmann.' – ‚Nichts sollst du mir schuldig bleiben, Täubchen, Schulden macht man nicht!', antwortete er. ‚Den Dank musst du mir auf der Stelle bezahlen, hab Erbarmen mit mir, mein schönes Fräulein!' So begann das Hin und Her. Zwanzig Tage vergingen, und Achmed Toska hatte noch immer nichts erreicht. Angeblich hatte er noch nicht die rechte Gelegenheit gefunden. So behauptete er. Ich wusste nicht, ob er die Wahrheit sagte. Wahrscheinlich war es eine Lüge, erdacht, um das zu erreichen, was er sich in den Kopf gesetzt hatte, um mich nachher unverrichteter Dinge stehen zu lassen. Aber wenn er das im Schilde führte, dann hatte er sich gründlich verrechnet, der alte Schuft, so sagte ich mir. Eines Abends nun nahm er mich beiseite und sagte: ‚Es tut sich was, mein Schätzchen', und dann erklärte er mir in schlechtem Griechisch folgendes: Jede Nacht verließ er heimlich die Stadt, um in der Nähe von Grana einige Palikaren des Mavromichalis zu treffen und mit ihnen Tauschgeschäfte zu machen. Die Griechen lieferten Brot, Käse und Fleisch. Der Albaner bezahlte mit Geld oder mit Wertsachen. Dabei hatte Achmed Toska immer unseren Plan im Auge. Aber es war nicht leicht, den geeigneten Mann zu finden. Eines Nachts erfuhr er von einem Griechen, dass da bei der Truppe des Mitro Petrowa ein Palikare war, ein gewisser Nikolo Fortinakos, den er kannte. In der darauffolgenden Nacht trafen sie sich. Achmed setzte Fortinakos seinen Plan auseinander und versprach ihm tausend Piaster für seine Dienste. Fortinakos willigte ein. Er ließ sich von Mitro Petrowa Urlaub geben, eilte in sein Dorf, wechselte die Kleidung und machte sich auf nach Kastropyrgos, wo er bald deinen Diener fand, dem er alles erklärte. Panagos verständigte sich zuerst mit deiner Frau, suchte deinen Schwiegervater bei seiner Truppe vor Tripolis auf und regelte mit ihm alle Einzelheiten. Durch Fortinakos erfuhr Achmed Toska, dass alles bereit war. ‚Heute Nacht', schloss der Albaner seinen Bericht, ‚wird Nikolo Fortinakos zu mir kommen, zusammen mit Panagos. Heimlich werde ich ihn in das belagerte Tripolis bringen und in meinem Hause verstecken. Morgen, noch vor Tagesanbruch, wird Panagos bei euch erscheinen und euch abholen. Ihr müsst euch als Bauern verkleiden, um nicht aufzufallen. Ich selber geleite euch dann sicher zur Stadt hinaus. Ich kenne einen geheimen Weg durch die Befestigungen. Auf der anderen Seite, bei Grana, erwartet euch Andreas Merssinis, der Oberkommandierende von Trifylien. Na, was sagst du jetzt? Hab' ich das nicht gut eingefädelt?' – Ich beugte mich über seine Hand und küsste sie: ‚Tausend Dank, mein

Hauptmann, du hast uns das Leben gerettet. Wie sollen wir das jemals bezahlen. Aber was du auch verlangst, du wirst es bekommen. Nur haben wir das Geld nicht hier und jetzt verfügbar. Aber Andreas Merssinis gibt es dir bestimmt.' – ‚Was soll ich mit Geld, mein schönes Kind. Die Kassen sind voll, die Beute war reich. Und dann, sag ehrlich: Ist eine solche Tat überhaupt mit Geld zu bezahlen? Sprich, Liebling?' – Mehr sagte er nicht. Aber mir war klar, dass nichts und niemand diesen arvanitischen Dickschädel von seinem Vorhaben würde abbringen können ..."

Vangelio schwieg.

„Na und? Was weiter?", fragte Michalos mit finsterer Miene. „Also ...?"

Die Frau lächelte bitter und gequält.

„Wenn du nur etwas Verstand hättest, würdest du nicht fragen ..."

Sie löschten das Licht und legten sich auf ihre Lager zurück. Die Höhle war nun ganz in Finsternis gehüllt, jene lautlose Finsternis der Berge. Nur das Wasser der nahen Quelle sang in ewiggleichem Rhythmus, dass man meinen konnte, es sei ein klingendes Schweigen.

Den Kopf in ihren nackten Armen verborgen lag die Frau unbeweglich auf ihrem Lager und wartete. Sie war bereit, den verhängnisvollen Lohn, bitteren Undank für ihr Opfer schweigend entgegenzunehmen. Sie, die ihre Liebe verschwendete und die ihr Herzblut Tropfen um Tropfen hingab, wusste sehr wohl, dass am Ende Unglück oder Tod sie erwarteten. Sie wusste es und lächelte – trotz allem.

Und auf seinem Lager lag Michalos, vor Wut schäumend und zutiefst verletzt in seiner maßlosen Eitelkeit. Er fühlte sich klein und lächerlich und gering in diesem Leben, das von Leidenschaften beherrscht war. Er spürte die Wertlosigkeit seines Daseins, empfand sein Unrecht und seine Ohnmacht. Er weinte. Den Tränen war er schon immer schnell nahe. Nun liefen sie über ein unbewegtes Gesicht die Wangen hinab.

Mechanisch streckte er den Arm aus, fand den abgespannten, empfindungslosen Körper der Frau und zog ihn zu sich. Widerstandslos fügte sie sich, ohne Willen, ohne Lust, ohne Freude. Der Quell des Genusses, des übermächtigen Triebes, war versiegt. Michalos aber nahm mit dem Feuer der Verzweiflung Besitz von diesem fast leblosen Körper. Und als der Rausch vorüber war, starrte er, hilflos und zusammengekauert, in die undurchdringliche Nacht. Vor seinen weitgeöffneten Augen tanzte immer das gleiche, widerliche Bild: Vangelio in den Armen des Arvaniten, zuerst stürmisch erregt , dann sanft wie gezähmt – sie, die auch ihn früher geküsst und geliebt hatte ... früher ... unablässig ging ihm durch den Sinn: Sie hat einen anderen umarmt, sie will dich nicht mehr! Du hast das Spiel verloren!

Vangelio lag da, mit geschlossenen Augen, schwer atmend. Diese erzwungene, lieblose Umarmung hatte sie im Innersten verletzt, ihr Gefühl gedemütigt. Sie wusste, dass sie dieses widerwärtige Erlebnis nie mehr vergessen, dass die Erinnerung daran sie ihr Leben lang quälen würde. Das war nicht die Liebkosung des liebenden Mannes, das war Schändung, hassenswert und verabscheuungswürdig.

Und sie weinte, weil sie spürte, dass sie nie wieder eine echte Leidenschaft empfinden würde, nie wieder, bis zu ihrem Tode!

ELFTES KAPITEL

Michalos Russis findet langsam wieder zu sich selbst

Gleichförmig flossen die Tage dahin. Nicht nur die Arbeit blieb immer die gleiche, auch die Gespräche wiederholten sich. Beim Morgengrauen standen sie auf und wuschen sich an der kalten Quelle. Dann nahm Michalos sein Gewehr und ging in den Wald. Bis Mittag streifte er in den Bergen umher, schoss einen Hasen oder ein Rebhuhn. Wildbret war die Grundlage ihrer Nahrung. Man traf sich beim Essen. Danach gab es allerlei zu tun. Gegen Abend machte sich Michalos wieder auf den Weg. Er liebte diese einsamen Gänge. Vor Einbruch der Dunkelheit war er zurück. Am halberloschenen Feuer nahm man die Abendmahlzeit ein und ging bald zur Ruhe, um der Trostlosigkeit der einsamen Bergnächte zu entfliehen.

Vangelio war stets geschäftig. Es war nicht leicht, in der Abgeschiedenheit des Gebirgswaldes einen Haushalt zu führen, der morgens mit dem Säubern der Höhle begann und abends mit Wäschewaschen zu Ende ging.

Michalos hatte unterdessen die Schäferei gefunden, von der Panagos gesprochen hatte. Der Hirte hatte ihm eine Ziege, ein Mutterschaf und einige Hühner verkauft, so gab es täglich Eier und frische Milch. Die Tiere mussten versorgt werden, eine weitere Arbeit, die dem Mädchen zufiel.

Jeden Sonnabend ging Michalos hinunter zur Schäferei und besorgte Fleisch, Käse und was sonst noch fehlte. Der steile Weg zurück, die Last auf dem Rücken, strengten ihn sehr an. Dennoch liebte er diesen wöchentlichen Streifzug, der für ihn die einzige Gelegenheit darstellte, einen anderen Menschen zu sehen und Neues zu erfahren.

Der Hirte, gefangen in seiner eigenen Einsamkeit, empfing ihn gastlich, lud ihn zum Mahle und erzählte ihm alles, was ihm auf mancherlei Umwegen durch gelegentliche Wanderer zu Ohren kam. So erfuhr Michalos, dass Tripolis in den ersten Oktobertagen gefallen war und dass ein großes Morden in der Stadt begonnen hatte. Da aber alle Nachrichten nur spät und spärlich in die Bergeinsamkeit vordrangen, dazu noch entstellt und voller Widersprüche, konnte er sich kein klares Bild von der Gesamtlage machen. Es fehlte der Zusammenhang in diesen Nachrichten, die stückweise von Mund zu Mund gegangen waren, bis sie ihn erreichten. Eines aber stand fest: Die Aufständischen behaupteten sich und waren im Vormarsch. Die Erhebung hatte Erfolg gehabt. Eine türkische Regierung auf der Peloponnes gab es nicht mehr. Im ganzen Lande zeichneten sich die zaghaften Anfänge eines griechischen Staates ab, mit eigener Beamtenschaft, eigener Verwaltung und eigenem Steuerwesen.

Von diesen Sonnabenden abgesehen verlief Woche um Woche in lähmender Eintönigkeit. Vangelio war den ganzen Tag mit ihren Arbeiten beschäftigt. Michalos durchstreifte die Berge. Wohl hatte die Einsamkeit die beiden einander wieder näher gebracht. So sehr war der eine auf den anderen angewiesen, dass sie sich beinahe versöhnten. Aber Michalos langweilte sich und verfiel immer mehr seiner alten Eigenliebe. Solange er in Angst leben musste und sich in Gefahr befunden hatte, brauchte er die Zärtlichkeit und Liebe eines anderen Menschen, der seine Sorgen mit ihm teilte. Das war es gewesen, was ihn in Vangelios Arme getrieben hatte. Doch hätte ihm das Schicksal in jener Stunde eine andere Frau geschickt – so hätte auch sie Vangelios Stelle ausgefüllt.

Was aber verband ihn jetzt mit dieser Frau, da seine Angst verflogen, der kommende Tag nicht mehr voller Ungewissheit und Gefahr und seelische Hilfe überflüssig geworden war? Seine Gedanken wurden wieder von Vernunft und Logik diktiert. Was konnte ihm Vangelio jetzt bedeuten? Wohl war sie eine schöne Frau, die ihn liebte. Aber sie war weder die erste noch die einzige. Viele schöne Frauen hatten ihn geliebt. Gewiss, Vangelios selbstloser Hingabe verdankte er sein Leben. Und jetzt, hier in der Bergeinsamkeit, arbeitete sie Tag und Nacht für ihn. Alles hatte sie ihrer Liebe geopfert. Michalos wusste das sehr genau. Konnte aber aus dem Gefühl der Pflicht, der Verpflichtung, jemals echte Liebe entstehen? Gewiss nicht! Vangelio hing an ihm mit der Ergebenheit eines treuen Hundes. Aber Michalos liebte sie nicht. Die Voraussetzungen, die ihn zu ihr getrieben hatten, bestanden nicht mehr. Darum war seine Beziehung, so redete er sich ein, unecht und unwahr. Sie war in der Wirrnis von Ängsten und Qualen entstanden und nicht der Stille innerer Harmonie entwachsen. Es fehlte der Gleichklang der Herzen. Doch was sein selbstsüchtiges Denken am stärksten beschäftigte, war dies: Die Liebe und die Hingabe dieser Frau hatten ihm Verpflichtungen auferlegt. Aber nur sein Verstand erkannte die Pflicht zur Dankbarkeit an, nicht aber sein Herz. Darum erzeugte diese Verpflichtung in ihm nichts als Verdruss und Widerwillen. Er sah seine persönliche, seine seelische, ja sogar seine intellektuelle Freiheit zutiefst bedroht. Er fühlte, dass sich die Verpflichtungen gegenüber dieser Frau nur durch die Aufgabe seiner Unabhängigkeit erfüllen ließen – und dagegen sträubte er sich mit aller Kraft. Um seinen Kopf zu retten, sein liebes Leben, hatte er keinen noch so bedenklichen Schritt gescheut, aber jetzt, da dieses Ziel, gleichgültig mit welchen Mitteln, erreicht war, sollte er es da, um einiger Gewissensskrupel wegen, wieder aufs Spiel setzen?

Dann gab es noch einen anderen Gedanken, der ihn quälte: Diese Frau hatte ihn in den peinlichsten Augenblicken seines Lebens, in seiner tiefsten Erniedrigung gesehen. Sie hatte ihn kennengelernt, als er am Boden lag, als die Todesangst ihn würgte, ihn zwang, sich in seiner ganzen Erbärmlichkeit bloßzustellen. Jetzt aber, wo das Schlimmste überstanden war, wo Michalos sein Gleichgewicht wiederhergestellt hatte, brachte ihn schon die Vorstellung zur Raserei, dass es auf Erden einen Menschen gab, der ihn so gesehen hatte: wankelmütig, ehrlos, verkommen. Dass Vangelio ihn durchschaute, das hätte er ihr vielleicht noch verziehen. Dass sie ihn aber akzeptierte, ohne ihm Vorwürfe zu machen, vorbehaltlos zu ihm aufschaute und seine Charakterschwächen bewusst übersah – das konnte er ihr nicht verzeihen.

Solche Gedanken und Empfindungen, einmal in einem Menschen erwacht, wachsen ins Uferlose, breiten sich aus, wuchern maßlos und ohne Hemmungen – wie jene Organismen, die sich wie berauscht immer wieder selbst befruchten. Der Selbstsüchtige, der in seinem Leben gewissenlose, eigennützige Zwecke verfolgt, hat das Bedürfnis, sein Handeln auf irgendeine Weise zu rechtfertigen. Da er keine stichhaltigen Argumente hat, tut er etwas sehr Einfaches: Er lässt seine Fantasie spielen und erfindet tausend Gründe, um sich reinzuwaschen, weil ja keiner da ist, der ihn zur Rede stellt. Er fand immer mehr Ausreden, sein Gewissen von aller Schuld freizusprechen, von jeder Verpflichtung gegenüber Vangelio. Da er alles nur von seinem eigenen, selbstsüchtigen Blickwinkel aus betrachtete, glaubte er mehr oder weniger daran, dass nicht er in Vangelios, sondern sie in seiner Schuld stand. Sie war seine Sklavin gewesen und er ihr Herr. Ihr Leben hatte in seiner Hand gelegen. Er hätte sie „damals" töten oder verkaufen können. Er hätte sie den Lustbarkeiten des gesamten türkischen Heeres ausliefern können. Oder – noch einfacher – er hätte sie gar nicht kaufen müssen, sondern dem alten Aga von Kiato überlassen können, in dessen Harem sie den Rest ihres Lebens verbracht hätte, als Sklavin eines widerlichen Greises. Ja, was wäre aus ihr geworden, wenn er sie nicht gekauft hätte? Wäre sie überhaupt noch am Leben? Und selbst wenn sie dem Tode entronnen wäre, um welchen Preis körperlicher und seelischer Verderbtheit? Sie liebte ihn, zugegeben; sie war ihm oft sehr nützlich gewesen, auch zugegeben; was hätte sie aber getan, wenn sie ihm nicht begegnet wäre? Einsam und allein stünde sie auf dieser Welt. Selbst wenn sie dem Harem des Agas entflohen wäre, wohin hätte sie sich schon wenden können? Sie hatte ihn zwar aus mancher Gefahr gerettet, aber hat er nicht für sie das Gleiche getan? Tut er es nicht noch heute? In seiner Hand liegt es, sie davonzujagen. Und das weiß sie! Vangelio ist viel zu klug, um das nicht zu wissen. Deshalb natürlich ließ und lässt sie nichts unversucht, ihren Herrn zu umsorgen. Das ist für sie der einzige Weg, sich selbst in Sicherheit zu bringen. Nur deshalb blieb sie bei ihm. Nur deshalb verband sie ihr Schicksal mit dem seinen. Nur deshalb diente sie ihm. Eine tüchtige Frau, eine listige Frau. Wirklich ein Teufelsweib!

Wenn die Fantasie der Eigenliebe sich einmal auf den Weg macht, kennt sie kein Halten mehr. Sie machte Michalos völlig blind. Er sah nicht, dass sich dieses „Teufelsweib“ von Tag zu Tag mehr in sich selbst zurückzog, dass es sich verschloss, dass es sich zum Schweigen und zur Isolation verurteilte. Er nahm nicht wahr, dass diese „listige Frau“ es vermied, sein Herz für sich zu gewinnen, oder auch nur seinen schwachen Willen zu beeinflussen. Er merkte nicht, dass Vangelio tagtäglich niedergeschlagener und trauriger vor sich hinlebte, mit einem tiefen Kummer im Herzen. Und nachts, wenn er ihre Jugend genoss, merkte er natürlich auch nicht, dass das Mädchen ihm nur aus Verzweiflung willfährig war.

Ein qualvolles Ringen spielte sich in Vangelios Herzen ab. Michalos aber war nicht imstande, es wahrzunehmen, geschweige denn, es zu begreifen. Zufrieden schloss er die Augen und sah die Mauer nicht, die sich aus tausend kleinen Begebenheiten bildete und die allmählich zwischen ihm und der liebenden Frau emporwuchs – zwischen ihm, der in törichter Blindheit lebte, und der gesamten übrigen Welt.

Der Herbst war in diesem Jahr früh hereingebrochen. Eines Morgens hatte sich ein trübsilberner Nebel in die tieferen Lagen der Schlucht gesenkt. Er ließ nur die höchsten Spitzen der Tannen frei für den Glanz der Sonne. Bald aber lösten sich die Schwaden im flimmernden Spiel des Lichtes auf und ließen nur einen leichten Schimmer von Dunst und Feuchtigkeit auf dem Boden zurück, der bis zum Mittag mit der milden Wärme einer verhangenen Sonne rang. Dann wieder kamen Tage, an denen das Gewölk von den Gipfeln im Norden her einfiel, mit seinen länglichen, zungenförmigen Gebilden die bewachsenen Felshänge berührte und die ganze Schlucht allmählich mit einem aschgrauen Dunst füllte, um sich dann in feinen, geräuschlosen Regen aufzulösen, der sich wie ein sanfter Schleier über Erde, Baum und Fels legte. Wenn dann die Wolken verschwanden, von sanften Südwinden auseinandergetrieben, brachen sich die Sonnenstrahlen in unzähligen Tropfen, die an den Nadeln der Tannen, den Blättern der Steineichen und der Farne hingen.

Aber selbst diese sonnigen Tage, so sommerlich sie auch anmuteten, trugen bereits die Merkmale des Herbstes in sich: die langen Schatten, das fast erloschene Leuchten der Orangenbäume, die große Müdigkeit der Natur, die sich bereit machte für den langen Schlaf in Kälte und Frost, die feierlichen, stillen Vorbereitungen für den Winter. Die Blumen falteten sich, als strebten sie zu ihren Wurzeln zurück. Laubbäume warfen ihre welken Blätter ab, die Keime des Lebens nie versiegender Fruchtbarkeit verbargen sich in der milden Erde. Wie lange weiße Wolken zogen große Vogelschwärme über den Himmel, Ländern zu, die mildere Winter verhießen. Eidechsen krochen steif umher, in ihren Schlupfwinkeln rollten sich die Schlangen zusammen und vertilgten ihre letzten Vorräte, bevor der große Schlaf sie überkam. Die Insekten ließen ihr Leben – ein kleines, sichtbares Zeichen des großen Sterbens in der Natur. Nur die Tannen hielten stand. Aufrecht, unbeweglich strebten sie empor. Breit hingen die Zweige herab, bereit, die Last des Schnees zu tragen.

Die Zeit der einsamen Wanderungen wurde kürzer, immer mehr Stunden verbrachte Michalos jetzt in Vangelios Gesellschaft. Dieses erzwungene, stete Beisammensein auf engem Raume ließ die Kluft, welche die beiden Menschen trennte, immer abgründiger werden. Dieses Zusammensein zwang sie, mit klarem Bewusstsein ihre wirkliche Lage zu erkennen. Die stummen Stunden des Abends wurden ihnen zur Qual. Nach dem Essen saß man am Feuer, schaute in die züngelnden Flammen, jeder in seinen eigenen Gedanken verloren, himmelweit voneinander entfernt. Beide zitterten vor dem Augenblick, da sich ihre Körper nebeneinander zur Ruhe legen würden, um sich wie unter magnetischem Zwange doch am Ende zärtlich zu berühren. Und dennoch sehnten beide diese Stunde herbei. Denn sogar der vorgetäuschte Schlaf nahm ihrem Schweigen etwas von seiner Peinlichkeit. Allnächtlich erwachte dann das hässliche Gespenst der körperlichen Begierde, die unsinnige, maßlose Wollust, die seit je Michalos' Leben beherrscht hatte, die ihm jetzt überdeutlich das Bild des schönen Körpers vorgaukelte, das da im Dunkeln neben ihm lag, und die ihn zu einer Umarmung trieb, gegen die seine Seele sich sträubte.

Die schlimmste Stunde des Tages aber war der Morgen. Michalos, des Schlafes überdrüssig, erwachte wie stets vor Anbruch der Dämmerung. Vangelio schlief neben ihm, mit ruhigen, tiefen Atemzügen. Vergeblich suchten seine weit aufgerissenen Augen in der Dunkelheit nach einem Anhaltspunkt. Böse Gedanken eines unfrohen Erwachens überfielen und bedrängten ihn. Viele Probleme tauchten auf, deren Lösung ihm in seiner seelischen Zerrissenheit völlig unmöglich erschienen. Was hatte er denn gerettet außer seinem nackten

Leben? Alles andere blieb nach wie vor verloren und musste erst zurückgewonnen werden: Frau, Familie, Haus, Vermögen, Verwandte und Freunde, die gesellschaftliche Stellung. Noch immer war er gezwungen, in der Verborgenheit zu leben, ein Paria, ausgestoßen und verfemt, einsam und – unglücklich. Nur mit Langmut und Überwindung war dieses unwürdige Leben zu ertragen. Doch wie lange sollte dieses Leben noch dauern? Lohnte es sich überhaupt, ein solches Leben zu führen, nur um des nackten Daseins willen? Würde dieses Schicksal lebenslänglich und unabänderlich sein, zöge er es vor, diesem trostlosen, seinem Wesen so ganz entgegengesetzten Zustand ein Ende zu bereiten. Aber die Hoffnung hielt ihn aufrecht, dass eines Tages alles in gewohnten Bahnen verlaufen müsse. Aber wie? Er konnte es sich nicht vorstellen. Immerhin hatten ihm seine bisherigen Erfahrungen gelehrt, dass das Leben zuweilen einem elastischen Reifen gleicht, der völlig unkontrolliert und scheinbar richtungslos eine holprige und gewundene Straße hinunterrollt. Hatte er es doch selbst erlebt, dass Überzeugungen und moralische Werte eine sehr bedingte Gültigkeit hatten, dass sie ihre Bedeutung verlieren und wiedergewinnen, dass sie alles Bestehende unter Umständen zu verändern vermochten: Gesichter und Dinge, Liebe und Leidenschaft, Leid und Erinnerungen. Hatte er nicht erfahren, dass Gleichgültigkeit und Vergessen jeden Zorn und jede Erbitterung verfliegen lassen? Ja, er wusste, dass die Menschen sich mit aller Kraft für ein Heute zugrunde richteten und dabei die Tragik übersahen, die auch dem Gestern innewohnte. Er wusste, dass die tragische Erscheinung der Gegenwart zur komischen Figur des Morgen werden konnte, dass sich jede Vergangenheit mit einem lässigen Achselzucken abtun lässt und dass das Vergessen die einzige Kraft ist, die dem grausamen Leben eine gewisse Folgerichtigkeit verleiht. Das alles hatten ihn seine Erfahrungen gelehrt, und deshalb verließ er sich auf die Menschen, oder vielleicht besser auf ihre Liebe. Er wusste, dass Gott ihm keinen starken Charakter, dafür aber ein gewinnendes Wesen mitgegeben hatte. Vielleicht hing das eine vom anderen ab. Große Persönlichkeiten, unbeugsame Naturen mit festem, unerschütterlichem Charakter, gewinnen wohl die Achtung der wenigen, aber selten allgemeine Sympathie, weil es ihr Verhängnis ist, mit der Unmenschlichkeit der Masse in ihrem Herdentrieb ebenso in Widerspruch zu geraten wie mit der zelotischen Engstirnigkeit der „Unbestechlichen".

Die „Geschmeidigen" aber, die „Flexiblen", die „Nachdenklichen", die „Realisten", die „Diplomatischen", die „Geschickten" – wie viele wohlklingende Namen hat der Mensch doch erdacht, um seine Niedertracht zu verschleiern – passen sich in ihrer unübertrefflichen Manipulierbarkeit fast automatisch dem Auf und Ab der menschlichen Gezeiten an. Sie sind die Guten, die sympathischen Kollegen, die Goldkerle, die prächtigen Kameraden, die farblosen Gesellschafter, die mit ihrer inexistenten Persönlichkeit nirgendwo anecken und sich gleichzeitig mit ihrer Krämerseele jeder Form von Kleinmut unterwerfen. Mit einem Wort: Sie sind die „Allesversteher", die jeder liebt.

Michalos' rührende Hilflosigkeit, seine naive Impulsivität ließen bei anderen leicht die Meinung entstehen, dass er für sein Tun nicht so ganz verantwortlich zu machen sei. Niemand konnte seine Worte ganz ernst nehmen, geschweige denn seinem Handeln besonderes Gewicht beimessen. So war es verständlich, dass ihm Männer meist eine wohlwollende Sympathie und gleichzeitig eine herablassende Toleranz entgegenbrachten.

Geradezu unwahrscheinlich aber war das Glück, das er bei den Frauen hatte – durch sein gutes Aussehen, seine liebenswürdige Dreistigkeit, seine charmante Eitelkeit und sein unaufdringliches, fast gleichgültiges Benehmen. Und dabei sind Frauen stark, stur und beharrlich; unerschütterlich in ihren kompromisslosen Ansichten haben sie die Kraft, eine Atmosphäre des Vertrauens zu schaffen, Meinungen zu formen und ganz ohne Hintergedanken diese Herde aus männlichen Wesen von der Wahrheit ihrer sonderlichen Vorstellungen zu überzeugen. Die Frauen liebten Michalos Russis. Frauenliebe hatte ihn vom Tod errettet, und Frauenliebe würde ihm eines Tages wieder eine ihm gebührende gesellschaftliche Stellung verschaffen. Bei diesem Gedanken musste Michalos selbstgefällig lächeln. Die düsteren Gedanken beim Erwachen waren jetzt verflogen, er bereute es, zwei Stunden mit unerquicklichen Fantasien vergeudet zu haben. Es war eben die Jahreszeit der Melancholie, es war ein typisch herbstliches Erwachen gewesen.

Doch das Dunkel der Nacht wich dem perlmutterfarbenen Widerschein des anbrechenden Tages. Vangelios Schlaf wurde unruhig. Ungewollt berührte ihr nacktes Bein seinen leicht entflammbaren Körper, und er umarmte die Schlafende an seiner Seite, die nun aufgeschreckt erwachte, ihn bebend und doch apathisch zurückweisen wollte. Er liebkoste diesen Leib mit zwiespältigen Gefühlen von Wollust und Widerwillen. Es sollte das letzte Mal sein.

ZWÖLFTES KAPITEL

Andreas Mirssinis schlägt vor, Panagos Panagopulos vermittelt, und Michalos Russis entscheidet

Am Tage des heiligen Dimitrios war Panagos wieder da. Es war ein regnerischer Morgen. Vangelio und Michalos sahen ihn schon von ferne, wie er, auf seinen Stock gestützt, den Pfad des bewaldeten Hanges emporkletterte. Auf dem Rücken trug er einen Sack. Sie wunderten sich, dass er ohne beladene Maulesel kam, obgleich er doch wissen musste, dass ihre Vorräte zur Neige gingen.

„Das hat etwas zu bedeuten ...", meinte Michalos beunruhigt.

Vangelio zuckte die Achseln.

„Man wird ja sehen."

Michalos ging Panagos in die Schlucht hinunter entgegen. Noch bevor sie sich richtig begrüßt hatten, überschüttete er ihn mit Fragen:

„Was ist los? Warum hast du nichts mitgebracht? Wie geht es der Herrin auf Kastropyrgos?"

„Lass mich doch erst Luft holen. Alles zu seiner Zeit."

Michalos schwieg. Er begriff, dass er seine Neugier bezwingen musste. Gemeinsam stiegen sie, ohne weitere Worte zu wechseln, zur Höhle hinauf, an deren Eingang Vangelio sie erwartete.

„Willkommen Panagos!"

„Ich freue mich, dich zu sehen, Vangelio!"

„Setz dich. Ich mache schnell Kaffee. Wir haben auch Milch und frischen Käse."

Panagos setzte sich und sah anerkennend umher.

„Wie ich sehe, kommt ihr gut zurecht. Da gibt's von allem. Nichts fehlt."

„Gottlob! Wir haben eine Ziege, ein Schaf, ein paar Hühner."

„Und wer versorgt die Tiere? Du, mein Gebieter?"

Michalos spürte die Ironie in den Worten, aber Vangelio kam ihm mit der Antwort zuvor:

„Er packt schon zu, der Arme! Er tut, was er kann. Ohne ihn käme ich nicht zurecht."

Panagos sagte nichts weiter, aber sein derbes, gutmütiges Gesicht schien zu fragen: Und was würde er ohne dich tun?

Über dem Holzfeuer brodelte der Kaffee. Vangelio trug Milch, Käse und knusprig geröstetes Pfannenbrot auf. Panagos schlang heißhungrig und geräuschvoll gewaltige Bissen hinunter. Dann wischte er mit dem Handrücken über den Schnurrbart und sah abwartend zu Vangelio hinüber, die mit gekreuzten Armen unbeweglich dastand. Sie begriff und sagte:

„Bis nachher! Jetzt muss ich gehen, um unsern Serail aufzuräumen."

Als die Männer allein waren, fragte Michalos:

„Na also ... was gibt's?"

Panagos zog umständlich ein gefaltetes Papier aus dem Gürtel.

„Was hast du da?"

„Einen Brief von deinem Schwiegervater."

„Und deine Herrin hat dir nichts für mich gegeben?"

Panagos Gesicht wurde ernst.

„Sie war schwer krank, meine Herrin, und konnte noch nicht schreiben. Sie lässt dir aber sagen, dass sie auf dich wartet ..."

„Schwer krank?", wiederholte Michalos erschrocken. „Deine Herrin schwer krank, und du lässt sie allein? Kommst hierher? Was ist geschehen? Nein, sag mir lieber zuerst, warum du hierhergekommen bist!"

Eine schreckliche Ahnung stieg in ihm auf, er redete

plötzlich wirr durcheinander, packte Panagos am Arm und schüttelte ihn.

„Lass los, Herr! Alle Gefahr ist vorüber, glaubst du, ich wäre sonst gekommen?"

Michalos versuchte, sich zu beherrschen.

„So erzähle doch endlich."

„Du lässt mich ja nicht zu Wort kommen! Also, setz dich und hör zu: Heute vor zwanzig Tagen, also am dritten Oktober, überfielen die Herrin plötzlich heftige Schmerzen. Wir holten schnell die Hebamme und den Doktor Empedokles, der uns seine ernste Besorgnis nicht verhehlte. Wir schickten Boten nach Panochora, zur Mutter der Herrin, Frau Frosso, sie sollte rasch kommen ..."

„Na und ... weiter."

„Was soll ich da viel erzählen. Zwei Tage und zwei Nächte kämpfte sie verzweifelt um ihr Leben, die Herrin. Ihre Schreie zerrissen uns das Herz. Die Ärmste wurde fast wahnsinnig vor Schmerzen. Sie flehte den Tod um Erlösung an. Doch als sie ihn vor Augen sah, spürte, dass es ans Sterben ging, rief sie nach dir: Du solltest sie retten. ‚Michalos', schrie sie immer wieder."

Michalos hatte sein Gesicht in die Hände gelegt.

„Nicht weinen, Herr!", bat Panagos leise. „Alles ging vorbei. Als ich vor fünf Tagen fortging, bestand keine Gefahr mehr für ihr Leben. Meine Herrin war noch schwach, denn der Blutverlust war groß gewesen, aber sie ist ja jung und kräftig. Und wenn nun du – so Gott will – bald heimkommst, wirst du sie wieder auf den Beinen sehen."

„Aber das Kind, das Kind?", fragte Michalos ängstlich.

Panagos' Miene verdüsterte sich.

„Signor Empedokles hat es ihr, als es schon nicht mehr lebte, mit der Zange nehmen müssen."

Michalos' Augen füllten sich wieder mit Tränen. Nach langem Schweigen sagte er nur:

„Mein armes Kind."

Da spürte er eine sanfte Hand auf seiner Schulter.

Es war Vangelio, die aus der Höhle getreten und die letzten Worte gehört hatte.

„Sei nicht verzweifelt", versuchte sie ihn zu trösten. „Deine Frau ist jung, sie ist kräftig. Ihr werdet andere Kinder haben, bestimmt."

„Wird das möglich sein?", flüsterte Michalos, als ob Vangelio ihn nicht getröstet, sondern einen Zweifel geäußert hätte.

Da sprach die Frau:

„Auch das ist Gottes Wille, wenn das Weib nicht mehr Mutter werden kann. Dann muss man sich dem harten Schicksal unterwerfen. Doch was wird aus den Frauen, denen Gott Fruchtbarkeit geschenkt, denen der Mensch sie aber verweigert?"

Michalos antwortete nicht, und Panagos wandte sich betroffen zur Seite.

Laut las Michalos den Brief seines Schwiegervaters:

Michalos, geliebter Sohn und Schwiegersohn! Ich grüße Dich! Panagos wird Dir die traurige Nachricht von Evangelias Fehlgeburt erzählen. Wir hätten sie beinahe verloren. Aber Gott, der Allgütige, hatte Erbarmen mit uns und hat sie am Leben erhalten, damit wir uns ihrer bis in unser hohes Alter erfreuen können. Was die Unglückliche durchmachen musste, lässt sich nicht erzählen. Sie hat dem Tod ins Auge gesehen. Aber – Gott sei Lob und Dank – alles ist überstanden! Ich selbst erfuhr davon aus Briefen Deiner Schwiegermutter, die von Panochora nach Kastropyrgos geeilt war. Auch ich wäre hingegangen, doch die Nachricht erreichte mich zu spät. Ich bin noch immer in Achaia, wo meine Truppe in schweren Kämpfen steht. Gegenwärtig liegen wir vor Patras, das Kolokotronis eingeschlossen hat. Viele und wichtige Dinge sind geschehen, seit wir uns zuletzt in meinem Gefechtsstand vor Tripolis getroffen haben. Doch ich kann Dir nicht alles erzählen.

Ich denke viel an Dich und überlege Tag und Nacht, wie ich Dir die Rückkehr nach Kastropyrgos ermöglichen könnte, zu Frau und Haus. Deine sofortige Heimkehr ist natürlich leider ausgeschlossen – ich könnte auch keinesfalls Deine Sicherheit garantieren, die Erregung im Lande ist noch groß.

Die Griechen sind in zwei feindliche Lager gespalten, Kotzambassides und Militär, und beide Parteien sind nahe daran, aufeinander loszugehen. Auch ich bin Kotzambassis, aber leider der einzige, der zu Kolokotronis hält, weil das Interesse der Nation das fordert. Die Kotzambassides sind Verbrecher – aber Du kennst sie ja. Sie wissen natürlich, dass Du sie hasst. Wenn sie wüssten, dass Du noch lebst, sie würden nach Dir suchen, um Dich umzubringen. Um Dich zu treffen, würden sie auch mich mit keiner Bosheit verschonen.

Leider aber sind es nicht nur die Kotzambassides, die Dich hassen. Auch in unseren Reihen würdest Du nicht sicher sein. Gerade beim Militär herrscht zu viel fanatischer Patriotismus, als dass Dir auch der letzte Offizier verzeihen würde, was Du in Tripolis getan hast. Die Kotzambassides, die würden Dir Deinen Glaubenswechsel schon vergeben, wenn Du nur zu ihnen hältst; diesen Gaunern geht es ja nur um den persönlichen Vorteil.

Kolokotronis ist über Dich im Bilde. Obwohl ich mit ihm wirklich gut befreundet bin, lässt er keine Gelegenheit vorübergehen, ohne zu fragen: „Was macht eigentlich Dein Schwiegersohn?" Ich antworte immer das Gleiche: Ich hätte keine Ahnung, wo Du seist, vielleicht hätte Dich der Typhus in Tripolis dahingerafft. Er aber lacht dann und antwortet regelmäßig: „Wo Du ihn auch versteckt hältst, mein lieber Andreas, ich werde ihn schon finden, und dann ist er ein toter Mann!" Und Du weißt, Kolokotronis hält Wort.

Um es kurz zu machen: Wie dem auch sei, ich bin der Meinung, es wird langsam Zeit für Dich, Dein Versteck zu verlassen und wieder unter Menschen zu gehen. Je größer das Getümmel, umso besser für den Wolf – Du kennst das Sprichwort? Jetzt scheint mir der richtige Augenblick gekommen. Das allgemeine

Durcheinander wird Dir helfen. Nun, ich kann Dir nicht genau sagen, was Du tun sollst. Das musst Du selbst am besten wissen. Du bist klug und wendig genug, den richtigen Augenblick abzuwarten, Dich ins Getümmel zu stürzen. Gib also Dein Eremiten-Dasein auf, steig ins Tal hinab, geh zu den Menschen in den Dörfern. Dort musst Du Dich ein wenig schlau machen, umhören, manövrieren – immer vorsichtig und wachsam ... Ich hoffe, Du verstehst, was ich sagen will.

Mit Panagos schicke ich Dir schließlich ein Dokument, von unserer Verwaltung ausgestellt. Du wirst gleich sehen, was es besagt. Das Weitere wird Dir Panagos mündlich erklären. Es niederzuschreiben, wäre gefährlich, der Brief könnte verlorengehen oder in falsche Hände fallen. Tu, was Panagos Dir sagt, er spricht nach meinen Instruktionen.

Ja, mein lieber Michalos. So weit ist es gekommen, dass ich mich schäme, ein Kotzambassis zu sein. Das haben wir den Kalavrytanern zu verdanken, ihrer Hinterlist, ihren Intrigen, der Zwietracht, die sie gesät haben. Hätten wir von Anfang an ehrlich zusammengehalten, wären wir alle gemeinsam nach Kalavryta gegangen, um uns dann auf Agarino zu werfen – Griechenland wäre schon längst befreit. Jeder, der den Kampf überlebt hätte, wäre heute frei und glücklich. Und auch Dir wäre manches erspart geblieben, was Du jetzt auslöffeln musst. Gehst Du zu den Kotzambassides und sagst: Ich gehöre zu euch, dann töten Dich die Offiziere, wenn Du in ihre Hände fällst, weil Du Deinen Glauben gewechselt hast. Gehst Du zu den Offizieren und sagst: Nehmt mich auf, ich will im Kampf meine Schuld in Blut abwaschen! – töten Dich die Kotzambassides, wenn sie Dich erwischen. So manchen anständigen Palikaren haben sie hinterlistig erschossen, weil er auf unserer Seite stand. Die türkischen Kugeln haben schon manchen verschont, dem es dann bestimmt war, durch griechische zu fallen.

Ich mache Schluss. Tu, was ich Dir sage. Panagos wird Dir helfen. Ich grüße Dich. Dein Vater Andreas Merssinis, Oberkommandierender von Trifylien.

Michalos las den Brief ein zweites Mal, mit großer Aufmerksamkeit. Nachher schwieg er lange, gedankenverloren. Vor seinem inneren Auge drehte sich ein Reigen aus verworrenen Ereignissen, unzusammenhängend, unübersichtlich, unverständlich. Denn er hatte ja bei allem, was da geschehen war, nicht dabei sein dürfen. Die Lektüre des Briefes erweckte das Vergangene in seiner Fantasie zum Leben, unklar, verzerrt, aber doch nicht allzu weit von der Wirklichkeit entfernt. Er hatte sie kennengelernt, diese Wirklichkeit, auf seine Weise, er hatte sie erlebt, ihren bitteren Beigeschmack gekostet. Darum konnte er sich das Heute und Jetzt dort unten vorstellen.

„Erzähl du mir nun, was geht eigentlich bei euch vor?“ Er hoffte, sich aus den Worten des einfachen Mannes ein klareres Bild machen zu können. Er misstraute dem schriftlichen Bericht eines Halbgebildeten, der Darstellung aus kleinstädtischer Sicht.

Panagos zuckte die Achseln.

„Was vorgeht dort unten? Kennt der Herr den Hund? Kennt der Hund den Herrn? Überall tauchen fremde Menschen auf. Keiner kennt sie, und niemand weiß, woher sie stammen. Sie lamentieren, sie schwatzen, sie schreien, sie halten lange Reden. Griechenland besteht nur noch aus Gruppen und Parteien. Jeder spielt sich plötzlich als Anführer auf. Da ist die Gruppe um Zaimis, die Gruppe Mavrogordatos, Londos, Merssinis, Kolokotronis, Kolettis – was weiß ich, wie sie alle heißen, es nimmt einfach kein Ende. Die eine Gruppe hält es zunächst mit der anderen. Dann streiten sie untereinander – niemand kennt sich mehr aus. Mothonitis aus Vostitsa taucht plötzlich in Kastropyrgos auf, holt sich ein paar Leute heraus und sagt: ‚Kommt zu mir, ich mach’ euch reich. Ich werde die Weinberge des Agas unter euch aufteilen.‘ Und wenn du antwortest: ‚Gut gemeint, gnädiger Herr, aber meine Existenz ist hier, meine Heimat liegt im

Hoheitsbereich des Lukas Pyros, dann kommen des Nachts die Leute von Mothonitis und verwüsten dir die Felder und lassen keinen Baum stehen. Welche Wahl hast du? Du gehst zu Lukas Pyros und beklagst dich. Statt dir zu helfen, setzen seine Leute die Scheunen der Vostitsaner in Brand. Das ist die ganze Hilfe. An einem Tag schreit jemand: ‚Wir repräsentieren die griechische Regierung! Es lebe Mavrogordatos!' Was bleibt dir übrig, als aus vollem Halse mitzuschreien: ‚Es lebe Mavrogordatos!' Am nächsten Tag sagt dir der gleiche Mann: ‚Mavrogordatos ist ein Schuft! Ein Vaterlandsverräter! Es lebe Kolokotronis!' Was tust du? Du brüllst laut und gottergeben: ‚Es lebe Kolokotronis!'"

Panagos steckte seinen Tschibuk an und fuhr fort:

„Keiner ist mehr seines Lebens sicher. Durchs Dorf ziehen die Palikaren eines Hauptmanns, sie halten dich an und befehlen dir: ‚Los, schlachte Hühner und Gänse für uns! Gib auch ein paar Schafe dazu!' Sie fressen sich voll und geben dir einen Fetzen Papier: ‚Hier, nimm! Das Vaterland wird es bezahlen.' Du gehst mit dem Zettel zum Amt, forderst Vergütung und erhältst die Antwort: ‚Warum hast du sie bewirtet? Glaubst du, die Regierung hat das Geld, die Gelage von Rebellen zu bezahlen?'"

„Rebellen ...?"

„Ja, Rebellen. So nennen die Kotzambassides das Militär. Und diese ‚Rebellen' schimpfen die Kotzambassides ‚Verräter'. Die Kotzambassides wollen die Gesamtführung an sich reißen, auch die militärische, ohne eine Ahnung zu haben, wie man eine Pistole hält. Und die Offiziere beanspruchen die Führung der Regierungsgeschäfte, ohne zu wissen, wie man schreibt. Mavrogordatos spielt sich als Feldherr auf, Plaputas als Diplomat und Minister. Wenn du die Türken bekämpfen willst und um Verpflegung bittest, hat die Regierung kein Geld. Wenn du aber Kolokotronis eins auswischen sollst, füllt sich dein Beutel mit Gold. In Biada haben sich die Patrizier versammelt, um, wie sie sagten, eine Verfassung zu entwerfen und um festzulegen, wie Griechenland in Zukunft regiert werden soll. Sie haben geredet und geredet. Was war das Resultat? Man einigte sich über einen Punkt: das Nationaleigentum untereinander aufzuteilen!"

„Was ist das, das Nationaleigentum?"

„Der herrenlos gewordene Besitz der Türken. Bist du auf Seiten der Regierung? Gut, du wirst ein reicher Mann. Bist du es nicht? Auch gut, geh und stirb fürs Vaterland. Kolokotronis bricht auf, um Patras zu erobern, wo die Türken noch die Burg halten. Die Minister haben ihn absichtlich hingeschickt, um ihn loszuwerden. Als sie sahen, dass er ein großes Heer beisammen hatte, bekamen sie es mit der Angst zu tun. Sie riefen die Offiziere zurück. Kolokotronis sollte allein weitermachen. Wie er mit den Türken fertig würde? Das sollte seine Sorge sein. Viel wichtiger war es, erst einmal das Nationaleigentum unter sich aufzuteilen. Was die Türken betrifft ..."

Michalos sah sein Gegenüber fragend an. Dieser fuhr fort:

„Verstehst du, Herr? Der Streit geht um das Fell des Bären! Die halbe Peloponnes! Geld! Hast du eine Ahnung, was die Türken besaßen? Das Beste vom Besten! Die Regierung hat das nun alles zum Nationaleigentum erklärt und verkauft es dem Meistbietenden. So wenigstens steht es auf dem Papier. Wer hat aber schon Geld, um zu bieten! Nur die Kotzambassides. Und wer will nachprüfen, ob die Regierung das Geld auch wirklich bekommen hat? Die Hunde gehen zur Mühle, aber das Mahlgeld bleiben sie schuldig, sagt man. So also ist die Lage. Hast du verstanden?" – „Ja, ich habe verstanden."

Nach einer Weile erst fragte Michalos:

„Und in Kastropyrgos, wie sieht es dort aus?"

„Was in deinem Haus geschah, das habe ich dir alles erzählt."

„Ich frage jetzt nicht nach den Meinen. Nach den anderen frage ich."

Panagos lachte.

„Wie heißt es doch? ... Es geht ihnen gut und sie lassen grüßen."

„Der Bischof, was macht der?"

„Dorotheos? Wer sieht ihn schon? Er kommt nur ab und zu. Er ist in Tripolis, in Korinth, dann natürlich wieder in Biada, um an der neuen Verfassung mitzuarbeiten. Den Mothonitis hat er meistens bei sich. Pack schlägt sich, Pack verträgt sich. Diese Leute bekriegen sich, und dann verbünden sie sich wieder. Herr Petros Mothonitis ist jetzt unser Stadtkommandant. Er tut, was er will. Wer wollte auch wagen, ihm zu widersprechen? Fünfzig schwer bewaffnete Palikaren begleiten ihn, wenn er aufs Pferd steigt. Auch er hat natürlich ‚Nationaleigentum' gekauft, über tausend Morgen. Aus dem früheren Landbesitz des Orchan-Bey in Vatitsa, des Ischan-Bey aus Kastropyrgos und des Achmed Sakkaly aus Agiandreas."

„Und Lukas Pyros, was macht der?"

„Als lebender Leichnam ist er aus Tripolis gekommen. Dort, im Keller des Serails, war er schwer an Typhus erkrankt. Mit knapper Not nur ist er dem Tod entronnen. Er ist noch immer bettlägrig. Um dreitausend Piaster hat er von der Regierung die Weinberge des Osman-Efe aus Magulianika gekauft – wo sie doch mehr als zwanzigtausend wert sind!"

„Nicht möglich!"

„Was sollte er denn machen? Ein kranker Mann. Sollte er sich gegen die Regierung stellen? Wer hätte ihm beigestanden? Dorotheos kam zu ihm ins Haus und hat sich ihn gründlich vorgenommen. Dann haben sie ihm um ein Butterbrot die Weinberge von Magulianika gegeben und ihm damit den Maul gestopft – ein für alle Mal."

„Diese Schurken!", flüsterte Michalos. „Und Lukas machte mit?"

„Du, mein Gebieter, hättest dasselbe getan, wenn du nicht Türke geworden wärest", antwortete Panagos. „Aber leider, du bist Türke geworden. Es steht dir schlecht an, anderen jetzt Vorwürfe zu machen. Nur den Kotzambassides, den Kalavrytanern, die natürlich ewig deine Feinde bleiben müssen. Und nur so kannst du dich retten."

Michalos hörte Panagos weiterreden, aber mit seinen Gedanken war er weit fort. Langsam begann ein neuer Plan in ihm klarere Gestalt anzunehmen.

„Und jetzt erzähle mir noch von meinem Onkel, dem Kapitän Manolis."

Panagos strahlte.

„Der ist ein Prachtkerl! Ihm ist nichts geschehen. Nicht einmal der Typhus hat ihm was anhaben können. Gleich nach seiner Rückkehr öffnete er die Zisterne, wo seine Taler steckten, und bewaffnete seine beiden Schiffe. Er selbst ging als Kapitän auf die ‚Telemachos', und ist seitdem nicht wieder in Kastropyrgos aufgetaucht. Aber er schreibt. Er hat sich mit Admiral Miaulis zusammengetan, und sie bekämpfen gemeinsam die Türken zur See. Allerdings musste er jetzt seinen herrlichen Olivenhain bei Makry-Gialo verkaufen. Mothonitis hat ihn erworben."

„Warum, wieso musste er?"

„Weißt du, was zwei Kriegsschiffe kosten? Verpflegung und Sold für die Besatzung, Munition, Takelung, Reparaturen und so weiter? Meinst du, die Taler in der Zisterne nehmen nie ein Ende? Und jetzt hat er noch seinen jüngsten Sohn, den Spiros, nach Livorno geschickt, um ein drittes Schiff zu kaufen. Alles fürs Vaterland."

Sehr bestimmt schloss er seinen Bericht:

„Aber die Türken bleiben auf der Strecke, das steht fest."

Beide schwiegen. Am Himmel teilten sich die Regenwolken, einige Sonnenstrahlen brachen durch, der Wald wurde lebendig. Vögel zwitscherten, Schmetterlinge flatterten umher.

Michalos überdachte noch einmal alles, was er eben erfahren hatte. Er sah seine Landsleute vor sich, die sich von den Türken befreit hatten, nur um in die Sklaverei eines anderen Tyrannen zu geraten, in die Fänge ihrer eigenen Ichbezogenheit. Als sie ihr Ziel noch vor sich sahen, nichts anderes waren als eine traurige Schar stummer Knechte – damals stimmten sie in allen wesentlichen Fragen überein. Doch als das fremde Joch abgeschüttelt war, so erkannte er, hatte das Schwert der Freiheit nicht so sehr den Zwingherrn geschlagen als sie selbst, die Griechen. Die Hiebe dieses Schwertes spalteten die einige Volksmasse auf in Einzelwesen, die sich plötzlich ohne Gesetz einander gegenüber standen und ehrgeizig, eitel und rücksichtslos nur ihren eigenen Vorteil suchten. Der unerträgliche Individualismus der Griechen ging so weit, dass sie Nation und Ich, Freiheit und persönliches Interesse nicht mehr auseinanderhalten konnten. Beim Kampf gegen die Türken ging es nicht mehr um die Befreiung des Volkes, sondern darum, die selbstsüchtigen Leidenschaften befriedigen zu können. Die Tragik des griechischen Wesens wurde in verschiedenen Bildern offensichtlich: Da war der einfache, namenlose Bauer, der sein Opfer stumm, fast triebhaft darbrachte, oder der ruhmsüchtige Kapitän Manolis, dem nur halb bewusst war, dass er in die finanzielle Katastrophe schlitterte. Andreas Merssinis verstand es bereits, einen vernunftbetonten Ausgleich zwischen Vaterland und Vermögen herzustellen. Der unentschlossene Lukas Pyros wurde leicht und fast freudig bei verführerischen Angeboten schwach, während Petros Mothonitis aktiv den Raub in größerem Stile zu organisieren verstand und Dorotheos seine diplomatische Kunstfertigkeit zu Intrige und Gewinn missbrauchte.

Michalos wusste natürlich, dass diese Beispiele und das wenige, was er aus Erzählungen und Gerüchten erfahren hatte, nur winzige Ausschnitte des Gesamtbildes waren. Eines aber war sicher: Unüberbrückbare Gegensätze trennten und einten die Griechen in ihrem nationalen Gärungsprozess, so wie die Elemente im Schmelztiegel des Chemikers miteinander ringen, um am Ende einen neuen, festen Körper zu bilden, ein bisher unbekanntes Objekt, geboren aus Widerstand und Anziehungskraft. Als er dies begriff, packte Michalos plötzlich ein unbezwingliches Verlangen: heraus aus der Einsamkeit, hinunter zu den Menschen, mit dabei sein! Er sehnte sich nach der belebenden Stimmung politischer Auseinandersetzungen, der prickelnden Atmosphäre der Ränke und Intrigen. Er wollte das erregende Für und Wider, das Spiel gegensätzlicher Kräfte auskosten, in dem um große und lohnende Einsätze gespielt wurde. Die Türken waren bis zur Stunde noch nicht ganz besiegt, und ihre unberechenbare Gefährlichkeit machte den Ausgang des Spiels noch unsicherer.

Nach seinen üblen Erlebnissen in Tripolis war es nur natürlich, dass Michalos zuerst eine Möglichkeit gesucht hatte, heimzukehren und sein stilles, glückliches Leben von ehedem weiterzuführen. Darum hatte es ihn im ersten Augenblick geärgert, dass Merssinis ihm in dem Brief vorgeschlagen hatte, sich in neue Abenteuer zu stürzen, um sein Ziel zu erreichen. Doch die Erzählungen des Panagos und die Überlegungen, die sich für ihn daraus ergaben, vermochten es, seinem vom Gefühl bestimmten, unsteten Denken eine völlig neue Richtung zu geben. Die Tage von Tripolis waren vergessen. Vergessen war die entsetzliche Entscheidung, die er dort getroffen hatte und die die Ursache für seine Ächtung war. Vergessen die Gefahren, denen er immer noch ausgesetzt war. Der Leichtsinn packte ihn, das Abenteuer lockte, neue Perspektiven machten ihn trunken. Die lange Untätigkeit hatte er satt, er sehnte sich danach, sich in den Hexenkessel der Ereignisse zu stürzen, zu sehen, zu schauen, sich zu informieren, zu handeln und – sich zu rächen! Sein Leben hatte er gerettet, und jetzt war da der Strom, das Hochwasser. Aber er würde schwimmen, die Freude dieses Schwimmens in reißendem Wasser genießen, mit der Strömung ringen, mit heimtückischen Strudeln kämpfen, in jeder Stunde und jeder Minute sein Leben neuerlich aufs Spiel setzen, bewusst an der Seite des Todes treibend. Nur schwimmen wollte er, schwimmen!

Mitten in diesem Chaos trügerischer Vorstellungen hielt er inne. Ein Gedanke brachte ihn zum Lächeln: Die Kotzambassides und das Militär schlugen aufeinander ein, und er wollte dabei sein und mitkämpfen! Doch tausend Vorwände hätte er gefunden, einem Kampf mit den Türken aus dem Weg zu gehen. Da schauderte ihn der Widersinn des Bruderhasses, da erkannte er blitzartig das unheilvolle Wesen des Bürgerkrieges, durchschaute er die zerstörerische Spaltung der Nation, ihren Zerfall in gegensätzliche Fraktionen, die am Ende alle einem Ziel zu dienen vermeinten: dem allgemeinen Wohl, das sich aber im Spiegel der jeweiligen Interessen jedem ach so verschieden offenbart. Dieser Bruderhass, der das Entstehen der Nation verhinderte, war leider in jedem einzelnen viel stärker als seine Abscheu vor dem Feind. Dabei endete der Krieg zwischen Staaten, unabhängig von seinem Ausgang, in einem Vertrag. Differenzen mögen weiterbestehen, aber Grenzen sind da, wenn auch neue, abgeänderte, unerwünschte Grenzen. Sie trennen die Kämpfenden, verhindern Zwist, gestatten Besinnung. In einem Bürgerkrieg aber gibt es keine Grenzen. Nach Einstellung der Feindseligkeiten muss der Besiegte Seite an Seite mit dem Sieger leben, muss die bittere Galle hinunterschlucken und sich dem Übermut der siegenden Partei unterordnen. Jeder ist gezwungen, mit dem bisherigen Feind zusammenzuarbeiten. Darum steigert schon allein die Vorstellung der Niederlage, das Gespenst dieser Servilität, die Vision dieser seelischen Knechtschaft, den Hass gegen den Bruder ins Unermessliche, macht ihn weitaus stärker als den gegen den Feind von außen. Unterliegt ein Volk im Kampf gegen einen äußeren Feind, dann gibt das Bewusstsein, die Pflicht gegen die eigene Nation erfüllt zu haben, jedem Besiegten ein Gefühl des Trostes und der Absolution, man gibt sich der Vorstellung hin, dass eben das Schicksal stärker war als der Wille des Volkes. Kein vernünftiger Mensch fordert von Angehörigen fremder Nationen das, was er bedenkenlos von seinem Bruder verlangt: dass er denken solle wie er. So überlegte Michalos – etwas verwirrt. Sein Herz klopfte, er hatte seinen Entschluss gefasst.

Er wandte sich an Panagos:

„Her mit dem Papier von meinem Schwiegervater, und sag mir, was es damit auf sich hat!"

Panagos zog schwerfällig ein Taschentuch aus dem Gürtel und knotete es behutsam auseinander. Ein fester Bogen Papier, vierfach gefaltet, kam zum Vorschein. Michalos nahm ihn an sich, blickte ihn immer wieder an und verstand nicht.

„Was soll das jetzt wieder heißen?" – „Ich werde es dir erklären, Herr!"

Er beugte sich zu Michalos' Ohr und redete leise und lange auf ihn ein.

Vangelio war wieder aus der Höhle getreten. Bewegungslos stand sie da und ließ die beiden Männer nicht aus den Augen.

DREIHZEHNTES KAPITEL

Die Feigheit des Bischofs Dorotheos von Kastropyrgos und Vatisis erzürnt Potulis Pliuras

„Potulis! He! Potulis!"

Wie ein Fanfarenton klang die Stimme des Hauptmanns Elias Georgikopulos über die Höhen. Der Ruf hallte die Hänge entlang, die im Licht der aufgehenden Sonne erglänzten, und hallte wider in der platanenbewachsenen Schlucht, die noch im sommerlichen Frühnebel lag.

„He! Potulis!"

Nichts rührte sich. Nur eine Steinamsel sang in dem nahen Gesträuch. Früherwachte Bienen sogen summend Blütenstaub aus den spärlichen Wildblumen, welche die erbarmungslose Sommersonne noch nicht ausgedörrt hatte.

In einer hochgelegenen Mulde, mit wenigen Bäumen bestanden, hatte die Truppe ihr Lager aufgeschlagen: luftige Hütten, aus Laub und Zweigen zusammengefügt, und einige Zelte. Die Soldaten waren schon an der Arbeit. Sie machten Feuer, bereiteten ihr Essen, reinigten ihre Büchsen und überprüften die Munition. Sie wuschen sich, wenn auch nicht allzu gründlich, denn das Wasser war knapp, und es standen ihnen nur zwei Krüge zur Verfügung. Sie kämmten sich mit fettigen und verschmutzten Kämmen. Einer, der glückliche Besitzer eines Rasiermessers, schabte seine Stoppeln, ein anderer zwirbelte mit Ausdauer seinen gewaltigen Schnurrbart. Die Unterhaltungen schleppten sich nur mühsam dahin. Keiner war so recht ausgeschlafen, die schwüle Nachthitze hatte sie nicht zur Ruhe kommen lassen. Es war ein ungewöhnlich heißer Sommer, dieser Sommer des Jahres 1822. Selbst die ältesten Leute konnten sich nicht erinnern, jemals eine solch tropische Hitze erlebt zu haben. Die Sonne brannte mitleidlos auf Äcker und Wiesen nieder. Die Berge, in die sich die griechischen Truppen befehlsgemäß zurückgezogen hatten, schienen zu glühen. Kein erfrischender Hauch war zu spüren. Nur der brennend-heiße Schirokko wehte seit Tagen und Wochen aus dem Süden. Das Meer in der Bucht vor Nauplia und den sogenannten herrschaftlichen Mühlen glich einem Spiegel, unbewegt, mattgrün am Tage und pechschwarz in der Nacht. Die bei den Mühlen festgebundenen Schiffe lagen im rechten Winkel zueinander, das eine mit dem Bug in Richtung Burtsi, das andere in Richtung Tsakonia.

Doch was der Himmel an sengender Glut auf die Erde herabschickte, war offenbar noch nicht genug. Menschenwerk steigerte die Hitze ins Unerträgliche und machte die Argolis zum Treibhaus. Seit Tagen schon wüteten Feuersbrünste im Land, glühten die Felder von Argos. In den Dörfern brannten die Häuser, die Scheunen, die Vorratskammern. Auf den Äckern loderten Getreidegarben und Heuhaufen. Selbst die abgeernteten Stoppelfelder zeigten schwarzversengte Stellen. Weithin leuchtende Flammen erhellten die mondlosen Nächte, am Tag stiegen dichte schwarze Rauchsäulen senkrecht zum Himmel empor und trugen den beißenden Brandgeruch träge in alle Richtungen. Die Dürre war groß, das Wasser versiegt, die Gebirgsbäche trockneten aus, die Brunnen verschlammten.

Die Griechen, die alle Berge rundherum, von den „Mühlen“ bis nach Dervenia und darüber hinaus, besetzt hielten, litten schwer unter dem Wassermangel. Nur auf den Höhen war hie und da noch ein schmales Quellgeriesel und ein noch nicht völlig versiegtes Rinnsal zu finden. Im griechischen Bereich, zwischen Argos und den Mühlen, floss zum Glück auch noch der Kefalari, der immer, wenn auch wenig Wasser führte. Das türkische Heer dagegen, von Dramalis geführt, war in der Ebene eingeschlossen, die unter der Sonnenglut und den lichterloh brennenden Feuern ächzte. Dort gab es nichts zu trinken, außer dem schlammigen Gerinnsel in den versumpften Brunnen, welche von Abfällen verpestet waren, die die Griechen vor dem Ausrücken hineingeworfen hatten. Mit einem Wort: Die Türken starben vor Durst.

„He! Potulis! Potulis!"

Wieder keine Antwort.

„Wo zum Teufel steckt denn der Krüppel?", fluchte Hauptmann Elias. „Was treibt dieser Querkopf nur, diese schwerhörige Schlafmütze?"

„Er ist zum Bach gegangen, Wasser holen, Hauptmann!"

„Bist du es, Assimakis?"

„Ja, Hauptmann, ich bin's. Warum schreist du nach Potulis?"

„Er soll mir mein verlaustes Hemd waschen, es starrt vor Schweiß und Schmutz."

„Gib's her, ich wasch' es dir."

Hauptmann Elias lachte:

„Aber, aber, Assimakis! Deine Freundschaft wird dich noch zugrunde richten! Wo hast du bloß diesen komischen Freund aufgetrieben?"

„Warum? Gefällt er dir vielleicht nicht?", fragte Assimakis mit jener ergötzlichen Dreistigkeit, die das Verhältnis von Vorgesetzten und Soldaten bei den Freiwilligenverbänden kennzeichnete.

Hauptmann Elias zuckte die Achseln.

„Mir kann es gleich sein, wenn er nur dir gefällt. Aber seine Arbeit soll er tun."

Auf dem steilen Pfad, der vom Tal emporführte, hörten sie scharrende Schritte und das Schnaufen eines Mannes, der, mit einer Last beschwert, mühsam emporkletterte.

„Da ist er. Potulis kommt", sagte Assimakis.

Hauptmann Elias wandte sich mürrisch um und machte sich schweigend auf den Weg.

„Soll ich ihn zu dir schicken? Wegen dem Hemd?"

„Er soll sich zum Teufel scheren. Ich werde schon Karupas sagen, dass er es mir wäscht."

Assimakis verzog den Mund. Da kam auch schon Potulis an, zwei große, bis zum Rand gefüllte Wasserkrüge tragend.

„Da bist du ja. Komm, verschnauf erst einmal."

Potulis stellte seine Last ab und ließ sich, vor Erleichterung seufzend, auf einem Felsblock nieder. Mit einem großen, roten Tuch wischte er sich den Schweiß aus der Stirn, hob einen der Krüge zum Mund und trank gierig.

„Ist das eine mörderische Hitze."

„Was kann man denn tun, Potulis? So will es der Himmel."

Sie schwiegen und schauten in die Ebene, die sich unten schwarz und gelb bis zu den dunstigen, blauen Gestaden des Meeres erstreckte. Die Sonne, schon höher gestiegen, überflutete das Land mit gelbem Licht.

Die Feuersbrünste waren von Argos nach Fichtia und Dervenia weitergezogen und wüteten jetzt vereinzelt schon in Nauplia. Der dichte Morgennebel über Palamyda und Akronauplia vermischte sich mit den senkrecht aufsteigenden Rauchsäulen der Brände. Der trübe Qualm breitete sich stetig weiter aus und begann das Land einzuhüllen. Nur die Berge ringsum tauchten mit klaren Umrissen aus der Tiefe und hoben sich vom blauglänzenden Himmel ab.

„Wie hast du heute geschlafen?"

„Schlafen, sagst du? Ich habe überhaupt nicht geschlafen. Wenn's nur die Hitze wäre! Aber die Stechmücken kamen in Schwärmen aus der Bucht."

Assimakis lächelte überlegen:

„Mücken stören dich?"

„Wen stören sie nicht?"

„Du machst mir Spaß. Wir von der Peloponnes sind sie gewöhnt. Aber ihr in Thessalien – gibt es dort keine?“

Potulis sprang auf.

„Auf dem flachen Land schon. Ich aber bin aus den Bergen. Oben auf dem Olymp gibt es nur ein paar Schnaken.“

Assimakis, der Schäfer, antwortete nicht, aber er hörte nicht auf zu lächeln, ein ganz unschuldiges Lächeln, das sein breites, braungebranntes Gesicht erhellte. Ungefähr vierzig Jahre war er alt, klein, drahtig, und er strotzte vor Kraft und Gesundheit. Seit seinem fünfzehnten Lebensjahr kämpfte er gegen die Türken, zuerst als Klephte in den Bergen, jetzt als richtiger Soldat. Dimitrakis Plaputas hielt ihn für einen seiner besten Leute. Er war einfach und gutmütig, aber keineswegs dumm. Sein fröhliches Wesen machte ihn bei jedermann beliebt. Im Kampf war er ein gefürchteter Draufgänger. Er hatte sich bei Valtetsi und in der Schlacht von Jerokomion, draußen vor Patras, besonders ausgezeichnet. Elias Georgikopulos, einer der Hauptleute des Plaputas, schätzte seine Tapferkeit und seinen Mut sehr und hatte ihn in seiner Hundertschaft zum „ersten Palikaren“, zu seinem Stellvertreter, ernannt.

Von Anfang an empfand dieser Assimakis für Potulis Pliuras eine merkwürdige Sympathie. Er liebte ihn geradezu, diesen Soldaten aus Thessalien, der sich unter seltsamen Umständen in das Heer des Plaputas eingereiht hatte. Seinen Papieren zufolge hatte er am Olymp in der Truppe des Hauptmanns Giorgakis Kyratsis gekämpft. In der Schlacht von Kastania war er schwer verwundet worden und seither ein Krüppel geblieben. Vor einem Monat etwa hatte ihn Hauptmann Kyratsis als Geheimkurier mit wichtigen Briefen an das Exekutiv-Komitee nach Nauplia geschickt, wo er unbehelligt angekommen war. Auf dem Rückweg hatte er aber alle Straßen versperrt gefunden. Die Türken, unter Dramalis, zogen zur Peloponnes. Dies war eine ernste Gefahr für die griechische Erhebung, und die junge Nation ging schweren

Stunden entgegen. Um nicht unnütz herumzulungern, in einem Augenblick, da jeder Mann gebraucht wurde, hatte sich Pliuras bei Plaputas gemeldet und war von diesem in seine Truppe eingegliedert worden. Er hatte nur ein Ziel: die Mohammedaner zu schlagen, wann und wo er sie auch antraf. Wenn später einmal die Straßen Rumeliens wieder frei sein würden, dann wollte er mit Gottes Willen in seine Heimat Thessalien zurückkehren.

Er war ein wenig sonderbar, dieser Thessalier. Nahe an die vierzig, hochgewachsen, schlank, mit blauen Augen und ganz heller Haut. Ein schwarzes Tuch verdeckte ihm das halbe Gesicht und ließ nur sein rechtes Auge frei – sein linkes hatte er durch einen Säbelhieb damals in der Schlacht bei Kastania verloren. Im ganzen machte er den Eindruck eines Mannes, der den Strapazen des Soldatenlebens nicht so recht gewachsen war. Er schob alles auf den Hieb, der ihm den Schädel von der Stirn bis zum Hinterkopf verletzt und ihn zum Krüppel gemacht hatte. Nach Möglichkeit vermied er es aber, sich seinen Kameraden in unvorteilhafter Aufmachung zu zeigen. Er redete nur ungern, und wenn er nichts zu tun hatte, konnte er stundenlang schweigend herumsitzen, in seine Gedanken versunken. Dabei schien er gebildet zu sein, denn bei seinen Gesprächen waren keinerlei Anklänge an den Dialekt seiner Heimat auszumachen. Seine Zurückhaltung und sein sonderbares Wesen konnten ihm nicht die Sympathie des großen Haufens verschaffen. Die Palikaren benützten jede Gelegenheit, sich über ihn lustig zu machen. Nur seine schwere Verwundung sicherte ihm einigen Respekt. Sein unmittelbarer Vorgesetzter, Hauptmann Georgikopulos, konnte ihn nicht ausstehen. Er hätte selbst nicht sagen können, warum. Doch hätte er ihn niemals grundlos schlecht behandelt. Auch verlieh ihm seine Freundschaft mit dem Schäfer Assimakis einen gewissen Schutz. Man wusste, dass dieser ihn nie im Stich lassen würde.

Die beiden Freunde blieben schweigend eine Weile in der Sonne sitzen, die von Augenblick zu Augenblick erbarmungsloser auf sie niederbrannte.

„Ich muss dem Hauptmann das Wasser bringen, damit er sich waschen kann“, meinte endlich Potulis und erhob sich mühsam.

Assimakis antwortete nicht. Auch er war aufgestanden und lauschte mit angespannter Aufmerksamkeit in die Richtung des Tals. Er hatte sich nicht getäuscht. Von der anderen Seite des Abhanges, dort wo der Pfad hinter den Felsen abbog und nicht mehr zu sehen war, ertönte Hufschlag.

„Es kommt jemand“, sagte er.

Potulis bereitete das keine Sorgen.

„Da die Posten ihn durchgelassen haben, muss es einer von unseren Leuten sein.“

Er bückte sich und hob seufzend den Krug auf die Schulter. Dann nahm er auch den zweiten und ging schleppenden Schrittes zum Lager.

„Zum Teufel, Pfaffenbesuch!“, hörte er da Assimakis leise vor sich hin fluchen.

Potulis blieb stehen und drehte sich um. Tief unten, wo der Bergpfad die Biegung macht, erkannte er drei Maulesel, die, einer hinter dem anderen, emporkletterten. Auf den beiden ersten saßen Priester. Der eine war alt und konnte an der goldenen Halskette als Bischof erkannt werden. Der andere, viel jüngere, schien sein Diakon zu sein. Das letzte Maultier war schwer beladen mit Bündeln und Säcken, ohne Zweifel Hab und Gut der beiden Reisenden. Hinter ihnen folgten zu Fuß fünf schwer bewaffnete Palikaren in besonders schmucker, goldverzierter Tracht. Alles deutete darauf hin, dass dieser Bischof eine wichtige Persönlichkeit war.

Potulis Pliuras sah finster zu den Geistlichen hinab und zögerte. Er wollte eben die beiden Wasserkrüge abstellen, da rief ihm Assimakis zu: „Da du ohnehin nach oben gehst, melde doch dem Kommandanten, dass uns hohe Gäste besuchen."

„Sehr gerne."

Der Last zum Trotz beschleunigte er seinen Schritt und betrat wenig später das Zelt des Dimitrakis Plaputas, des Oberkommandierenden.

Inzwischen war der Reisetrupp langsam nach oben gekommen und hielt am Eingang des Truppenlagers, wo Assimakis noch immer unbeweglich stand. Der Bischof stöhnte und wischte sich den Schweiß von Stirn und Nacken. Der Diakon tat das gleiche. Die jungen Palikaren des Gefolges ließen sich erschöpft auf den Steinen am Wegrand nieder.

„Willkommen, Bischof! Wohin die Reise?", fragte Assimakis.

„Nach Tripolis!", antwortete der Kirchenmann und schaute in die Runde. „Und wer kommandiert hier?"

„Dimitrakis Plaputas."

Es gelang dem Bischof nicht, sein Unbehagen zu verbergen.

„Der Hauptmann Dimitrakis?", fragte er, offensichtlich unangenehm berührt. „Sag ihm Grüße von Dorotheos, Bischof von Kastropyrgos und Vatitsa. Er soll entschuldigen, aber ich habe es sehr eilig. Dringende Geschäfte erwarten mich in Tripolis."

Assimakis lächelte unverschämt.

„Ich verstehe Eure Eminenz! In Tripolis und Kalamata werden – angeblich – die wichtigsten Angelegenheiten Griechenlands entschieden. Soll da Euer bischöfliche Gnaden hier seine Zeit verlieren? Ausgerechnet hier, wo wir Dramalis mit seinen dreißigtausend Türken erwarten? Pah! Das ist nichts für einen Bischof. Das sind kleine Fische, gerade gut genug für Hauptleute."

Des Bischofs Augen glühten vor Zorn. Er war nahe daran, eine erboste Antwort zu geben, doch er beherrschte sich.

Sein Diakon konnte sich aber nicht zurückhalten und fuhr Assimakis an:

„Es steht Euch nicht zu, die Führer zu kritisieren!"

Der aber verneigte sich tief und antwortete voller Ironie:

„Du hast recht, hochverehrter Herr Diakon! Uns steht es nur zu, auf den Befehl der Führer in den Kampf zu ziehen und uns widerspruchslos abschlachten zu lassen."

Dann wandte er sich an Dorotheos und fuhr fort:

„Dort in Tripolis, Eminenz, erwartet dich wohl ein mächtiger Feind, den es zu bekämpfen gilt. Anders kann es ja nicht sein. Nimm mich also mit, du, der du Führer und Soldat in einer Person bist. Lassen wir den Plaputas sich hier mit Dramalis herumschlagen!"

Ein strenger Blick des Bischofs ließ den Diakon, der eben etwas erwidern wollte, verstummen.

„Herzlichen Dank, mein Junge, aber wir brauchen dich nicht. Und Grüße an Hauptmann Dimitrakis."

Dorotheos trieb sein Maultier an, aber Assimakis trat ihm in den Weg:

„Viel zu eilig hat es der Bischof! Nur ein ganz klein wenig Geduld. Da kommt schon der Kommandant, dich zu begrüßen."

Dorotheos stöhnte. Jetzt gab es kein Entrinnen mehr. Da lächelte er, ein strahlendes Lächeln, hinüber zu Plaputas, der, von Elias Georgikopulos begleitet, rasch näherkam. Ihnen folgte neugierig eine Handvoll Palikaren, darunter auch Potulis Pliuras.

„Warum so eilig, Bischof? Wir hatten dich nicht erwartet, aber jetzt bitten wir um deinen Segen!"

„Willkommen, mein Sohn Dimitrakis!"

„Willkommen, Bischof! Woher des Wegs und wohin?"

„Ich komme von den ‚Mühlen' und reite nach Tripolis, aber ich habe es eilig."

Plaputas spielte den Einfältigen.

„So eilig doch nicht, dass du nicht einen Kaffee mit uns trinken wirst! Bemühe dich doch in mein armseliges Zelt, damit ich dich bewirten kann, wie es dir gebührt. Ruhe dich ein wenig aus und lass uns ein paar Worte wechseln."

„Ich danke dir sehr, aber meine Zeit erlaubt es nicht. Ich muss weiter!"

Listig blitzte es in den Augen des alten Kriegers auf:

„Wenn der Bischof es sagt, muss es wahr sein. Die Eile wird schon ihren Grund haben. Aber was ist nun dieser Grund? Dürfen wir ihn nicht auch erfahren?"

Die Antwort kam ungeduldig und unbestimmt zugleich:

„Regierungsgeschäfte, mein Sohn, Regierungsgeschäfte ..."

Plaputas spielte nun den Neugierigen:

„Geheime Regierungsgeschäfte also? Und die Regierung hält uns nicht für würdig, sie zu erfahren?"

Dorotheos erkannte die Falle, die ihm gestellt wurde. Wenn aber der Hauptmann auch noch so klug und listig war, so übertraf ihn der Bischof an Verschlagenheit bei weitem.

„Gott behüte!", antwortete er begütigend. „Die Regierung setzt alle Hoffnung auf euch, auf die Armee. Ihr und nur ihr seid die Träger der Zukunft."

„Gut, dann sollten wir doch diese Zukunft auch so kennenlernen, wie der Herr Bischof sie sieht."

„Mit Recht, mit Recht. Hör also zu: Ich mache mich jetzt auf nach Tripolis, um die Verpflegung des Heeres zu regeln ... Das ist nun eine sehr, sehr delikate Angelegenheit."

Plaputas schwieg. Höhnisch sah er den Bischof an. Dieser suchte verlegen nach einer abschließenden Bemerkung und sagte endlich:

„Also, ich wünsche euch einen großartigen Sieg! Und grüße mir Thodorakis Kolokotronis!"

Dorotheos wollte sein Maultier antreiben, doch Plaputas griff ihm in die Zügel und hielt es fest.

„Moment! Priester. Nicht so eilig. Nur eines noch: Welche

Regierung schickt dich, damit du dich um unsere Verpflegung kümmerst?"

„Welche Frage! Die griechische Regierung natürlich!"

„Sagen wir also getrost: Mavrogordatos, Negris und wie die anderen Kotzambassides alle heißen. Also die Männer, die Dramalis bis hierher vorrücken ließen, ohne einen einzigen Schuss abzufeuern!"

„Es ist jetzt nicht der Augenblick, die Führung zu kritisieren."

„Und wann meinst du, wird der Augenblick gekommen sein? Wenn wir hier tot am Boden liegen?"

Der Bischof versuchte ihm mit Freundlichkeit beizukommen:

„Mein Sohn, deine Wut lässt dich unvernünftiges Zeug reden ..."

Doch es war zu spät. Plaputas hatte seine Fassung verloren.

„Wohin gehst du, alter Ziegenbock?", schrie er. „Für wen willst du in Tripolis sorgen? Von dir sollen wir Verpflegung erwarten? Du lieber Himmel! An Verpflegung fehlt es uns doch nicht. An Soldaten fehlt es! Wenn es dein Bäuchlein erlaubt, steig herunter, schließ dich uns an, kämpf mit uns, Schulter an Schulter."

Dorotheos war leichenblass geworden. Er sah das hochrote Gesicht des Hauptmanns, er sah die finsteren Mienen seiner Palikaren – da wusste er: Von hier konnte er nur mit Gewalt entkommen.

„Jetzt ist nicht der Augenblick zu kämpfen", erwiderte er. „Ich habe Aufträge von der Regierung – ich muss sie ausführen."

„Es gibt keine Regierung und du hast keine Aufträge von ihr!", brüllte Plaputas. „Diese Hornochsen, die uns ausgebootet und den unfähigen Rigas Palmidas hergeschickt haben, um Dramalis zu besiegen, haben ja keine Ahnung, was sie überhaupt wollen! Das soll eine Regierung sein? Wie Hasen sind sie vor den Türken weggelaufen. Sie haben sich auf ihre Schiffe zurückgezogen und uns haben sie es überlassen, die Kastanien aus dem Feuer zu holen. Aber der Herr Bischof scheint sich auch in dem Versteck nicht mehr sicher zu fühlen – und auf allen Vieren kriecht er nach Tripolis. Lauf nur! Ich halte dich nicht! Dort wirst du auch den großen Feldherrn wiedersehen, den Rigas Palmidas. Der kam schon gestern hier vorbei und beeilte sich, ohne anzuhalten, schnell weiterzukommen. Dramalis hat ihm Feuer unter dem Hintern gemacht!"

Die Palikaren brüllten vor Lachen und hielten sich die Bäuche. Es war aber kein gutartiges Lachen. Zorn blitzte aus ihren Augen. Nur Plaputas lachte nicht. Aus halbgeschlossenen Lidern sah er den Bischof an:

„Lass die Ausreden und Ausflüchte! Bleib hier und kämpfe in unseren Reihen!"

Der Priester hatte seine Kaltschnäuzigkeit verloren. Seine Hände lagen zitternd auf dem Sattel.

„Gegen wen sollen wir kämpfen? Siehst du nicht, was da unten vor sich geht?" Er zeigte auf das brennende Land. „Vor lauter Türken siehst du den Boden nicht mehr. Sie brauchen nur zu pusten, und wir sind weggefegt."

Kreideweiß war er geworden, und in seiner Miene lag flehentliches Bitten.

„Du hast Angst?", fragte Plaputas.

„Soll man da vielleicht keine Angst haben? Willst du im Ernst mit einer Handvoll Soldaten gegen Dramalis ziehen? Wenn ich dir einen Rat geben darf: Zieh dich zurück in die Berge, so hoch du kannst, das ist die einzige Rettung!"

Plaputas zwirbelte nur gelassen seinen weißen Schnurrbart und sagte dann, jedes Wort betonend: „Wir werden kämpfen. Alle, die wir hier sind. Wenn Gott es will, werden wir Griechenland befreien und auch selbst am Leben bleiben.

Dich aber – dich rettet niemand. Wohin du auch gehst, ich werde dich finden und abschlachten wie einen Ziegenbock!“

Dorotheos antwortete schlagfertig:

„Schlachte mich, Hauptmann Dimitrakis, mach mit mir dann, was du willst! Aber jetzt lass mich ziehen!“

Plaputas schwieg einen Augenblick, dann brach er in unbändiges Gelächter aus. Er wandte sich zu seinen Leuten und rief mit einer Stimme, die vor Lachen zu bersten schien:

„Da! Seht euch die Männer an, die uns ausmanövrieren wollten! Seht sie euch an, die Helden, die die Türken vernichten und Griechenland regieren wollten!“

Ein furchtbarer Tumult entstand und übertönte die Worte des Hauptmanns. Mit bedrohlichen Gesten und erhobenen Fäusten umringten die Palikaren das Maultier des Bischofs und brüllten wild durcheinander:

„Schuft!“ – „Feigling!“ – „Ziegenbock!“ – „Du stinkst ja vor Feigheit!“

Plaputas hob die Hand und gebot Stille. Dann hob er langsam den rechten Fuß und versetzte dem Maultier einen kräftigen Tritt ins Hinterteil.

„Los!“, schrie er. „Hau ab! Wir brauchen dich nicht, um mit Dramalis fertig zu werden! Verflucht!“

Der Maulesel erschrak, schüttelte sich und begann, den steilen Kiespfad in wildem Tempo hinabzugaloppieren. Dorotheos, hin- und herschaukelnd, hatte Mühe, sich im Sattel zu halten. Bald schien er links, bald rechts herunterzufallen. Seine schwarze Kutte wehte wie eine Totenfahne hinter ihm her. Die Kopfbedeckung fiel herab und rollte zwischen den Steineichen davon. Der Diakon und die bewaffneten Palikaren folgten, so schnell sie konnten.

„Verflucht noch einmal!“, schrie Plaputas hinter ihm her.

In diesem Augenblick geschah etwas Unerwartetes:

Potulis Pliuras, der Thessalier, war der einzige gewesen, der bis jetzt seine Ruhe bewahrt hatte. Als die Palikaren den

Bischof drohend umstellt hatten, war er abseits gestanden und hatte die Szene von ferne betrachtet. In seinem halbverdeckten Gesicht aber erkannte man den Ausdruck nur mühsam unterdrückter Rage. Doch er hatte sich nicht von der Stelle bewegt, er hatte nicht geschrien, nicht gedroht.

Als er aber den Bischof auf dem wildgewordenen Maultier davongaloppieren sah, packte ihn blinde Wut. Mit einem Ruck riss er die Büchse hoch, zielte auf die klägliche Gestalt und schoss.

Die Kugel verfehlte ihr Ziel. Pliuras griff nun nach seiner Pistole im Gürtel. Plaputas war ihm aber zuvorgekommen, packte ihn am Arm und schrie:

„Bist du verrückt geworden? Ist das deine Art, Menschen umzubringen? Soll ich dich erschießen lassen?“

Die Stimme des Offiziers brachte den Krüppel zur Besinnung.

„Verzeih mir“, sagte er, „aber ich wusste nicht, was ich tat.“

„Sieh dich vor!“, war die Antwort. „Ein zweites Mal gibt es keinen Pardon!“

Pliuras lächelte sonderbar: „Ein zweites Mal ...! Ein zweites Mal entkommt er mir nicht – wenn der Teufel ihm nicht vorher die Beine bricht. Ein zweites Mal entwischt er mir nicht, und dann kannst du mich getrost erschießen, Hauptmann Dimitrakis!“

VIERZEHNTES KAPITEL

Wie Potulis Pliuras zum Helden wurde

Am selben Nachmittag gab Plaputas seinen Leuten den Befehl, sich fertigzumachen und nach Kefalari hinabzusteigen, wo ein türkischer Angriff drohte. Die Truppe zählte – alles in allem – ungefähr achthundert Mann. Für alle Fälle aber ließ er zur Sicherung der Bergwege zwanzig Palikaren unter Führung des Hauptmannes Elias Georgikopulos in Salka zurück. Bei dieser Nachhut befanden sich auch die beiden Freunde, der Schäfer Assimakis und der Thessalier Pliuras.

Tagelang blieb die Einheit in Salka ohne jede Verbindung mit dem übrigen Heer, konnte aber alles beobachten, was unten in der Ebene vor sich ging. Der hochgelegene Lagerplatz bot einen großartigen Blick über das Gelände. Die Brände waren erloschen. Die weite Fläche von Fichtia bis zu den „Mühlen" hatte sich in ein schwarzes, niedergebranntes Feld verwandelt, das da und dort noch unter den Strahlen der Julisonne glimmte. Der Wassermangel brachte die Türken zur Verzweiflung. Rat- und ruhelos streiften sie durch die verdorrten Felder, auf der Suche nach einem Wassertropfen. Sie waren am Verdursten.

Die Zitadelle von Argos befand sich noch in den Händen der Griechen, die dort heldenhaften Widerstand leisteten. Die Palikaren des Hauptmanns Elias sahen die Türken, Welle um Welle, angreifen. Tausende stürmten immer wieder an, ohne dass es ihnen gelang, die kleine Besatzung zu überrennen.

Ein anderer Kampf tobte um die Kirche der Panagia, der Heiligen Jungfrau, in Kefalari, aber diesen konnte die Nachhut in Salka nicht genau verfolgen. Sie sahen nur die angreifenden Türken, welche die Griechen aus ihren Stellungen trieben und sie etwas zurückwarfen. Dieser Misserfolg schien aber nicht von entscheidenden Bedeutung zu sein.

In der Nacht vom 23. zum 24. Juli war bis in den Morgen heftiges Gewehrfeuer zu hören, das dumpf von den Bergwänden widerhallte und Hauptmann Elias und seine Leute nicht schlafen ließ. Eine große Schlacht musste um die Zitadelle im Gang sein. Die Palikaren starrten in das undurchdringliche Dunkel, aber vergebens, man konnte nichts erkennen. Nur das Mündungsfeuer der Gewehre blitzte durch die stockfinstere Nacht. Am Morgen sahen sie zu ihrer grenzenlosen Enttäuschung auf den Zinnen der Zitadelle die türkische Fahne wehen. Sie konnten ja nicht wissen, dass der nächtliche Kampf nur ein von Kolokotronis befohlenes Ablenkungsmanöver gewesen war, um der bedrängten griechischen Besatzung den Ausfall zu ermöglichen, ohne dass die Türken in der Dunkelheit etwas davon merkten.

Der nächste Tag war ruhiger. Nur hinter der Panagia-Kirche gab es, wie sie beobachten konnten, ein kleines Kavalleriegefecht. Doch noch ehe es richtig zum Kampf gekommen war, zogen sich die Osmanen zurück. Es war offenkundig, dass alles zum Besten stand. Hauptmann Elias aber kaute unzufrieden an seinem Schnurrbart und murrte:

„Plaputas kämpft – und wir müssen untätig herumsitzen, mit verschränkten Armen. Warum eigentlich hat er uns befohlen, hier zu bleiben?"

„Gräm dich nicht", fiel ihm Assimakis ins Wort, „wir kommen schon noch dran. Ruh dich jetzt aus, damit du bei Kräften bist, wenn unsere Stunde schlägt."

Potulis Pliuras beobachtete alle Vorgänge mit größter Aufmerksamkeit, wenn auch mit einer gewissen Leidenschaftslosigkeit. Nur selten beteiligte er sich an den Gesprächen, und auch dann schien er noch jedes seiner Worte zu überlegen. Er machte einen müden und abgespannten Eindruck. Die furchtbare Hitze hatte ihm zugesetzt. Fieber stellte sich ein und heftiger Schüttelfrost. Assimakis, sein Freund, pflegte ihn und gab ihm Kräutersäfte, die ihm aber, statt zu helfen, noch den Magen verdarben. Er verlor seinen Appetit und aß gerade so viel, dass er sich noch auf den Beinen halten konnte.

Am Morgen des 25. Juli meldete die Wache, dass eine kleine Reiterschar, etwa zwanzig Mann, von Kefalari heraufkam. Hauptmann Elias trat aus seinem Zelt und blickte durch sein Fernglas.

„Es ist Kolokotronis!", rief er.

Bald waren die Reiter eingetroffen. Elias Georgikopulos begrüßte sie herzlich.

„Willkommen, Hauptmann Theodorakis! Was bringst du uns Neues?"

Kolokotronis sah aus schwarzen, stechenden Augen in die Runde. Er war ganz leicht bekleidet, trug nur ein Hemd und die Fustanella, auf dem Kopf einen Fez, während sein berühmter roter Helm am Sattelzeug hing.

„Sei gegrüßt, Elias! Was treibt ihr eigentlich hier oben?"

„Hauptmann Dimitrakis hat mich hier zurückgelassen. Ich soll den Bergpfad bewachen."

Schallend lachte Kolokotronis mit seiner Stentorstimme auf.

„Na, und hast du ihn gut bewacht?", brüllte er vor Vergnügen.

„Vor wem sollte ich ihn bewachen? Als ob ich hier je einen Türken vor den Lauf bekäme!"

„Wie solltest du auch? Was könnte ein Türke hier oben in den Bergen suchen?"

Stumm zählte er die Palikaren, die ihn im Kreis umstanden.

„Sind das deine ganzen Leute?"

„Vollzählig! Zwanzig Mann!"

„Zusammengepackt und mitgekommen! Hier oben gibt es ja nichts zu tun. Los! Gehen wir kämpfen!“

Im Nu stoben die Palikaren auseinander, suchten ihre Siebensachen zusammen und luden sie auf die Packsättel der Tragtiere oder auf ihre eigenen Schultern. Dann setzte sich der Zug in Bewegung, ganz voran Kolokotronis. Hoch über der Ebene, scharf am Abgrund vorbei, zogen sie in Richtung Dervenakia.

Spät am Abend erst, als die Sonne schon hinter den Bergen Arkadiens verschwunden war, gab Kolokotronis das Zeichen zum Anhalten. Die Reiter saßen ab, das Fußvolk atmete auf und legte sich auf den kühlen Grund unter den Eichen. Der Gewaltmarsch in der Sonnenglut hatte sie sehr angestrengt.

„So, jetzt wird gegessen und getrunken! Und ihr seid meine Gäste!“, sagte der Feldherr.

Die Leute des Kolokotronis hoben zwei große Körbe vom Rücken eines Maultiers und verteilten rundum Brot, Käse und Wein, der, warm wie er war, gierig getrunken wurde. Denn der Durst war groß, und Wasser hatten sie keines. Kolokotronis aß mit gewaltigem Appetit, redete aber kein Wort.

Er sah nur prüfend zu den zwanzig Palikaren des Georgikopulos hinüber, als wollte er den Kampfwert eines jeden abschätzen. Nach beendeter Mahlzeit wischte er sich mit dem Handrücken über den Mund und meinte zu Hauptmann Elias:

„Ich kenne sie, deine Soldaten. Der drüben, das ist doch der Schäfer Assimakis, aus Mistra, und der neben ihm Antonis Diakopulos aus Vervena?“

„Du hast ein gutes Gedächtnis!“

„Ich kenne auch die anderen, wenn ich auch nicht alle Namen weiß. Den dort aber“, er zeigte auf Pliuras, „mit dem schwarzen Tuch um den Kopf, den seh’ ich zum ersten Mal.“

„Er ist nicht von hier. Kommt aus Thessalien. Kyratsis hatte ihn mit Briefen zum Exekutiv-Komitee geschickt. Da er nicht mehr zurückkehren konnte, blieb er bei uns. Pliuras heißt er."

„So, so!"

Er wandte sich dem Versehrten zu, der langsam sein Essen verzehrte, und fragte mit durchdringender Stimme:

„He! Pliuras, warum trägst du dieses schwarze Tuch?"

Potulis sprang etwas überrascht auf.

„Sprichst du mit mir, Hauptmann?"

„Ja, mit dir."

Der Thessalier kniff sein Auge zu – stolz und misstrauisch zugleich.

„Ich wurde in der Schlacht von Kastania verwundet. Ein Türkensäbel traf mich, durchschlug mir die Stirne und schlug mein linkes Auge aus."

„Und kannst du überhaupt kämpfen – so wie du bist?"

„Ja, zur Not. Ein Auge ist freilich nicht so viel wert wie zwei. Auch bekomme ich manchmal Schwindelanfälle ..."

„Trotzdem: Er ist ein zäher Kerl!", unterbrach ihn Hauptmann Georgikopulos. „Ein tüchtiger Palikare. Schade nur, dass er zeitlebens ein Krüppel bleiben wird, der Arme."

Kolokotronis warf sein langes Haar zurück: „Hauptsache, er hat sein Herz am rechten Fleck!" Wieder wandte er sich Pliuras zu:

„Bravo, Grieche! Morgen wird es hoch hergehen. Da gibt es ein lustiges Tänzchen. Wenn dir dann das eine Auge nicht reicht, dann geh zu den Kotzambassides im Exekutivkomitee; die sollen dir ein paar borgen. Die haben genug Augen, mehr als genug. Eins links von der Nase und eins rechts von der Nase! Und die anderen im Hintern!"

Schallendes Gelächter. Am lautesten lachte Kolokotronis über seinen eigenen Witz.

Als es still wurde, meinte Pliuras:

„Mach dir keine Sorgen, Hauptmann Thodorakis! Und wenn ich gar kein Auge hätte – den Kotzambassides steche ich die Augen aus, eines nach dem anderen!"

„Wieso? Was hast du – ein einfacher Soldat – mit den Kotzambassides zu schaffen?"

Pliuras zögerte mit der Antwort. Er schien blass geworden, als er schließlich mit heiserer Stimme erwiderte:

„Was ich mit ihnen zu schaffen habe? Ich bin Grieche, und die Kotzambassides haben die Nation verraten!"

Kolokotronis sagte nichts mehr, doch sah er Pliuras ziemlich lange nachdenklich an. Dann seufzte er und stand auf.

„Los!", rief er, „es wird Zeit aufzubrechen!"

Er schwang sich aufs Pferd und setzte sich langsam in Bewegung. Die anderen folgten ihm. Der Marsch ging weiter, nach Norden, in Richtung Dervenakia.

Als sie in Agios Georgios – nicht weit von Nemea – ankamen, war die Finsternis bereits undurchdringlich geworden. Das Dorf aber war hell erleuchtet von den Feuern, die die Palikaren auf dem Platz vor der Kirche angezündet hatten. Es waren im ganzen etwa fünfzehnhundert Mann, alles ausgesuchte Soldaten. Sie waren laut und ausgelassen. Sie saßen fröhlich beisammen, bei Fleisch und Käse, Brot und Rotwein, was sie sich irgendwie beschafft hatten. Der Schmaus, gut und reichlich, hatte sie in gute Laune versetzt. Sie sangen, einige tanzten auch.

Hoch zu Ross nahte da Kolokotronis. Sie erkannten den Feldherrn schon von weitem, sprangen auf, liefen ihm entgegen und begrüßten ihn mit Jauchzen.

„Willkommen der Alte!" – „Hoch unser Führer!" – „Jetzt liegen die Feinde schon am Boden!"

Eine wildgewordene Menge umringte ihn. Einer hielt ihm einen Bissen hin, der zweite seinen Becher, bis zum Rande mit Wein gefüllt, der dritte sprang und tanzte vor ihm her. Die Ausgelassenheit der Leute kannte keine Grenzen. „Der

Alte“ sah sich das Treiben eine Weile an und überlegte. Dann sprang er vom Pferd. Er legte den Fez ab, setzte seinen roten Helm auf und ging auf eine nahegelegene Hütte zu, einen niedrigen Schuppen, an dessen Wand ein großer Steinhaufen aufgeschichtet war. Er sprang auf die Steine, erreichte mit einem Satz das Dach und blieb stehen. So stand er einen Augenblick da, grell beleuchtet von den flackernden Lagerfeuern. Imposant hob sich die mächtige Gestalt im roten Helm vom nachtschwarzen Himmel ab. Kolokotronis hob die Arme und wartete, bis sich der Lärm gelegt hatte.

Langsam wurde es still. Die Palikaren kamen näher, bis sie einen dichten Halbkreis um ihren Führer bildeten.

Da ergriff Kolokotronis das Wort:

„Ruhe, ihr Griechen! Wozu der Lärm? Wo glaubt ihr denn, dass ihr seid? Auf einem Hochzeitsschmaus? Auf dem Jahrmarkt? Wo habt ihr denn eure Frauen und Kinder gelassen? Wo eure Angehörigen? Haben sie euch in den Kampf geschickt, damit ihr hier ausgelassen feiern könnt? Sorgen sie aus der Ferne für eure Verpflegung und Bewaffnung? – Sie sind zu Hause geblieben und glauben, in Ruhe schlafen zu können. Und warum glauben sie das? Weil sie Vertrauen zu euch haben. Weil sie wissen, dass ihr sie bewacht und beschützt. Weil ihr da seid! Darum, reißt euch zusammen! Jetzt ist nicht die Zeit, Feste zu feiern. Die Wachen beziehen jetzt ihre Posten, die übrigen gehen schleunigst schlafen! Der morgige Tag wird kein Spaß sein. Es wird einen heißen Kampf geben. Morgen heißt es den Kopf hinhalten und sich schlagen wie die Löwen! Abtreten! Und morgen, beim Frühappell, fasst jeder seine Tagesration.“

Beschämt und ohne viele Worte gingen die Palikaren auseinander und löschten die Feuer. Bald war das Dorf in der Stille der Nacht versunken. Alles schlief, nur auf den Bergkämmen hielten die Posten Wache.

Am Ausgang des Dorfes, unter breit ausladenden Bäumen, lagerten Assimakis, Pliuras und ihre Kameraden. Die Hitze war unerträglich. Doch der lange Marsch von Salka hierher hatte sie so ermüdet, dass sie bald in tiefen Schlaf fielen.

Als sie erwachten, stand die Sonne bereits über dem Horizont. Die Bergfelsen glühten. Alle Anzeichen deuteten darauf hin, dass dieser Tag noch heißer werden würde als der vorhergegangene. Es war der Tag der Heiligen Paraskevi, 26. Juli. Am frühen Morgen schon versammelten sich die Palikaren vor dem Hause ihres Führers. Alles eilte zum Appell, den Kolokotronis persönlich abhielt. Die Flügelmänner zählten ihre Leute ab, teilten sie in Gruppen und stellten sie auf. Der große Platz war von Soldaten überfüllt. Erbarmungslos brannte die Sonne auf sie nieder. Die Palikaren waren schlechter Laune und murrten. Ein übler Geruch von Schweiß und Ungewaschenheit hing in der unbeweglichen Luft. Die Nerven eines jeden waren aufs äußerste angespannt. Jeder wusste, um was es ging, und jeder war bereit, sein Leben so teuer wie nur möglich zu verkaufen. Es herrschte Verwirrung. Die Palikaren rempelten einander, schrien und lamentierten ohne besonderen Grund. Vergeblich versuchten die Hauptleute, heiser vom vielen Brüllen, in dem wilden Haufen wenigstens einigermaßen Ordnung zu halten. Niemand gehorchte, niemand hörte auf sie. „Der Alte“ musste sich selbst ins Zeug legen, damit etwas Ruhe eintrat. Aber auch er schien müde und abgespannt zu sein.

Es war fast Mittag, und die Einteilung war noch immer nicht beendet. Oberhalb von Fichtia, jenseits des Höhenrückens, knallten plötzlich Gewehrschüsse. Auf einen Schlag verstummten alle und sahen zu Kolokotronis hin. „Der Alte“ spitzte die Ohren, horchte, aber rührte sich nicht. Bald knatterten weitere Schüsse, diesmal vom Westen her, und wieder andere – zuletzt aus allen Richtungen. Von den Höhen ringsum stieg schwarzer Rauch senkrecht in die heiße Luft. Das war das verabredete Signal: Dramalis räumte die Ebene von Argos, um sich nach Korinth zurückzuziehen.

Kolokotronis schlug ein Kreuz.

„Heilige Jungfrau! Dank für die Erleuchtung!“, murmelte er.

Mit drei gewaltigen Sätzen war er wieder oben auf dem Dach der Hütte, von wo aus er schon am Vorabend zu den Soldaten gesprochen hatte. In seiner roten Jacke leuchtete er wie ein ungeheurer Blutfleck im grellen Sonnenlicht vor dem tiefblauen Firmament. Er breitete beide Arme aus und rief:

„Hellenen! Heute wurden wir geboren, heute werden wir sterben! Heute ist der Tag der Entscheidung! Es geht ums Vaterland! Es geht um die Freiheit unserer Kinder! Hört, was zu tun ist: Ein jeder begibt sich rasch zu seiner Einheit und fasst Tagesration und Munition. Dann rüstet euch zum Kampf. Seid stark! Seid tapfer! Wer sich schwach fühlt, bleibe zurück. Er gehe auf die Höhe, die Agios Georgios gegenüberliegt. Dort soll er auf uns warten, mit allem, was uns beim Kampf im Weg ist: Das überflüssige Gepäck, die Pferde, die Mäntel, schafft alles dorthin, wie ich auch mein Zeug habe hinschaffen lassen. Wenn etwas schiefgehen sollte – was Gott verhüten möge –, sammeln wir uns dort. Merkt euch das gut, damit keiner ziellos umherirren muss.“ Nach einer kleinen Pause fuhr er fort. „Aber das ist nicht alles, was ich euch zu sagen habe. Heute erschien mir im Traume die Göttin des Glücks, die Göttin unserer Heimat. Sie verkündete mir, dass wir einen überwältigenden Sieg erringen werden. Einen so großen Sieg, wie es noch keinen in der Vergangenheit gab und keinen in Zukunft geben wird! Meine Zuversicht ist so groß, dass ich euch am liebsten sagen möchte: Lasst eure Waffen hier, wir werden sie nicht brauchen. Im ersten Ansturm werden wir den Türken ihre Waffen entreißen – und jeder einzelne von euch wird ein Vielfaches an Gegnern in die Flucht schlagen. Eure Beute wird unermesslich sein! Scheffelweise werdet ihr die Schätze Ali-Paschas unter euch aufteilen. Denkt immer wieder daran: Jedes Goldstück, das die Osmanen in Händen haben, ist christliches Geld. Ali-Pascha, der Tyrann von Epirus, hat dieses Gold euren christlichen Brüdern mit List und Gewalt geraubt! Gott, der Allmächtige, hat uns all das Gold und Gut hierhergeschickt, und wir werden die glücklichen Finder sein! Eines weiß ich: Morgen, zur gleichen Stunde, werde ich euch wiedersehen, mit türkischen Waffen in eurer Hand, auf türkischen Pferden reitend, mit ihren kostbaren Gewändern und Uniformen ausgestattet! Denn Gott ist mit uns! Seid unbekümmert, seid eures Sieges sicher! – Geht jetzt, tut, wie ich euch sagte, dann sammelt euch wieder, damit wir bald gemeinsam aufbrechen können!"

Sie brachen auf.

Voran zu Ross Kolokotronis. Dahinter das Heer. Weder Sonnenglut noch Müdigkeit konnten ihnen mehr etwas anhaben. Aller Augen funkelten in Hoffnung und Zorn. Lieder erklangen, alles jubelte, bis die Kehlen ausdorrten. So erreichten sie Dervenakia. Man hielt an. Kolokotronis teilte die Palikaren ein und verteilte sie nach seinem vorgefassten Schlachtplan. Die Elite verschanzte sich beim Ort Paliochano und bei Chryssokumaries. Er selbst, mit seinem Tross, einer kleinen, aber sehr tapferen Schwadron, besetzte Agrilovuno. Alles war kampfbereit.

Hauptmann Elias und seine zwanzig Palikaren befanden sich unter den vierhundert Mann, die nach Chryssokumaries abkommandiert worden waren. Auf Befehl von Kolokotronis hatten sie die vorderste Linie zu bilden, ganz nahe an der Straße, auf der die Türken vorbeiziehen mussten. Sie sollten von der Flanke her angreifen und dem Feind den ersten Stoß versetzen. Ein Husarenstück war das, das besonders furchtlose, draufgängerische Kerle erforderte. Die Order des Feldherrn war eindeutig und bis ins kleinste festgelegt: Das Feuer dürfe erst eröffnet werden, wenn „der Alte" selbst das Zeichen geben würde – ganz gleich, wie groß die Zahl der anmarschierenden Türken auch sein würde. Erst auf dieses Signal hin mussten sie sich auf den Feind werfen, gegen seine Flanke anrennen und im Nahkampf, Mann gegen Mann, die Mohammedaner niederkämpfen.

„Also, aufgepasst, meine Jungen!", ermahnte sie Hauptmann Elias. „Macht es gut! Von uns hängt alles ab! Wir entscheiden die Schlacht!"

Die Palikaren zuckten gleichgültig die Achseln. Sie brauchten keine Ratschläge, sie wussten, was sie zu tun hatten. Sie legten sich also in den steinigen Hängen flach hin und warteten. Die Blätter der Erdbeerbaumsträucher, die dem Ort Chryssokumaries seinen Namen gaben, waren verdorrt, nicht einmal ihren eigenen Zweigen konnten sie Schatten spenden, geschweige denn einem Soldaten. Die Palikaren lagen auf dem steinigen Boden und warteten. Je höher die Sonne stieg, desto schlimmer wurde es. Sie goss flüssiges Gold auf ihre Köpfe, auf Nacken und Rücken, versengte ihnen Brust und Bauch. Kein anderes Lebewesen hätte dieser Glut standhalten können. Welch Labsal wäre ein einziger kühler Tropfen für ihre ausgedörrten Kehlen gewesen! Der Durst wurde zur Folter. Anfangs wechselten die Palikaren noch dann und wann ein paar Worte; es war die Begeisterung des Marsches, die noch kurze Zeit anhielt, aber allzu bald verflog. Missstimmung stellte sich ein und schließlich unter dem anhaltenden Lavastrom der Sonne lähmende Erstarrung. Wie gerne hätten die Soldaten ein wenig geschlafen. Aber an Schlaf war nicht zu denken. Die Müdigkeit ließ sie die Hitze doppelt stark empfinden, ihre erschöpften Körper klebten am Boden, ihre Lungen waren wie ausgebrannt. Und der Schweiß rann in Strömen, durchnässte die Hemden, durchfeuchtete die Jacken. Die Füße steckten in den Schnabelschuhen wie in Wärmflaschen. Die Handflächen versengten sich am brennend heißen Gewehrlauf. Aber keiner stieß auch nur einen Seufzer aus. Mit flammenden Augen und rauchenden

Köpfen warteten sie die entscheidende Stunde ab. Sie lagen wie auf glühenden Kohlen, dazu ausersehen, den Kelch des Leidens bis zur Neige zu leeren.

Und Potulis Pliuras? Er litt vielleicht noch mehr als die anderen, aber er schwieg und ließ sich nichts anmerken. Die Strapazen und Entbehrungen der letzten Zeit hatten ihn zu Boden gedrückt, seine Nerven waren überreizt. Eine unbedeutende Kleinigkeit hätte genügt und er hätte die Nerven verloren. Das wusste der Thessalier. Er wusste, welch übermenschliche Beherrschung für ihn dazu gehörte, an dem Platz auszuharren, den man ihm zugewiesen hatte, dort zu bleiben, unbeweglich und schweigsam, unter der sengenden Sonnenglut, die ihn briet, auf dem lavaheißen Boden, der ihn in Flammen zu versetzen schien, unter dem Joch des Todes, der langsam, aber unerbittlich auf ihn zukam. Er wusste auch, dass er seine ganze Kraft zusammennehmen musste, um sich nicht an dem Punkt aufzugeben, bis zu dem er bisher nicht nur aus Pflicht, sondern auch aus Selbsterhaltungstrieb, aus primitivster Existenzangst gekommen war. Wenn es ihm jetzt gelang, dem Tod zu entgehen, war er endgültig gerettet. Aber einen anderen Weg, am Leben zu bleiben, gab es für ihn nicht. Doch seine Angst stieg von Minute zu Minute. Er fürchtete die bevorstehende Schlacht. Er fürchtete den Tod durch Feindeshand noch mehr als den natürlichen Tod, der vielleicht noch auf sich warten lassen würde. Es gibt Augenblicke, in denen die Logik versagt, das Vorstellungsvermögen erlischt und nur noch das Empfinden und kurzsichtige Angst regieren. Der Verstand des Pliuras hörte auf zu arbeiten, als ob die mörderische Sonne seine Willenskraft verbrannt hätte. Doch sein Gefühl begann sich mit übermächtiger Intensität, angenehmen Vorstellungen hinzugeben. So sehr auch sein armseliger Körper auf dem heißen Boden schmorte, tauchte die erste Vision vor ihm auf: Wasser! Er musste Wasser haben, er wollte Wasser haben, um jeden Preis! Wasser, um den Brand in seiner Kehle zu löschen! In seinen blutgefüllten Schläfen hämmerte es, in seinen Ohren rauschte es, rhythmisch sich wiederholend, das eine Wort: Wasser – Wasser – Wasser.

Schließlich aber wurde die Vision von einer zweiten abgelöst: Schatten ... Schatten. Nur dass sie durch einen konkreten Anreiz hervorgerufen worden war. Nahe der Stelle, an der Pliuras lag, erhoben sich einige kleine Bäumchen, die im Umkreis ihrer Äste so etwas wie eine Spur von Schatten spendeten. Pliuras hatte die Bäume gesehen, jetzt sah er sie nicht mehr. Er hatte nicht mehr den Mut, seinen Kopf dorthin zu wenden. Aber ihr Bild war unauslöschlich seinem Gedächtnis eingeprägt. Wenn er aufstehen könnte, wenn er aufstehen dürfte, würde er unter diese Bäumchen kriechen ... unter diese Bäumchen ... Bäumchen ... Bäumchen. Nun war er von diesem neuen Wort wie besessen. Seine Bedeutung war vielleicht schwächer als die des vorhergegangenen, aber seine Wirklichkeit lag näher. Zudem wusste er, dass er gar nicht bei dem Bäumchen bleiben würde, wenn er sich einmal dorthin aufmachen würde, er würde geradeaus weitergehen, fortgehen ... fortgehen. Und damit war er bei der Vision der Flucht. Er sah sich jetzt selbst ganz deutlich auf der Flucht. Flucht ... Flucht ... Flucht ... hämmerte es in seinem Kopf. Flucht ... aber wohin? Eine solche Frage quälte ihn nicht. Der Verstand hatte ja ausgesetzt, um der Fantasie freien Lauf zu lassen. Nur fliehen ... Alle Wege standen offen, schöne Wege, schattige Wege, beschattet von riesigen, dichtbelaubten Bäumen. Am Fuße eines jeden Baumes rauschte eine klare Quelle. Er ging weiter, von Baum zu Baum, von Quelle zu Quelle, ruhte an jedem Baum und trank aus jeder Quelle. Er trank das kristallklare Wasser nicht mehr, weil er durstig war, sondern er trank es aus purem Wohlbehagen. Und die Straßen hatten kein Ende, sie waren einfach Straßen, dazu ausersehen, von glücklichen, sorglosen Menschen begangen zu werden, Straßen, die glücklichen, freien Menschen den Weg heraus aus der engen Wirklichkeit einer düsteren Welt wiesen.

Die schlimmste Wirklichkeit dieser düsteren Welt war der Tod. Der Mensch wird geboren, um zu leben. Er will leben. Er tut, was er kann, um an der Seite anderer Menschen glücklich dahinzuleben. Aber die anderen Menschen sagen ihm: „Du wirst sterben ..." – „Du wirst sterben ..." – „Du wirst sterben." Da fragt der Mensch erstaunt: „Warum?" Und sie antworten: „Es gibt viele Gründe: Schuld, Pflicht, Sklaverei, Freiheit, Gott und Mensch ... Leben und Tod ... Tod ... Tod ... Tod."

Der Tod ... Gott gab dem Menschen das Geheimnis des Todes mit auf den Lebensweg, um ihm das Leben zu vergällen. Gott sagte: „Du musst leben, um zu sterben!" Und die Menschen hörten ihn: Du musst sterben ... musst sterben ... musst sterben. Und nun setzte sich das Wort, das neue Wort in seinem Hirn fest: musst sterben ... musst sterben ... Das war das neue Leitmotiv, das in den Schläfen des Potulis Pliuras hämmerte. Gleichzeitig überfiel ihn eine lähmende Erstarrung. Aber er schlief nicht. Noch immer war er bei klarstem Bewusstsein und erkannte deutlich die Wirklichkeit, die ihn umgab. Die Sonnenstrahlen bohrten sich wie Dolche in seinen Rücken, die Kieselsteine schnitten seine Haut, Ameisen liefen kreuz und quer über seine Handrücken, der ausgedörrte Boden strömte einen scharfen Geruch aus, der sich mit dem der Ausdünstung seines schwitzenden Körpers vermengte. All das konnte er deutlich empfinden. Nur die Geräusche kamen merkwürdig entstellt an sein Ohr: leise Gesprächsfetzen seiner Kameraden, Bienengesumm, das sich anhörte wie das Raunen einer fernen Volksmenge; sie drangen ungeheuer verstärkt an sein Trommelfell, sie kamen in hallenden, klangreichen Wellen, die dem Rhythmus seiner pulsierenden Schlagadern folgten. Und chaotisch hämmerte es in ihm weiter: musst sterben ... musst sterben ... musst sterben ...! In Wahrheit hatte ihn dieses Wort seit achtzehn Monaten schon tyrannisiert. Denn ein und ein halbes Jahr befand er sich schon in diesem heißen Ringen mit dem Tod. Musst sterben ... – musst leben ... musst leben. Wenn du sterben musst, so sagte es in ihm, so stirb doch endlich! Was aber zu deiner Rettung getan werden kann, soll geschehen ... soll geschehen ... soll geschehen! sang es plötzlich in ihm, soll geschehen ...! Diese beiden Worte durchdrangen ihn nun immer intensiver und bewiesen ihm, welchen Grad seine Mattigkeit und Schwäche schon erreicht hatten. Die Saite seines Lebens war fast schon überspannt, die natürliche Widerstandsgrenze war fast schon überschritten, nun war der Augenblick gekommen, da jede Energie erlahmen musste.

Der Mensch, der um die Erhaltung seines Lebens kämpft, wünscht sich am Ende, von Überanstrengung übermannt, die Erlösung, den Tod. Er glaubt plötzlich, dass Kapitulation menschlicher sein kann als Kampf. Mit der Wiederkehr der Vitalität, mit dem Erwachen des Lebensinstinkts aber wird ihm klar, dass er sich mit allen Mitteln am Leben erhalten muss, dass er mit allen Mitteln jene negativen Kräfte bekämpfen muss, die ihm den Tod als Erlösung vorgaukeln. Leben! ... Leben um jeden Preis! ... um jeden Preis! ... um jeden Preis!

Gerade als diese neue Vorstellung ‚Leben um jeden Preis' vom Thessalier Besitz zu ergreifen begann, erscholl hinter ihm ein Ruf.

„Die Türken! Die Türken kommen!"

Aufgeschreckt, gedankenverloren, aber dennoch irgendwie besonnen, begann sein Verstand zu arbeiten: Die Türken sind die Menschen, die ihn töten wollen. Er will nicht sterben. Er will leben. Um leben zu können, muss er weggehen, dorthin, wo die Türken ihn nicht finden. Also muss er weg von den Türken, in entgegengesetzte Richtung, aus welcher die Türken kommen. Der Ruf: „Die Türken kommen!" erscholl von hinten. Die Stimme ertönte hinter seinem Rücken. Also sind dort die Türken aufgetaucht, also musste er ihnen nach vorn entfliehen. Also, vorwärts und abgehauen!

Instinkte arbeiten logisch. Gedanken und Tat reihen sich in zwingender Folgerichtigkeit aneinander. Nichts konnte mehr den Gang der Geschehnisse aufhalten. Potulis Pliuras sprang vom Boden auf, stürzte nach vorn, lief, lief, um den Türken zu entfliehen, die von hinten heranrückten, um ihn zu töten.

Doch er hatte sich geirrt. Die Türken kamen nicht von dort, wo er sie erwartete, sondern aus der entgegengesetzten Richtung. In seiner Verwirrung hatte er nicht daran gedacht, dass der Rufer, der den Feind angekündigt hatte, auf einer Anhöhe gestanden haben musste, auf einem höher gelegenen Ort jedenfalls als er und seine Kameraden von der vordersten Front. Er hatte in seiner Aufregung übersehen, dass die Türken aus gar keiner anderen Richtung kommen konnten. Er wusste darum nicht, dass er, statt vor ihnen zu flüchten, ihnen in die Arme lief.

Plötzlich versperrten ihm vier türkische Reiter den Weg. Sie hielten die Pferde an und blickten verblüfft auf den Wahnsinnigen, der sich in wildem Lauf auf sie stürzte. Sie fassten es nicht, konnten nicht fassen, was hier wirklich passierte. Ein einzelner Mann wollte sie angreifen? Da zogen sie etwas erstaunt ihre krummen Säbel.

Auch Pliuras hielt im Laufen inne. Auch er konnte es nicht fassen: Diese Türken kamen von der falschen Seite. Wie ging das zu? Was sollte er tun? Wieder wenden? Die vier Reiter würden sich auf ihn stürzen und ihn töten. Er wollte nicht sterben, er wollte sich retten! Es gab aber jetzt nur eine Rettung: den Türken zuvorkommen, die Türken töten, bevor sie ihn töteten! Sie hatten die Säbel gezogen. Da gab es nur eines, auch den Säbel ziehen. Mit wildem Kriegsgeschrei fiel er über sie her und begann zuzuschlagen ... zuzuschlagen ... zuzuschlagen!

Er massakrierte alle vier. Dem ersten schlitzte er den Bauch auf; dem zweiten schlug er die Hand ab, seinen Säbel stieß er tief in den Pferdeleib des dritten, sodass das Tier im Sturz seinen Reiter zu Boden riss; der vierte wollte fliehen, aber Pliuras jagte eine Pistolenkugel hinter ihm her, die ihn durchbohrte.

Es folgte ein wüstes Durcheinander. Von Dervenia her erschienen noch andere Türken, viele Türken, alle den Säbel in der Hand, alle mit nur einer Absicht, Potulis Pliuras zu töten. Aber sie schafften es nicht. Pliuras kam ihnen zuvor und schlachtete sie, einen nach dem anderen, ab. Wahr ist, dass plötzlich noch andere hinzukamen, ihm zu helfen. Da war plötzlich Georgikopulos und der Schäfer Assimakis und viele andere Griechen, die sich auf die Türken stürzten. Aber er hatte sie nur einen Augenblick gesehen. Er hatte keine Zeit, auf sie zu achten, er hatte seine eigene Aufgabe zu erledigen, die keine Ablenkung zuließ. Er musste sein Leben retten. Und er schlachtete weiter, schlachtete Türken, schlachtete Türken. Er vergaß, dass er um sein Leben kämpfte. Er meinte plötzlich, sein Leben sei nicht mehr in Gefahr. Und sollte es möglicherweise doch in Gefahr sein, dann machte ihm das nichts mehr aus. Er empfand es nicht als schrecklich, Menschen niederzumetzeln und Knochen zu zertrümmern. Und dann das Blut! Das Blut, mit diesem eigenen Geruch! Sein ganzer Körper war über und über besudelt mit Blut und verspritztem Hirn. Doch das störte ihn nicht. Was ihn wirklich störte, war das dumme schwarze Tuch, das sein halbes Gesicht verdeckte. Mit einem Handgriff riss er es herunter und warf es weit von sich. Das linke Auge glänzte unversehrt im Sonnenlicht. Nun hatte er endlich wieder seine beiden Augen! Und er konnte wieder richtig sehen! Er konnte besser zuschlagen! Und er tötete weiter. Der Boden war bedeckt mit toten Türken. Sicher balancierte er geschickt auf den Leichen, auf dieser angenehm federnden, elastischen Masse! – Inzwischen begann es Abend zu werden, die Luft kühlte sich allmählich ab. Das machte die Arbeit leichter und weniger anstrengend.

Wie lange dauerte das nun schon? Er wusste es nicht. Er befand sich in einem Rausch. Noch nie in seinem Leben hatte er ein so starkes, so beglückend kraftvolles Gefühl empfunden. Wissen und Gewissen waren ausgelöscht. Einsam und nackt lebte er in der großen Wollust des Tötens. Er atmete die Abendluft, er sah die veilchenfarbenen Schatten die Berghänge überziehen, und er sang! Er brüllte ein Lied in die Welt, ein Lied der primitiven, urigen Freude. Seine geschlossene Hand war mit dem Säbelknauf eins geworden, die Muskeln des rechten Armes schmerzten schon vom unablässigen Zuschlagen, das schon fast mechanisch geschah. Er hatte Durst, er hatte Hunger – aber er hatte jetzt für nichts anderes Zeit als fürs Töten!

Auf einmal – spukartig fast – war der Rausch verflogen. Das Bewusstsein kehrte zurück, er konnte denken. Er begriff, was geschehen war. Erschüttert, erschrocken fragte er sich:

„Wer bin ich? Wo bin ich? Was habe ich getan? Was werde ich noch tun?"

Alle Nerven vibrierten in seinem Körper. Er wandte sich um, er sah um sich, er sah ringsum die Toten. Plötzlich hatte er nur einen Gedanken: Fort von hier! Nur fort!

Aber er blieb wie angewurzelt stehen, er konnte sich nicht rühren. Plötzlich stand Kolokotronis vor ihm. Wie aus dem Boden gewachsen, unbeweglich, den roten Helm über eisgrauem Haar. Ihm zur Seite stand Georgikopulos, der mit ausgestreckter Hand auf ihn wies.

„Der ist es!"

Da zerbrach etwas in Potulis Pliuras. Das war das Ende. Er wusste es, und es war ihm gleichgültig. Was geschehen musste, sollte geschehen. Ruhe finden? Entkommen? Sterben? Ihm war es einerlei. Er warf seinen Säbel zu Boden und sagte mit fester, beinahe draufgängerischer Stimme:

„Ja, ich bin es, ich bin Michalos Russis! Ich bin es, der Abtrünnige, der Verräter. Tötet mich also, damit ich endlich Ruhe habe, damit wir alle endlich Ruhe haben.“

Kolokotronis schritt langsam auf ihn zu. Aber er tötete ihn nicht. Er stand nun ganz nahe vor ihm, blickte ihm tief in seine beiden Augen, dann warf er die Arme um ihn und küsste ihn, auf die rechte Wange, auf die linke Wange und sagte: „Deine Schuld ist gesühnt, Michalos Russis! Du bist kein Verräter, du bist kein Abtrünniger! Du bist ein Grieche! Du bist ein Held!“

Michalos erstarrte. Er konnte nichts begreifen. Dann stürzte er wie ein gefällter Baum zu Boden.

Er konnte sich nicht mehr auf den Beinen halten – vor Lachen, vor unsinnigem, unbändigem Lachen, das ihn plötzlich überfallen hatte. Er lachte schallend, er verschluckte sich, er erstickte beinahe, der Herzschlag drohte auszusetzen.

Er war ein Held! Ein Held! So also wurde man zum Helden! So also sahen Helden aus! Es war ihm, als müsste er bersten vor Lachen!

FÜNFZEHNTES KAPITEL

Die Heimkehr des Helden

Der August brachte frische Passatwinde aus dem Nordosten und Südwesten. Die unerträgliche Hitze begann nachzulassen, und mit ihr schwand die Angst vor der Katastrophe. Die Peloponnes atmete wieder und freute sich ihrer Freiheit. Dramalis' großes Heer vermoderte in der Schlucht von Dervenakia. Das geschlagene Osmanische Reich sann auf Rache. Aber die Stunde der Vergeltung war noch nicht gekommen, und die Herzen der Griechen fassten neuen Mut. Die Gefahr war vorüber, es kam für sie die Stunde der Abrechnung.

Und es gab sehr vieles abzurechnen. Nach seinem gewaltigen Sieg war jetzt Kolokotronis der allmächtige Mann. Das gesamte griechische Volk stand hinter ihm. Die feigen und unfähigen Kotzambassides waren verschwunden, sie hatten sich in ihre Schlupfwinkel verkrochen, um vorläufig unsichtbar zu bleiben. Das Feld überließen sie den Offizieren und dem Heer. Im Geheimen freilich hofften sie, auf krummen Wegen wieder zum Zuge zu kommen und dann ...

In Kastropyrgos waren die Verhältnisse besonders unübersichtlich. Petros Mothonitis hatte sich in sein Haus in Vatitsa zurückgezogen und ließ sich nur selten in der Nachbarschaft sehen. Er war nun zu einem liebenswürdigen Leisetreter geworden, zu einem zuvorkommenden Süßholzraspler. Die Kastropyrgioten und die Vatitsaner, die er ein Jahr lang wie Zitronen ausgepresst hatte, fasste er jetzt mit Samthandschuhen an. Lukas Pyros, der türkischen Besitz für einen Spottpreis übernommen hatte, spielte noch immer den Bemitleidenswerten. Er mischte sich wieder unter die Leute und erinnerte sich plötzlich, dass er einen Freund hatte, der Michalos Russis hieß. Ständig sprach er von ihrer Freundschaft und herzlichen Brüderlichkeit. Bischof Dorotheos war wieder ganz Priester und Seelsorger. Er besann sich, dass er ein Diener Gottes war, Hirte einer christlichen Herde, und dass es zu den vornehmsten Aufgaben der Kirche gehörte, die in Streit geratenen und verfeindeten Griechen wieder auszusöhnen. In seiner Kirche sang er ein feierliches Tedeum für den Sieg bei Dervenakia und sprach mit überzeugendem Pathos von dem „großen Sohn von Kastropyrgos", dem ruhmreichen Michalos Russis.

Die Burg von Kastropyrgos, Michalos' Heim, sah wieder freundlichere Tage. Länger als ein Jahr war sie im Dunkeln gelegen, die Fenster verschlossen, geächtet und verflucht. Nur spät nachts hatten es einige mutige Frauen gewagt, durch einen Seiteneingang in die Burg zu gelangen, um der armen Evangelia, die, wie ein lebender Leichnam, beschämt und betrübt durch die vereinsamten Räume gewandelt war, ein wenig Gesellschaft zu leisten. Zu ihrem Glück hatte sie wenigstens Andreas Merssinis zum Vater, sonst hätte sie in Kastropyrgos wohl kaum bestehen können. Aber so war sie die Tochter des Oberbefehlshabers von Trifylien, die keiner zu belästigen wagte.

Jetzt aber stand das große Tor wieder offen. Die Fenster waren erleuchtet, die Räume voller Besucher. Viele Menschen, gute Bekannte von ehedem und solche, die beinahe fremd waren, erinnerten sich der alten Freundschaft oder einstiger Verpflichtungen und gemeinsamer Interessen. Mit einem Lächeln auf den Lippen erschienen sie, um zu gratulieren, um Zeugnis abzulegen für ihre unerschütterliche Treue, oder einfach, um mit geheuchelter Bescheidenheit an ihre Existenz zu erinnern. Die Frau des Kotzambassis empfing alle mit freundlichen Worten und ehrwürdiger Haltung, aber niemals sah man ein Lächeln auf ihren Lippen. Ihre Augen waren umschattet, ihr Blick schwermütig, als habe sie sich von der Welt losgesagt. An ihrer Seite stand eine Frau, die niemand kannte, ein schönes Mädchen, etwa achtzehn Jahre alt, hochgewachsen, mit braunem Haar. Ihre Miene verriet Verbitterung. Wenn Frau Russis sie vorstellte, sagte sie nur: „Hier Vangelio, meine Verwandte aus Panochora." Aber weder die Kastropyrgioten noch die Panochorioten hatten jemals etwas von dieser Verwandten gewusst. Die beiden Frauen schienen im Übrigen herzlich befreundet zu sein, und wenn sie sich zusammen unterhielten, spürte man ein inniges gegenseitiges Verständnis. Einzig Aspasia Trukas, Michalos' Tante, die im Hause ein- und ausging, behandelte die Neugekommene mit großer Distanz, wenn auch nicht ohne Achtung.

Die eigentliche Führung in Kastropyrgos lag aber offensichtlich in den Händen des Dieners Panagos, der aber seine Macht niemals missbrauchte und nach wie vor taktvoll und zurückhaltend war. Doch wenn er über den Markt ging, grüßten ihn alle mit Achtung. Einer, der sich auch nicht geändert hatte, war Manolis Trukas. Er war immer ernst und schweigsam. Er lachte nie. Stundenlang saß er da, mit der runden Matrosenmütze auf seinem Arvanitenschädel, und sog an der Nargileh. Die Zisterne, die einstens mit Talern gefüllt gewesen war, war nun fast leer, aber auch das konnte ihn nicht aus der Ruhe bringen. Sein ältester Sohn stand bei Admiral Miaulis in Diensten, sein zweiter bei Tombassis. Sein eigenes Schiff war in einem Gefecht gegen türkische Segler, draußen vor Mylos, schwer beschädigt worden. Jetzt lag es zur Reparatur auf einer Werft. Der Kapitän wartete nur darauf, den Kampf zur See wieder aufnehmen zu können.

So sah es im August des Jahres 1822 in Kastropyrgos aus. Da ging am Abend des Himmelfahrtstages ein Wort von Mund zu Mund und verbreitete sich wie ein Lauffeuer.

„Michalos kommt!"

Die Aufregung war ungeheuer. Besonders im Kaffeehaus begann ein großes Fragen: Wer hatte es zuerst gemeldet? Wie hat man es erfahren? Niemand wusste eine sichere Antwort. Ein Mann aus Liguri hatte erzählen hören, dass Michalos mittags beim „Heiligen Elias“ gesichtet worden sei. Das Gerücht wandelte sich von Stunde zu Stunde. Jeder fügte etwas hinzu oder verdrehte etwas. Kam Michalos nun oder kam er nicht? Furcht spiegelte sich auf den Gesichtern der Anhänger des Mothonitis. Sie versuchten zu ergründen, woher der Wind wehte.

Der Mond stand schon am Himmel, als ein Bauer atemlos auf dem Marktplatz erschien: „Michalos kommt! Michalos kommt!“

Man umringte ihn, man fragte:

„Kommt er?“ – „Woher weißt du es?“ – „Wer sagt es?“ – „Hast du ihn gesehen?“

„Mit eigenen Augen hab’ ich ihn gesehen“, erzählte der Bauer. „Er reitet die Straße von Sinano herauf, auf einem Schimmel. Fünfhundert Palikaren, Fußvolk und Reiter, begleiten ihn. Ich arbeitete auf meinem Feld, am ‚Alten Brunnen‘. Als ich mich aufrichtete, sah ich ihm gerade ins Gesicht. Er rief mir zu: ‚Lauf schnell nach Kastropyrgos und sage den Leuten, dass ich komme und dass ich nicht in ihrer Haut stecken möchte. Und hier, für deine Mühe!‘ Damit warf er mir fünf Goldstücke zu. Da sind sie!“

Voll Stolz zeigte er die fünf goldenen Münzen vor – ein untrüglicher Beweis, dass er die Wahrheit sprach.

Die Kastropyrgioten sahen sich an: Michalos mit fünfhundert Palikaren unterwegs? Und er möchte nicht in unserer Haut stecken? Wie mag es uns ergehen?

„Lauf weiter und bring seiner Frau die Nachricht. Dort erst ist dir ein ehrlicher Dank gewiss!“, rief da einer mit leisem Spott dem Bauern zu.

„Ja, du hast recht, daran hab’ ich nicht gedacht.“

Und fort war er. Die Zurückgebliebenen saßen betreten herum. Was sollten sie tun? Ihr Gewissen regte sich. Denn es gab keinen unter ihnen, der nicht gelegentlich in nähere Beziehung zu Mothonitis getreten war, der sich nicht irgendwie mit ihm eingelassen, der nicht irgendwann Michalos einen Verräter geschimpft und sich an seinem Hab und Gut vergriffen hatte. Und jetzt kehrte dieser bisherige Verräter mit fünfhundert Palikaren als Held zurück! Und er wollte nicht in ihrer Haut stecken, hatte er gesagt!

Nur einer ließ sich nicht aus der Ruhe bringen: Kapitän Manolis. Ihn fragte man:

„Was wird geschehen, Kapitän? Was sollen wir jetzt tun?"

Der Alte nahm gemächlich das Bernsteinmundstück seiner Wasserpfeife aus dem Mund und meinte:

„Steckt Lichter an! Hängt Laternen auf! Ruft alle zusammen, Groß und Klein, reich und arm, und bereitet dem Helden von Dervenakia den Empfang, den er verdient!"

Und er rauchte weiter und verfiel wieder in sein Schweigen.

Da kam ein zweiter Bote mit neuer Nachricht: „Draußen vor Liguri traf ich ihn, mit tausend Palikaren! Ich soll dem Bischof ausrichten, dass er ihm den Bart, Haar für Haar, ausreißen wird! Und den Mothonitis will er aufspießen."

Da wurde es allen klar, dass es böse um sie bestellt war und dass sie es mit dem Helden von Dervenakia nicht ganz leicht haben würden.

An diesem Abend befand sich zufällig auch Petros Mothonitis in Kastropyrgos. Er war zur Geburtstagsfeier seiner Schwester gekommen und hatte die Absicht gehabt, einige Tage in der Stadt zu bleiben. Er war eben dabei, sich zum Abendbrot zu setzen, als Michalos' Drohung ihn erreichte. Beim Wort „aufspießen" erstarrte er vor Schreck, beherrschte sich aber. Ein hartherziger und durchtriebener Mensch wie er, mit allen Wassern gewaschen, war nicht so leicht aus der Ruhe zu bringen. In eine derart schwierige Lage, in die er sich obendrein selbst hineinmanövriert hatte, war er aber noch nie in seinem Leben geraten. Er hatte den Bogen überspannt, weil er geglaubt hatte, Michalos sei für alle Zeiten erledigt. Nie wäre ihm der Gedanke gekommen, dass dieser geächtete, verachtete Verräter eines Tages siegreich, lorbeerbekränzt, allmächtig, als rachedürstender Held in seiner Heimat einziehen könnte, um Sühne zu fordern. Die Lage war schwierig. Es war nicht einfach, die beste Lösung zu finden. Er musste sich zunächst mit Dorotheos verständigen, der nicht nur sein Freund, sondern auch sein Komplize war.

Er erhob sich also vom Tisch und eilte ins Bischofsamt. Er traf Dorotheos geruhsam in die Lektüre eines heiligen Buches vertieft. Der Bischof war wahrhaftig ein Mann Gottes – wenigstens in letzter Zeit ...

„Hast du gehört?", fragte Mothonitis erregt.

Mit einem Blick gab Dorotheos ihm zu verstehen, dass er alles wisse, aber in Anwesenheit des Diakons nicht reden wolle. Auch dieser begriff, schlug schweigend ein Kreuz und verließ mit einer Verbeugung das Zimmer.

„Was sollen wir also tun?", fragte Mothonitis ängstlich, kaum dass sie allein waren.

Dorotheos hob die Augen zum Himmel.

„Das weiß nur Gott, mein Sohn!"

„Gott mag es wissen", gab Mothonitis gereizt zurück, „aber wir, wir wissen es nicht. Oder willst du mich jetzt gar im Stich lassen?"

„Wir sind alle in Gottes Hand."

Mothonitis bebte.

„Ich weiß nicht, wie ich deine Worte deuten soll, Priester! Willst du dich am Ende von jeder Schuld reinwaschen?"

„Warum reinwaschen? Meine Hände sind rein. Nicht ein Tropfen Blut klebt an ihnen."

„Lass endlich deine pfäffische Verlogenheit und sei ehrlich: Lässt du mich jetzt im Stich, um für dich freie Bahn zu haben? Gut! Dann werde aber auch ich alles sagen, was es zu sagen gibt. Denn es kann noch so mancherlei Überraschungen geben ..."

„Wenn es keine Überraschungen gäbe, befänden wir uns nicht in dieser wenig beneidenswerten Lage."

„Gut. Aber was ist dein Fazit?"

„Ich habe Bilanz gezogen. Ich werde alles aufs Spiel setzen, ich habe bereits alles riskiert."

„Du willst mich wohl für dumm verkaufen?"

„Ich habe noch nie einen Menschen verraten, weder Freund noch Feind."

Mothonitis lachte auf.

„Niemanden? Und wer hat Michalos nach Tripolis geschickt, damit ihn die Türken abschlachten? Kannst du mir das vielleicht sagen?"

„Darauf kann ich nur antworten: Wem hätte es genützt, wenn das schändliche Verbrechen wirklich verübt worden wäre? Mit Gottes Hilfe kehrt nun aber der teure Michalos wohlbehalten, ruhmreich, allmächtig in seine Heimat zurück. Es ist unsere Pflicht, die demütige Pflicht der Geistlichkeit, ihn so zu empfangen, wie es ihm gebührt. Die griechisch-orthodoxe Kirche freut sich und jubelt, weil ein Mitglied ihrer Gemeinde als glorreicher Held in ihre Arme zurückkehrt."

„Du bist ein großer Ziegenbock!", zischte Mothonitis.

„Und du ein Dummkopf. Gib endlich auf. Versteck dich eine Weile, bis der Sturm sich gelegt hat. Vertraue auf Gott und seine Priester! Wir haben nicht umsonst achtzehn Jahre lang im Phanarion studiert ..."

Mothonitis begriff. Ein kaum merkliches Lächeln umspielte seine Mundwinkel, als er erwiderte:

„Nun, dann ziehe ich mich zurück auf das Grundstück meines Gevatters Konstantopulos, oben auf dem Gerakovuni. Wenn du mich brauchst, lass mich rufen ..."

„Viel Glück. Aber ich glaube nicht, dass ich dich brauchen werde. – Ich wünsche dir eine angenehme Reise."

Als Mothonitis gegangen war, atmete Dorotheos mit einem tiefen Seufzer auf. Dann senkte er den Kopf und überlegte. Nach einer Weile erhob er sich und klatschte in die Hände. Der schwarze Schatten des Diakons wurde an der Tür sichtbar.

„Arsenios!“, begann der Bischof, „ich habe eben erfahren, dass mein lieber Michalos eintrifft, der Sieger von Dervenakia, der das Heer des Dramalis vernichtet hat. Wir wollen ihm einen ehrenvollen Empfang bereiten. Ich habe alle Priester angewiesen, so schnell wie möglich hierherzukommen. Die prächtigsten Gewänder sollen sie tragen, als wenn es Ostern wäre. Lege auch mir die Festgewänder zurecht und sorge für Standarten, Baldachine, geflügelte Engelsköpfe, die Cherubinen und die bunten Altarkerzen. Nun geh! ... Oder warte noch: Vergiss auch nicht das altehrwürdige Bild der Gottesmutter und die in Gold gebundenen Evangelien!“

Als Russis die Höhe des „Heiligen Elias“ erreicht hatte, zog er die Zügel des Pferdes an und blickte in die Tiefe. Weit dehnten sich ihm zu Füßen Feld, Flur und Wiese, sein Besitz, soweit er nicht den Türken gehört hatte. Doch nun würden auch diese in sein Eigentum übergehen – jetzt, da er als der Sieger heimkehrte. Heimkehr! Das Ziel, für das er anderthalb Jahre erbittert gekämpft hatte. Im Grunde war es vielleicht nicht die Heimkehr, für die er gekämpft hatte, sondern sein Leben. Alle Kräfte der Welt, Mensch, Natur und Schicksal, hatten sich gegen ihn verschworen, hatten sich gegen ihn erhoben, wollten ihn vernichten. Aber er wollte nicht sterben. Das war sein Wille gewesen. Zunächst natürlich hatte er nur sein nacktes Leben retten wollen. Aber später wollte er mehr, wollte er sich dieses Lebens auch erfreuen. Ganz in der Ferne war aber noch ein Ziel gelegen, fast unerreichbar fern: Er hatte oftmals von dem Augenblick seiner Rückkehr nach Kastropyrgos geträumt, hatte mit dem Gedanken gespielt, aber nie so recht an die Erfüllung geglaubt. Wie oft war ihm doch oben in seiner Bergeinsamkeit der Gedanke gekommen, sich quer durchs Land an die Westküste durchzuschlagen, ein Boot zu heuern und nach der Insel Zante hinüberzusegeln, die damals unter englischer Herrschaft stand. Es wäre nicht unmöglich gewesen. Er hatte es aber unterlassen, weil er tief in seinem Innersten wusste, dass sein Leben, so viel es auch an sich wert sein mag, nur in der gewohnten Umgebung seine eigentliche Erfüllung finden könne, mit der es gesellschaftlich und materiell mit allen Wurzeln verbunden war: in Kastropyrgos, wo die Wiege seiner Ahnen gestanden, wo die Grundlage seiner Macht lag. Er hatte also für zwei Ziele gekämpft: Leben und Heimkehr.

Beide Ziele hatte er erreicht, durch eisernen Willen – wenn auch Glück und einige hilfreiche Menschen ihm zur Seite gestanden hatten. Selbst ein vernünftiger Mensch, der mitten im Lebenskampf alles, auch sich selbst, mehr oder weniger objektiv beurteilt, gerät leicht auf Abwege und zieht die eitelsten Trugschlüsse, wenn die Gewissheit nahen Erfolges greifbar ist. Dann sieht er über die Verdienste aller anderen hinweg und berauscht sich gerne hochmütig an seiner vermeintlichen Tüchtigkeit, der alles zuzuschreiben und zu verdanken sei.

Erlag nun Michalos auch solchem Wahn, in dem der Kern neuer Katastrophen liegt? Zu seinem Glück nein. Seine etwas kraftlose und skeptische Natur ließ ihn die Dinge in etwa so sehen, wie sie waren. Er besaß jene heilsame Selbstkritik, die das Kennzeichen schwacher, aber kluger Menschen ist. Er wusste, dass nur das glückhafte Zusammentreffen günstiger Umstände und vor allem Vangelio, jener Engel mit der jungfräulichen Seele in einem geschändeten Körper, ihn dorthin gebracht hatten, wo er sich jetzt befand: auf dem Gipfel des „Heiligen Elias“, umgeben von hundertundfünfzig Palikaren – denn mehr waren es nicht. Er wusste auch genau, dass sein „Heldentum“ ein großer, tragikomischer Irrtum war. Im Buch der Geschichte würde er stets neben Kolokotronis und Nikitaras als der „Held von Dervenakia“ genannt werden. Er selbst aber weigerte sich, sich auf dieses Heldentum, das nie existiert hatte, etwas einzubilden. So schob er alle Gedanken eitler Selbstbeweihräucherung beiseite und besann sich auf die Zukunft. Vorerst aber lechzte er nach Rache. Rache war der einzige Luxus, den er sich in dieser Lage gönnen wollte.

Rache schützt den Rächer, sie bildet einen Schutzwall um ihn. Ängstliche Menschen sagen sich: Er rächt sich – hüten wir uns, ihm zu schaden! Die Angst allein genügt nicht. Rache muss in Tat umgesetzt werden, wenn es gilt, eine Machtposition zu erreichen oder zu festigen. Michalos Russis hatte dies oft und intensiv zu spüren bekommen. Er würde nie zulassen, dass ihm die Macht wieder entglitt, die das launische Schicksal nun einmal in seine Hände gespielt hatte.

Der Gedanke an Vergeltung ließ ihn, dessen Herz im Kampf und in der Angst hart geworden war, nicht mehr los. Die alte Welt, gefangen im Morast der Unbeweglichkeit osmanischer Prägung, war tot. Die Menschen waren zu einer neuen Wirklichkeit erwacht. Bisher hatte jeder den ihm zustehenden Platz gekannt. Heute herrschte Freiheit, und jeder hatte das Recht, sich eine bessere Stellung zu erkämpfen. Die Hungernden begannen zu hoffen, aber die Satten mussten sich fürchten! Das wussten auch die Kotzambassides, die darum versuchten, das soziale System der Türken im neuen Griechenland beizubehalten. Sie wussten Vieles, aber das Wichtigste wussten sie nicht: dass sich über einer alten Schlangengrube kein neues Haus bauen lässt. Es ist nicht ratsam, ein neues Gebäude mit alten Steinen aufzurichten, denn die Schlangen, ihrer Verstecke beraubt, erobern sich als neue Herren die neuen Räume. Vergeblich kämpfen Kotzambassides gegen Offiziere und Offiziere gegen Kotzambassides. Die einen werden mit zerschlissenen Röcken auf der Strecke bleiben, die anderen mit wertlos gewordenen Orden und Ehrenzeichen. Was bedeutet es, wenn man heute alles auf Mavrogordatos setzt? Die Schlauen werden ihn morgen vergessen haben und auf einen anderen Mavrogordatos wetten. Ihre Augen leuchten lauernd unter buschigen Brauen. Und auf dem Platz eines vertriebenen Türken erscheint unversehens ein Phanariote ...

Michalos blickte hinab. Diese Felder gehörten ihm, sie waren Eigentum des Michalos Russis. Aber sie sollten auch sein Eigentum bleiben. Zu Zeiten ist es schwerer, Besitz zu halten, als Besitz zu gewinnen. Wie soll man Besitz festigen, wenn der Boden selbst beim Erwachen des Volkes in Bewegung gerät? Wer hat dann die Kraft und den Verstand, für neue Fundamente den rechten Ort zu wählen? Ist dein Herz aus Granit, hast du die Fänge eines Wolfes, eine eiserne Gesundheit?

Doch so weit war es noch gar nicht. Jetzt kam erst der Augenblick der Besitzergreifung – oder genauer der Wiederherstellung des Nutzrechtes. Michalos' Herz wurde übermütig vor Stolz und Glück. Der alte Russis kam wieder in ihm zum Vorschein. Alles sollte er nun zurückerhalten: Kastropyrgos, die Burg, die Zisterne mit den Talern, die Kellereien mit den Glücksgütern des Himmels, die Grundstücke, Felder und Wiesen, seine Freunde und – allen voran, Evangelia, seine liebe Gattin ... Frauen und Geselligkeit, fröhliche Feste und Bequemlichkeit, holdes Nichtstun, friedliches Wohlergehen, Sorglosigkeit und ein freies, unbeschwertes Gemüt! Mit einem Wort: Er sah ein Leben vor sich, wie Gott es nur einmal zu seiner ganz persönlichen Lust und Freude geschaffen haben mochte. Allgemeingültige moralische Wertvorstellungen hätten es beinahe geschafft, ihn aus der Bahn zu werfen und hatten ihm auch tatsächlich dieses gewohnte, schöne Leben vorübergehend entrissen. Es wird nicht leicht sein, zum alten Leben zurückzukehren, es neu zu gestalten; aber der Sturm war vorbei, Michalos fühlte wieder festen Boden unter den Füßen, er konnte wieder denken, und er konnte auch wieder handeln. Gott sei Dank!

Behutsam ritt er die steile Straße nach Kastropyrgos hinab. Hinter ihm ritten seine hundertundfünfzig Palikaren, die Elite der Peloponnes, neu ausstaffiert, reichlich besoldet und gut bewaffnet, für jede Eventualität, ob sie nun von türkischer oder griechischer Seite kommen sollte.

Und er kam nach Kastropyrgos. Er war von den Strapazen geschwächt, seine Haut von Wind und Sonne gebräunt. Sorgen und Ängste, Kummer und Gram hatten sich tief in sein Antlitz eingegraben. Seine blauen Augen waren umdüstert. Trotzdem sah er besser aus als ehedem. Früher hatte er gewöhnlich die Tracht der Kotzambassides getragen: den dunklen, einfarbigen Rock über der türkischen Weste, der den Körper beengte, ihm Beweglichkeit und Grazie nahm. Jetzt war er ganz Soldat: Der scharlachrote Fez saß schräg über der Stirn. Die lange, schwarze Quaste hing baumelnd über der rechten Schulter. Er trug ein weißes, offenes Hemd, darüber eine blaue Samtjacke, mit Pelzbesatz und reichlich mit Gold bestickt, die lange, faltenreiche Fustanella unter einem mit Edelsteinen besetzten Gürtel, in dem goldbeschlagene Pistolen steckten. An seiner Seite hing ein Türkensäbel aus Damaszenerstahl, auch er reichlich mit edlen Steinen geschmückt, ein kostbares Beutestück aus der Schlacht von Dervenakia.

Auf einer weißen arabischen Stute – einem anderen Beutestück – ritt er langsam durch die Straßen der Stadt, hochaufgerichtet, den Kopf im Nacken, mit Augen, die nichts zu sehen schienen. So zog er ein, wahrlich ein Sieger, von seinen Palikaren umjubelt. Die Soldaten sangen und schrien, schossen übermütig in die Luft und scherzten mit den Frauen, die es wagten, sich an den Fenstern zu zeigen.

Michalos bog in die Hauptstraße ein, die am Markt vorbei zum Seeufer führte. Er wollte vor allem sein Haus sehen, seine Frau küssen, die Seinen umarmen. Er wollte dann überlegen, was weiter zu tun sei. Die Abrechnung konnte warten. Rache, so sagte er sich, ist eine Speise, welche auch kalt mundet. Morgen ist auch noch ein Tag. Kein Mensch war auf den Straßen zu sehen. Was war los? Wo zum Teufel steckten sie denn, die ganzen Kastropyrgioten?

Die Hauptstraße machte einen großen Bogen, an dessen Scheitel das Haus der Familie Trukas stand. Das Haus war offensichtlich verlassen und verschlossen. Michalos legte die Stirn in Falten. Sollte sein Onkel auf Reisen sein? Hatte er seine Vettern und Basen mitgenommen? Oder hatten sie den Kapitän verhaftet? Das wäre peinlich: Die Familie Trukas zählte zu seinen liebsten Verwandten, mit denen er sich unter keinen Umständen überwerfen wollte, und außerdem konnten diese tapferen Patrioten ein solches Los auch gar nicht verdient haben. Nun, er würde ja sehen ...

Unversehens befand er sich auf dem Marktplatz. Da sah er etwas, was ihm sein Herz aufgehen ließ. Ein gewaltiger Zug, eine feierliche Prozession kam ihm entgegen, ihn festlich zu empfangen. An der Spitze schritt Dorotheos, im bischöflichen Ornat, die Bischofskrone auf dem Kopf, in der linken Hand den Hirtenstab, in der Rechten das Evangelium. An seiner Seite schritten die anderen Priester, über ihnen tanzten Standarten und dahinter das Volk, Menschen um Menschen, mit brennenden Kerzen in Händen. Ein Jubeln und Jauchzen stieg zum Himmel empor.

„Hoch Michalos!“ – „Der Sieger von Dervenakia, willkommen!“ – „Es lebe unser Führer!“

Michalos lächelte bitter.

„Wieder haben sie mich überrumpelt, diese Schurken“, zischte er, mehr zu sich selbst. „Daran erkenne ich meinen Dorotheos! Wenn er aber glaubt, dass er mir entkommt – dann irrt er sich.“

Seine Miene wurde hart, er gab seinem Pferd die Sporen; genau in der Mitte des Platzes, vor der Kirche, kamen die beiden Züge zum Stehen. Michalos Russis und Dorotheos sahen sich schweigend in die Augen.

Da stieg in Michalos eine aberwitzige Wut hoch. Blitzartig zog die Vergangenheit an seinem inneren Auge vorbei: die Lüge, die Heuchelei, die Niedertracht, der Verrat des Bischofs;

die Todesangst, in der er achtzehn Monate gelebt hatte, seine Schande, seine Demütigung. Diese Erinnerungen machten ihn rasend. Vor sich sah er den Menschen, der seinen Tod gewünscht, gewollt und geplant hatte. Jetzt stand er vor ihm, klein, demütig, mit einem verlegenen Lächeln auf den Lippen, das Freundschaft vortäuschen sollte.

Um Michalos' Mund zuckte es, seine Augen blitzten, er zitterte am ganzen Körper. Da hob er langsam die Peitsche, entschlossen, dem Bischof in sein widerliches Gesicht zu schlagen.

Alle Umstehenden folgten seiner Bewegung. Keiner rührte sich, keiner sagte ein Wort, alles war erstarrt. Die Stille war so vollkommen, dass jeder seinen eigenen Herzschlag hätte hören können. Doch Michalos' erhobene Hand schlug nicht zu. Ein Wort des Bischofs hielt sie zurück. Ein schneller, leiser Satz, so flüsternd gesprochen, dass nur Michalos allein ihn hören konnte:

„Überlege, was du tust! Ich bin die Kirche!"

Für einen kurzen Augenblick schloss Michalos die Augen. Als er sie aufschlug, war er wieder Herr seiner selbst, kaltblütig und gelassen. Er ließ die erhobene Peitsche auf die Kruppe seiner Stute niedersausen, so selbstverständlich, als ob nie etwas anderes in seiner Absicht gelegen wäre. Die Umstehenden atmeten auf. Aller Schrecken löste sich. Befreit riefen alle wie aus einem Munde: „Es lebe Michalos, es lebe der Feldherr! Es lebe der Sieger!"

Michalos sprang vom Pferd. Jetzt lächelte auch er. Er sank auf die Knie, küsste zuerst das Heilige Evangelium und dann die Hand des Dorotheos, des Bischofs von Kastropyrgos und von Vatitsa.

SECHZEHNTES KAPITEL

Michalos Russis, Dorotheos von Kastropyrgos und Griechenland

Im Bischofssitz wurde Michalos mit großem Pomp empfangen. Ganz Kastropyrgos hatte sich eingefunden, um dem Helden des Tages Glück zu wünschen und um ihm Schmeichelhaftes zu sagen. Keiner versäumte es, sich ihm mit einigen freundlichen oder auch nur höflichen Worten in Erinnerung zu rufen. Nur einer fehlte: Manolis Trukas. Doch so war er eben: unberechenbar in seinem Verhalten und unvorhersehbar in seinen Gefühlen.

Dorotheos stand mit strahlender Miene in Michalos Nähe, als wollte er allen Anwesenden seine Zufriedenheit zeigen. Dazu hatte er auch jeden Grund: Die Kirche war unbehelligt geblieben, der Held des Tages hatte sie anerkannt, ja, er hatte sich ihr unterworfen. Michalos dagegen nahm mit freundlicher Herablassung und zurückhaltend die Huldigung der Menge entgegen. Er war keineswegs der verlorene Sohn, den die alte Heimat mitleidsvoll in ihren Schoß aufnahm, sondern der heimgekehrte Sieger, welcher der hilflosen Gemeinschaft seinen Willen aufzwang. Diese Konstellation wurde in der äußeren Etikette, im öffentlichen Gehaben kaum nachvollziehbar, aber die Eingeweihten wussten es, und die Kastropyrgioten, fast alle, spürten es auch.

Nach der ersten, allgemeinen Begrüßung hob der Bischof die Hand und gebot Schweigen. Im Saal wurde es still.

„Michalos, unser Herr“, begann er feierlich, „ist sehr bewegt von den Beweisen eurer Liebe und Anhänglichkeit. Denkt aber auch daran, wie müde er jetzt sein muss. Ich glaube, wir sollten ihm ein wenig Ruhe gönnen ...“

Verständnis heischend fügte er hinzu:

„Auch habe ich noch so manches Wichtige mit meinem Freund zu besprechen."

Die Gäste verstanden. Einer nach dem anderen verabschiedeten sie sich, zuerst von Michalos, dann küssten sie dem Bischof die Hand und verließen den Raum. Nachdem der Saal sich geleert hatte, wandte sich der Bischof an seinen Diakon:

„Auch du, Arsenios, lass uns jetzt bitte allein. Wer auch immer kommen mag, wir wollen nicht gestört werden. Erscheine nur, wenn ich dich rufe. Verstanden?"

Die Arme auf der Brust gekreuzt verneigte sich der Diakon und ging. Da begann Dorotheos schweigend, sich zu entkleiden. Er setzte den Bischofshut ab, entledigte sich der priesterlichen Gewänder, faltete sie ordentlich zusammen und legte sie auf den Diwan. Er trug jetzt nur mehr einen schlichten schwarzen Rock, durch eine Schnur aus dunkelviolettem Samt zusammengehalten. Keine Krone, kein Kreuz verrieten mehr die priesterliche Würde. So ging er gelassen auf Michalos Russis zu, blieb vor ihm stehen und sagte: „Wenn du mich schlagen willst, schlage mich jetzt – wir sind allein."

Und Michalos schlug ihn. Wort- und widerstandslos ließ sich Dorotheos verprügeln. Nichts war zu hören als das Pfeifen der Peitsche, die durch die Luft sauste, um dann die Schultern und das Gesicht des Priesters zu treffen. Einmal, zweimal, zehnmal und öfter schlug Michalos zu. Aufrecht stehend, die Augen geschlossen, ohne einen einzigen Jammerlaut nahm Dorotheos die Schläge hin. Nur seine Lippen bewegten sich in stillem Gebet.

Als Michalos nicht mehr schlagen konnte, öffnete der Bischof die Augen, in denen sich Milde und Sanftmut widerspiegelten. In aller Ruhe griff er nach einem Taschentuch, wischte sich Blut von Stirn und Wange und sagte:

„Versuche, dich zu beruhigen, denn wir müssen ernst und vernünftig reden – in deinem Interesse. Jetzt setze dich."

Michalos ließ sich erschöpft auf den Diwan fallen. Er war ganz außer Fassung. Was er soeben getan hatte, schien ihm jetzt ungeheuerlich. Seine Nerven vibrierten. Dunkel spürte er, dass er bei diesem kommenden Gespräch nicht allzu gut abschneiden würde. Der unbeugsame Mönch, der Geistliche mit dem stolzen Herzen, hatte ihn bereits besiegt. Unwillkürlich kam ihm die Begegnung in Salka in den Sinn. Damals hatte Dorotheos, eingeschüchtert und verängstigt, vor der Streitmacht des Dramalis das Weite gesucht, damals wollte er, die Aufforderung des Plaputas überhörend, nicht kämpfen, damals hatte er sich unter dem Hohngelächter der Palikaren aus dem Staub gemacht. Jetzt gewann Michalos seine Fassung wieder und betrachtete voll Verwunderung den Mann, dessen Charakter derartige Widersprüche offenbarte. Wie konnte er auf der einen Seite schweigend die Peitschenhiebe hinnehmen, auf der anderen Seite feige einem Kampf ausweichen? Was war das für ein Mensch? War er stark, war er schwach? Welches war sein wahres Gesicht?

Dann wurde es ihm klar. Dorotheos war im Leben tapfer, aber er hatte Angst vor dem Tod. Zutiefst war er also feige, selbst dann, wenn er Kraft demonstrierte. Für ihn war das Leben ein großes Spiel, das mit Geschicklichkeit, nach strengen Regeln gespielt werden musste. In diesem Schauspiel war Dorotheos ein begabter, wenn auch kein überragender Künstler, ein bemerkenswerter Schauspieler. Er mimte Bedeutung und Würde, wo die Stunde es gebot. Nur durfte der Tod in dieser Aufführung nicht auftauchen – der Tod, der dennoch an jeder Ecke lauerte. Fremdes Leben galt in diesem Stück nicht viel, nur das eigene musste darin unter allen Umständen bewahrt werden.

Dorotheos, so verstand er jetzt, war ein harter Kämpfer, aber kein Soldat. Im Krieg ging es um Leben und Tod, im politischen Kampf meist nur um Sieg oder Niederlage. Michalos hatte nun seine Sicherheit wieder. Nicht, weil er seinen Gegner unterschätzte, sondern weil er ihn zum ersten Mal durchschaute. Er wusste nun, dass sie sich ähnelten. Denn auch er, Michalos, wäre dem Heer des Dramalis feige entflohen, hätte sich nicht der harte Zwang für ihn ergeben, um sein nacktes Leben zu kämpfen. Hätte Dorotheos wie er gehandelt? Hätte auch er um sein Leben gerungen, auf Gedeih und Verderb? Oder hätte er leichtfertig und vorzeitig die Flinte ins Korn geworfen? Keiner konnte es wissen. Die geheimen Kräfte des Menschen sind nicht leicht zu ergründen. Darum stand Michalos dem Bischof voll Misstrauen und Vorsicht gegenüber, als dieser das eigentliche Gespräch begann.

„Nun, da du dein Mütchen gekühlt hast und deine Rachgier einigermaßen befriedigt sein sollte, möchte ich mich einigen Fragen zuwenden, die für dich von großer Bedeutung sind."

„Sehr gütig von dir. Doch ich habe gelernt, meine Angelegenheiten allein zu regeln. Stürze dich also meinetwegen nicht in Unkosten ..."

„Ich will dir nur helfen ..."

Michalos lachte schallend auf.

„Deine Hilfsbereitschaft hast du mir im Übermaß zuteilwerden lassen! Mehr als genug! Höre also auf, dich um mich zu kümmern, am Ende könntest du es bereuen."

Dorotheos zögerte. Er überlegte einige Augenblicke, bevor er antwortete:

„Ich fürchte, du sitzt einem unheilvollen Irrtum auf. Wie kommst du auf den Gedanken, mich der Feindschaft zu verdächtigen?"

„Sag mal, du hältst mich wohl für sehr dumm?"

„Michalos, ich bitte dich ..."

„Lass die Heucheleien. Wenn du glaubst, dass du mich mit deinem pfäffischen Gehaben täuschen kannst, dann irrst du dich sehr! Ich weiß, was du mir angetan hast, und du weißt es auch. Ich glaube, alle weiteren Worte erübrigen sich."

Dorotheos sah ihm gerade ins Gesicht.

„Was soll ich dir angetan haben? Sag es mir. Was bildest du dir eigentlich ein?"

„Einbilden? Also Einbildung war das? Vielleicht willst du mich noch für verrückt erklären lassen? Was?"

„Nein, verrückt bist du gewiss nicht, du bist sogar sehr normal. Nur, dass manchmal Leid und Zufall den Menschen zu falschen Schlüssen verleiten. Ein schwerer Sturm hat uns beide gemeinsam zu Handlungen getrieben, die dunkel, unklar und verhängnisvoll waren. Es gibt eben Umstände, die den Menschen schicksalshaft ins Unglück stürzen. Dazu lähmt dann die Not unseren Verstand, und alles erscheint verdreht und falsch. Wir geraten in einen unheilvollen Strudel von Trugschlüssen, aus denen Unsinn und Hass geboren werden. Ich habe es natürlich gehört, dass du mich hasst, aber ich weiß wirklich nicht, warum. Vielleicht habe ich dir geschadet, aber sicher ohne meinen Willen. Vielleicht, dass es nur so scheint, dass da ein Missverständnis besteht. Vielleicht verkanntest du meine Absichten, hast meine Handlungen falsch gedeutet."

„Ich missdeutete gar nichts", schrie Michalos wütend, „ich weiß genau, was ich sage."

„Bist du so sicher?"

„Ja! Und du weißt, dass ich recht habe. Sonst hättest du vorhin nicht so still gehalten!"

Dorotheos fühlte Verbitterung.

„Meinst du, dass nur der eine Strafe annimmt, der ein schlechtes Gewissen hat? Da täuschst du dich, Michalos. Nicht als Buße habe ich deine Schläge hingenommen, denn ich habe nichts zu büßen."

„Und das glaubst du wirklich?"

„Ich weiß es. Sonst würde ich starrsinnig auf meinem Irrtum bestehen, oder ich hätte dir längst Abbitte geleistet. Weder das eine noch das andere habe ich getan, Michalos. Es ist wahr: Ich habe deine ungerechte Bestrafung schweigend ertragen. Das war aber nur, um den Frieden zwischen uns herzustellen. Ich wusste, das war der einzige Weg. Aber wahr bleibt: Du tatest mir Unrecht, mein Sohn, ohne dass ich dir Unrecht getan hätte."

„Und als du mich nach Tripolis geschickt hast, damit mich der Kaymakam töten sollte, das war vielleicht kein Unrecht?"

Dorotheos schüttelte verwundert den Kopf.

„Das ... also ... ist ... es!", sprach er mehr zu sich selbst.

„Reicht dir das vielleicht nicht?"

„Wohin hat dich dein Leid geführt! Welchem Irrtum bist du da erlegen, Michalos! Ich soll dich in den Tod geschickt haben? Ausgerechnet ich?"

Jetzt schäumte Michalos wieder vor Wut.

„Und als du mir gesagt hast, ich solle keine Angst haben, ich solle getrost nach Tripolis gehen, weil ja kein Aufstand ausbrechen könne, und als du geschworen hast, du würdest unter allen Umständen auch dort hinkommen, was war das?"

„Die volle Wahrheit!"

„Eine Lüge war es, so wie du jetzt immer noch lügst! Du hattes es sehr gut eingefädelt, du und Germanos und Londos und Zaimis! Uns hast du mit falschen Versprechungen nach Tripolis gelockt, damit Mechmed Salich uns dort abschlachten könnte. So konntet ihr, ihr ganz allein, euren Aufstand haben!"

Dorotheos bebte vor innerster Erregung. Er packte Michalos am Arm:

„Was du da sagst, glaubst du das wirklich?"

„Ich wäre ein großer Esel, wenn ich es nicht glauben würde. Da du aber so tust, als wüsstest du von nichts, können wir ja die Tatsachen der Reihe nach durchgehen. Also: Hast du mich zu dir gerufen und mir erzählt, dass der Aufstand nach Petro-Beys Verrat abgeblasen ist und vertagt werden muss? Ja oder nein."

„Ja."

„Hast du mir gesagt, es sei beschlossen worden, nach Tripolis zu gehen, um den Türken Sand in die Augen zu streuen? Hast du beteuert, dass dieser Beschluss für alle, Patrizier und Geistlichkeit, bindend sei?"

„Ja, und ich habe die Wahrheit gesagt."

„Hast du mir geschworen, dass auch du nach Tripolis kommen wirst? Nur wolltest du über Kalavryta reisen, um dich dort mit Germanos, Londos und Zaimis zu beraten. Hast du geschworen, dass ihr dann gemeinsam nachkommt?"

„Das habe ich geschworen."

„Warum hast du also diesen Schwur gebrochen? Warum seid ihr nicht nach Tripolis gekommen? Warum habt ihr dann allein den Aufstand losgetreten?"

Dorotheos schwieg und überlegte. Mit todernsten Augen blickte er ins Leere.

„Na also, Dorotheos!", fuhr Michalos fort. „Mir scheint, die Tatsachen sprechen eine so eindeutige Sprache, dass es da nichts mehr zum Leugnen gibt. Die logische Folgerung, die aus ihnen gezogen werden muss, ist so klar, dass du dich und mich lächerlich machen würdest, wenn du versuchtest, sie abzustreiten oder zu widerlegen. Euer Plan ist kein Geheimnis mehr."

„Welcher Plan?", fragte der Bischof fassungslos.

„Euer Plan: Uns sterben zu lassen, damit ihr allein die Früchte des Aufstandes, Ruhm, Geld, Ehre, Reichtum, ernten könnt."

Das Gesicht von Dorotheos verfärbte sich. Zitternd sprang er auf und schrie:

„Und eine solche Niedertracht glaubtest du? Ist in deinem Herzen wirklich Platz für so viel Ungeheuerlichkeit?"

„Nicht ich habe all dies erfunden", antwortete Michalos jetzt in aller Seelenruhe, „die Tatsachen sprechen für sich! Verstehst du?"

Auch der Priester hatte sich beruhigt. Ein Schatten huschte über sein Gesicht, als er fast formelhaft entgegnete:

„Ich habe verstanden."

Leise klopfte es an der Tür.

„Was gibt es, Arsenios?", fragte der Bischof.

„Panagos ist da. Frau Evangelia schickt ihn, sie will nicht länger auf ihren Mann warten. Sie wird schon sehr ungeduldig."

„Michalos wird spätestens in einer halben Stunde bei ihr sein. Sag ihm das."

Dorotheos sah Michalos mit einem verständnisvollen Lächeln an:

„Deine Frau erwartet dich mit Ungeduld. Arme Evangelia! Manch bitteren Kelch hat sie leeren müssen. Aber auch die schlimmsten Tage gehen vorbei. Ich will dich nicht mehr lange halten, denn auch du wirst sicher ungeduldig, diese brave Frau in die Arme zu schließen. Machen wir es also kurz ..."

„Du hast recht, es hat wenig Sinn, noch weitere Worte zu verlieren."

„Gut, Michalos. Nehmen wir also einmal an, ich hätte dich wirklich hintergangen und hätte dich nach Tripolis geschickt, damit die Türken dich ermorden. Welchen Grund sollte ich für eine derart hinterhältige Tat haben? Ein Motiv?"

„Habe ich es dir nicht schon gesagt? Ihr – etwa zwanzig Bischöfe und Kotzambassides – habt euch zusammengetan, um uns, die übrigen, auszuschalten. Ihr wolltet allein die Nutznießer des Aufstandes sein."

„Gut. Nehmen wir einmal an, dass dieser scheußliche Gedanke wirklich in uns aufgetaucht wäre. Hältst du uns aber für so dumm, dass wir ihn in die Tat umgesetzt hätten? Alle Kräfte der Nation waren notwendig, um den Aufstand überhaupt zu organisieren. Jeder, auch der geringste Grieche, wurde gebraucht, um mit ganzer Seele am nationalen Werk mitzuarbeiten. Und da sollten wir die angesehensten Vertreter der Gemeinschaft, die für den Erfolg des Unternehmens unentbehrlichsten Bürger, ausrotten wollen? Dann wären wir doch mehr als verblödet gewesen."

„Nur, dass eure Art, die Dinge zu sehen, gar nicht national war, sondern parteiisch und eigennützig. Euer Interesse galt einseitig dem persönlichen Profit – ihr dachtet eben nur an Gewinn und Bereicherung."

„Meinetwegen. Wollen wir auch das für einen Augenblick gelten lassen. Als wir aber den verhängnisvollen Zusammenstoß der beiden feindlichen Gruppen – Volk und Patrizier – voraussahen, wäre es da nicht natürlich gewesen, unsere eigenen Reihen zu stärken und uns zusammenzuschließen? Es hätte doch nichts Törichteres geben können, als unsere natürlichen Verbündeten zu vernichten. Und du, Michalos, bist doch unser natürlichster, unser unentbehrlichster Bundesgenosse! Überlege einmal, mein Sohn, wäre es denkbar, dass wir einen solchen Bock schießen? Wir wären ja von allen guten Geistern verlassen gewesen!"

Michalos schwieg und überdachte die Argumente des Bischofs. Sie leuchteten ein. Aber so leichtfertig wollte er seine Positionen nicht aufgeben, er wollte an seiner Auffassung festhalten, solange es ging.

„Wie dem auch sei. Genau diesen Fehler habt ihr begangen!", meinte er, schon etwas kleinlaut. „Deshalb müsst ihr ja jetzt die Konsequenzen tragen."

„Unser Fehler liegt ganz woanders", unterbrach ihn der Bischof, „unser Fehler liegt darin, dass wir nicht damit gerechnet hatten, unvorhergesehene Ereignisse könnten unsere Pläne durchkreuzen. Hätten wir vorausgesehen, dass Kolokotronis und die anderen – gegen unseren Willen – den Aufstand dennoch durchführen würden, wir hätten uns niemals auf den Weg nach Tripolis gemacht."

„Gelogen!", spottete Michalos. „Ihr habt euch ja nie auf den Weg nach Tripolis gemacht."

„Doch, Michalos! Wir waren unterwegs, Gott ist mein Zeuge."

„Nein, ihr wart unterwegs nach Kalavryta, um dort die Revolution auszurufen!"

Dem Bischof blieb das Wort im Mund stecken.

„Wir – wir hätten den Aufstand entfesselt?"

„Wer sonst, das weiß doch heute die ganze Welt. ‚Die Heilige Schar', die Messe, die Standarte! Das waren doch die Worte des alten Germanos im Kloster Lavra. Die kennt doch jedes Kind!"

„Jedes Kind mag sie kennen, vielleicht! Aber nicht wir ..."

Michalos sah den Priester voller Bestürzung an. Er konnte seine Verblüffung nicht verbergen.

„Willst du damit vielleicht sagen, dass gar nicht ihr es wart, die den Aufstand entfesselt haben? Willst du behaupten, dass es nicht so war?"

„Unsinn, mein Sohn, alles blanker Unsinn!"

Am Abend hatte sich der Passatwind gelegt. Die feuchte Meeresluft brachte wieder unerträgliche Schwüle in die Stadt. Die Flammen der vielen Wachskerzen und Öllämpchen steigerten zusätzlich die Hitze im Saal.

Michalos erhob sich und ging auf den Balkon, um Luft zu holen. In seinem Kopf schwirrten die gegensätzlichsten Gedanken, führten ihn in die Irre, warfen ihn in ein Meer von Vermutungen und Träumen, das wild über ihm zusammenschlug. Dorotheos war ihm gefolgt und legte ihm jetzt die Hand auf die Schulter.

„Als ich dir damals gesagt hatte, der Aufstand müsse fehlschlagen, glaubte ich es selbst. Als ich dir schwor, wir würden uns in Tripolis treffen, war das weder Meineid noch hatte ich die Absicht, wortbrüchig zu werden. Ich ging nach Kalavryta, mich mit den anderen zu beraten, wie wir uns den Türken gegenüber am besten verhalten sollten. Wir waren schon auf dem Wege nach Tripolis, als die Ereignisse unsere Pläne und Absichten durchkreuzten."

„Die Ereignisse. Welche Ereignisse?“

„Die Rebellion war ausgebrochen. Der Aufstand war bereits im Gang. Die große Masse glaubt, wir seien die Rädelsführer gewesen. Ich gebe zu, zum Teil sind wir selbst an diesem Gerücht schuld. Ich gestehe, wir haben nichts zu seiner Entkräftung getan, denn schließlich wollten wir unsere Torheit, unsere Fehler, verschleiern und unseren Ruf retten. Aber dieses Gerücht hat mit dem wahren Sachverhalt nichts zu tun. In Wahrheit weiß heute niemand, wer das Signal zum Aufstand gegeben hat. Vielleicht ist überhaupt nie ein Signal gegeben worden. Aus der Mitte des griechischen Volkes brach der Sturm los, wie göttlicher Zorn. Die Zeit war eben reif zum Ausbruch. Ausbruch, das ist das Wort. Und das ist alles, was wir wissen. Wir, schon unterwegs, waren wie aus den Wolken gefallen, wir waren bestürzt und verwundert, wir waren ratlos. Du weißt es ja: Wir hatten den Aufstand selbst organisiert, wir hatten Zeitpunkt und Form des Ausbruchs bestimmen wollen. Nun war er gegen unseren Willen und ohne unser Wissen losgebrochen. Wir glaubten keineswegs an einen Erfolg. So eilten wir nach Lavra, es war am 23. März, nicht am 25.[11], ins Kloster – nicht, um die Erhebung zu proklamieren, die ohne uns ins Rollen gekommen war, sondern einfach um zu beraten, wie wir uns mit den vollendeten Tatsachen arrangieren sollten. Wir trugen gar keine priesterlichen Gewänder, es gab kein Banner, wir verkündeten keine heroischen Beschlüsse. Wir waren erfüllt von Angst und Sorge. So sah in Wirklichkeit der ‚große Tag‘ aus. Schließlich beschlossen wir, uns zu verstecken, unterzutauchen und abzuwarten. Und wir tauchten unter, feige, wie wir ja sind.“

Dorotheos trat noch näher an Michalos heran. Seine dunkle Stimme hatte einen warmen Klang. Aufrichtigkeit und Ehrlichkeit schienen aus ihr zu sprechen, als er leise fortfuhr:

---

11 25. März: Griechischer Nationalfeiertag

„Ich erkläre dir das alles so unverblümt, damit du mir endlich glaubst. Du gehörst zu uns. Und ich konnte unmöglich das Zeitliche segnen und dich in dem furchtbaren Irrtum belassen, wir hätten deinen Tod gewollt. Der Aufstand kam uns zuvor, wir hatten keine Zeit mehr, nach Tripolis zu kommen. Das ist die Wahrheit. Ich schwöre es, im Namen Gottes! Wir versteckten uns also. Erst nach einigen Tagen sahen wir klarer. Wir begriffen, zu unserem eigenen Erstaunen, dass der Aufstand viele und durchaus ernsthafte Erfolgsaussichten hatte. Da kamen wir wieder zum Vorschein, versuchten unsere Fehler gutzumachen und die Führung des Kampfes in die Hände zu bekommen. Aber das ist eine andere Geschichte, die mit unserer Auseinandersetzung nichts zu tun hat. Hast du mich jetzt verstanden?"

Michalos hatte verstanden. Er hatte einen Hauch von der Größe des Schicksals zu spüren bekommen, von der Macht der Vorsehung, die die Fäden in fester Hand hält, an denen die menschlichen Marionetten zappeln. Die Menschen aber placken und schwitzen, hasten und tanzen und balancieren auf dem dünnen Seil zwischen Leben und Tod und vermeinen, selbst ihren Weg durch Raum und Zeit zu bestimmen. Welch vergeblicher Kampf, welch müßiger Krieg, welche Ironie auf Stolz und Eitelkeit! Zuletzt bleiben ihnen nur Betäubungsmittel, fabriziert aus Irrtümern und Leidenschaften. Und wenn deren Wirkungen in den Untiefen der Seele nachlassen, schweben wir hilflos im Universum – unfähig uns zu entscheiden, ob wir die Gipfel der Sinnlosigkeit erklimmen oder uns im Mörser des Zynismus und Zweifels zermalmen lassen sollen.

Michalos Russis blickte über die Dächer der Stadt hinüber zu seinem Haus, das ihn mit hell erleuchteten Fenstern grüßte, Leuchtturm und Hafen im Ozean seines Lebens. Die unheimliche Lebensangst, die sein Herz verhärtet hatte, fiel plötzlich von ihm ab. Es gab für ihn nichts mehr zu fürchten und nichts mehr zu hassen.

„Ich muss jetzt gehen“, sagte er.

„Gehe mit Gottes Segen, mein Sohn ...“

Ruhig trat Michalos vom Balkon in den Saal zurück und schritt zur Tür. Nach einigen Schritten blieb er stehen, drehte sich um und sah den Bischof an, der ihm gefolgt war.

„Was geschehen ist, ist geschehen. Unsere alten Rechnungen sind nun wohl beglichen. Dennoch trennen sich unsere Wege. Früher stand ich mit dir im gleichen Lager, aber inzwischen habe ich zu viel erlebt: Hunger, Armut, Verzweiflung und Tod. Heute reden wir andere Sprachen. Haben andere Ziele. Du kämpfst für die Tasche der Kotzambassides, ich für das Wohl des Volkes. Ich will mit deinesgleichen nichts mehr zu schaffen haben.“

„Auch ich kämpfe für das Wohl des Volkes. Gestehe mir das zu, wie ich anerkenne, dass du nicht für den Geldbeutel der Offiziere kämpfst. Wir wollen uns doch nicht betrügen. In erster Linie sind wir alle Griechen! Weil wir politisch in verschiedenen Lagern stehen, brauchen wir uns doch nicht Verrat an der Nation vorzuwerfen.“

„Du hast mir doch gestanden, dass ihr versucht habt, die Führung des Aufstandes in die Hand zu bekommen?“

„Sei nicht naiv, Michalos. Denselben Versuch hat das Heer gemacht. Das griechische Volk wird noch lange der Spielball gegensätzlicher Absichten und Interessen sein. Der Tag, der den Griechen, dem griechischen Volk, die politische Freiheit bringen wird, ist noch sehr ferne ...“

„Aber ich werde tun, was in meiner Macht steht, um diese Zeit zu verkürzen.“

Dorotheos lächelte das Lächeln eines alten Menschen:

„Gemach, mein Junge. Lass erst die Sonne der nationalen Freiheit über unserem Land aufgehen – über die politische Freiheit wollen wir uns ein andermal den Kopf zerbrechen.“

„Es fragt sich, ob das Volk so denkt wie du.“

Der Bischof hörte das Stichwort, auf das er lange gewartet hatte:

„Wie es auch denken mag, du bist nicht der geeignete Mann, ihm die Augen zu öffnen. Die Griechen sind ihrem Gott und ihrer Kirche treu, und sie würden nur mit Misstrauen, um nicht zu sagen mit Abscheu, einem Mann begegnen, der einmal, wenn auch nur vorübergehend, seinen Glauben verraten hat."

Der Hieb saß. Michalos Russis fühlte sich ins Herz getroffen. Der Held von Dervenakia erblasste.

„Und vergiss nicht", fuhr Dorotheos fort, „dass die Kirche dir dein Vergehen noch nicht verziehen hat!"

Dies nun war ein taktischer Fehler des Bischofs, den Michalos sofort nutzte, um schlagfertig und mit leiser Ironie zu antworten:

„Zu spät haben Euer Gnaden daran gedacht. Das hättest du mir sagen müssen, bevor du mich auf dem Marktplatz mit Standarten und Cherubinen und mit dem Heiligen Evangelium empfangen hast. Aber damals hast du etwas voreilig gehandelt – wohl aus Angst? – Wie dem auch sei, lebe wohl!"

Der Bischof war so verblüfft, dass es ihm die Rede verschlug. Michalos machte kehrt und verließ langsamen Schrittes den Bischofssitz, ohne sich noch einmal umzudrehen.

Jetzt stand Michalos vor seiner Burg. Ungestüm durchquerte er die große Einfahrt, eilte über den Hof, nahm, drei Stufen auf einmal, die Stiege. Der große Augenblick, der anderthalb Jahre seine Hoffnung genährt, seine Kräfte am Leben erhalten hatte, war da: Er würde seine Frau in die Arme schließen, ihr Gesicht mit Küssen bedecken. Dies war ein neuer Anfang, der Anfang eines Lebens der Zärtlichkeit, der Liebe, der Sorglosigkeit und des Glücks!

Als er die letzte Treppenwendung erreicht hatte, hob er die Augen, um den Blicken des geliebten Antlitzes zu begegnen.

Er blieb wie angewurzelt stehen. Die Frau, die ihn dort oben erwartete, war eine andere als jene, die er verlassen hatte. Ein hageres, freudloses Gesicht, tiefe eingegrabene Falten um den Mund, ein unsagbar bitteres Lächeln auf den Lippen, Augen, in Not und Elend glanzlos geworden - auch hier war der Tod eingekehrt, hatte mit seinen Schwingen blühendes Leben versengt.

Und neben ihr stand eine zweite Frau - hager auch sie, gezeichnet von der unmenschlichen Härte und Strenge des Lebens, mit einem Blick, der Liebe, Hass und Unglück verriet. Vangelio, seine Geliebte.

Da neigte Michalos den Kopf, und sein Schritt wurde schwer. Mühsam nahm er die letzten Stufen und ging den beiden Frauen entgegen, die darauf warteten, sein Leben in ihre Hände zu nehmen.

HISTORISCHES NACHWORT

Die Kotzambassides der Peloponnes

Der griechische Begriff *Kotzambassis* (Pl. *Kotzambassides*) stammt vom türkischen Wort *kocabaşı*, das so viel wie *großer/bedeutender Kopf* bedeutet und damit wortgenau dem süddeutschen mundartlichen Ausdruck *Großkopferter* entspricht, der laut Duden eine *einflussreiche, gesellschaftlich hochgestellte Person* bezeichnet. Eben diese Bedeutung hatte dieses Wort ursprünglich auch im griechischen Sprachgebrauch, wo es zuweilen als Synonym für *Notabel* bzw. *Archontas* oder *Gemeindevorsteher* bzw. *Proestos* verwendet wurde. Später wurde der Begriff *Kotzambassides* zunehmend stellvertretend für griechische Lokaleliten von osmanischen Gnaden verstanden, deren Wohlstand auf Grundbesitz beruhte. Diese bis heute geläufige Zuschreibung trifft die historischen Befunde jedoch nur ungenau: Denn einerseits waren die Kotzambassides in osmanischer Zeit nur eine von vielen griechischen Lokaleliten, und andererseits basierte ihr Wohlstand keineswegs allein auf Grundbesitz, sondern auf einer Vielzahl von Quellen, darunter nicht zuletzt dem Handel.

Die zweite Türkenherrschaft auf der Peloponnes

Das gilt auch für die Kotzambassides der Peloponnes, die in vieler Hinsicht ein spezifisches, nicht auf andere griechische Gebiete verallgemeinerbares Milieu bildeten, das sich in dieser Form auch erst im 18. Jahrhundert während der sogenannten zweiten Turkokratie herausformte, d. h. in der Periode von der osmanischen Rückeroberung der Peloponnes im Jahr 1715 bis zum griechischen Unabhängigkeitskrieg von 1821. Schon diese Rückeroberung wies einige Besonderheiten auf, denn die Osmanen behandelten die Peloponnes (bzw. *Morea* oder türkisch

Mora), die sie zuvor im Zuge des Großen Türkenkrieges (1683-1699) an Venedig verloren hatten, formal nicht als wiedergewonnenes Gebiet, sondern als eine Neuerwerbung. Damit legten sie ihre davorliegende jahrhundertelange Herrschaft seit dem Spätmittelalter auch verwaltungstechnisch bewusst ad acta. Dementsprechend installierten sie die *Timar*-Ordnung von Grund auf neu, was ebenfalls bemerkenswert ist, denn dieses spezifisch osmanische Pfründe-System war damals eigentlich schon reichlich überkommen und zeigte in anderen Reichsteilen bereits massive Krisensymptome. Ein Teil der neu eingerichteten *Timare* wurde an einheimische christliche Notabeln vergeben – so etwa an die Familie *Zaimis* (bzw. *Zaimoğlou*), eine der nachmals bedeutendsten Kotzambassides-Sippen der Peloponnes, deren Name ursprünglich nichts anderes bezeichnet als den Inhaber einer mittelgroßen Pfründe (*ziamet*). Die christlichen Kotzambassides konnten davon profitieren, wurden damit aber zugleich auch fest in den neu etablierten Herrschafts- und Verwaltungsapparat der Osmanen eingebunden, zu dessen Stabilisierung sie wesentlich beitrugen.

Im Übrigen hatte diese Kooperation auch eine konkrete Vorgeschichte, waren doch die griechischen Notabeln schon im Vorfeld der Rückeroberung auf die Seite der Osmanen übergelaufen. Ihre Unzufriedenheit mit der venezianischen Herrschaft speiste sich, abgesehen von Repressionen gegen den orthodoxen Glauben, vor allem aus dem Umstand, dass Venedig ihnen jeglichen Handel außerhalb der Markusrepublik verboten hatte. Noch vor Ausbruch des Krieges hatten sie 1714 Vertreter nach Theben geschickt und den dortigen osmanischen Truppenbefehlshaber, Topal Osman Pascha, zum Angriff auf die Peloponnes eingeladen, wobei sie ihm jedwede Unterstützung versprachen. Das dürfte nicht unwesentlich dazu beigetragen haben, dass die Halbinsel, ganz anders als bei ihrer Eroberung durch die Venezianer, die Jahre gedauert hatte (1684-1687), 1715 schon nach wenigen Wochen wieder unter osmanische Kontrolle kam.

Lokale Notabeln mit kleiner Privatarmee

Die (alten/) neuen Herren verwalteten die Peloponnes als eigenständige Provinz (*vilayet*) mit einem Gouverneur (*vali*), dem *Mora valisi*, der mit seinem Beamtenstab im arkadischen Tripolis (Tripolitsa) residierte. Dort hielt er zweimal jährlich einen Provinzrat (*divan*) ab, der neben den osmanischen Beamten und einem Übersetzer (*dragoman*) – üblicherweise einem Griechen – zwei muslimische Notabeln (*Ayane*) sowie zwei christliche Kotzambassides aus der Provinz umfasste. Letztere waren zugleich die obersten Repräsentanten der lokalen Selbstverwaltung der christlichen Bevölkerung, die, obwohl insgesamt charakteristisch für die osmanische Herrschaft, auf der Peloponnes im 18. Jahrhundert besonders stark ausgeprägt war. Sie bestand aus drei Stufen, deren unterste die Gemeindevorsteher bzw. Dorfältesten waren, welche nach traditionellem Gewohnheitsrecht einmal jährlich gewählt wurden. Diese wählten, ebenfalls einmal jährlich, einen Vertreter für ihren Bezirk, der von der osmanischen Provinzverwaltung bestätigt werden musste und weitreichende Kompetenzen, aber auch ebensolche Verantwortlichkeiten hatte. Die Bezirksvorsteher waren unter anderem mit der Sicherung der öffentlichen Ordnung betraut und durften zu diesem Zweck sogar eigene bewaffnete Milizen unter Führung eines *kapos* (Pl. *kapoi*) aufstellen, die sie in der Praxis wie Privatarmeen führten. Sie wurden jedoch andererseits in Regress genommen, wenn es in ihrem Bezirk zu Straftaten wie Raubüberfällen etc. kam. Das war übrigens der Grund, warum die Halbinsel Mani 1776 verwaltungstechnisch von der Peloponnes abgetrennt und den Ägäisinseln zugeschlagen wurde, denn auf diese Weise befreite man sich von drückenden Schadensersatzforderungen für die permanenten Piratenüberfälle, die von dort aus verübt wurden. Die Mani bildete in der gesamten Periode einen gesonderten Raum, den die Osmanen, wie vor ihnen auch schon die Venezianer, nur indirekt beherrschten und der daher auch nicht von Kotzambassides verwaltet wurde.

Bindeglied zwischen Gouverneur und Volk

Nicht zuletzt bürgten die Bezirksvorsteher gegenüber dem osmanischen Staat für die pünktliche Eintreibung der Steuern, die sie im Zweifelsfall sogar im Voraus entrichten mussten. Angesichts dessen versteht es sich von selbst, dass für diese Position ausschließlich Kotzambassides in Frage kamen, die auch schon auf der Gemeindeebene dominierten und diese Ämter meist über Generationen in ihren Familien weitervererbten. Die Bezirksvertreter wiederum bildeten ein übergeordnetes Gremium, das zuweilen als „Peloponnesischer Senat“ (*Peloponnisiaki Gerousia*) bezeichnet wurde und 24 bis 30 Mitglieder umfasste, darunter auch die osmanischen Bezirksrichter (*kadi*). Diese wählten schließlich zwei Vertreter für die gesamte Peloponnes, die den Titel *Mora ayan* (gr. *moragianis*, Pl. *moragianides*) trugen, sich durch ein offizielles Dekret des Sultans (*ferman*) bestätigen lassen mussten und als Mitglieder des oben erwähnten Provinzrates die Funktion eines Bindegliedes zwischen dem Gouverneur und der griechischen Bevölkerung erfüllten. Abgesehen davon gab es aber noch ein weiteres Amt, das den Sonderstatus der Peloponnes unterstrich und aus dem die Kotzambassides ebenfalls massiven Nutzen ziehen konnten: der *vekil* (gr. *vekilis*, Pl. *vekilides*). Das Wort bedeutet sinngemäß „Vertreter“, und die Ursprünge dieser Institution liegen vermutlich in der mittelalterlichen osmanischen Herrschaftspraxis, von unterworfenen Provinzen die Entsendung von Geiseln an den Sultanshof zu fordern, die dort als Faustpfand für das Wohlverhalten der Untertanen dienten. Im 18. Jahrhundert hatte sie diese Funktion jedoch schon weitgehend eingebüßt und sich in ein handgreifliches Privileg verwandelt, denn über solche Vertreter bekamen die betroffenen Provinzen die Möglichkeit, sich im Zentrum der Staatsmacht ohne Umwege Gehör zu verschaffen und eigene Anliegen vorzubringen.

Christenfreunde und Kotzambassides

Die peloponnesischen Kotzambassides hatten damals das Recht, zwei, drei, und zeitweise sogar vier *Mora vekile* (*vekilides tou Moreos*) mit permanentem Aufenthalt nach Konstantinopel zu entsenden, die dort auf vielfältige Weise Einfluss auf die Provinzpolitik der Reichszentrale nahmen. Dazu gehörte unter anderem die direkte Mitwirkung bei der Auswahl des Übersetzers bzw. *dragomans* (s. o.), der im Beamtenstab des *Mora valisi* eine neuralgische Position innehatte. Die Macht der *vekile* ging aber noch weiter, denn sie konnten auch auf die Besetzung des übrigen Beamtenstabes und sogar des Gouverneurspostens selbst Einfluss nehmen. Dazu gehörte sowohl die Entfernung missliebiger Personen als auch die Beibehaltung von solchen, denen man wohlgesinnt war. Ein Beispiel für ersteres ist etwa Siakir Pascha, der 1817 auf Betreiben der *vekile* als Gouverneur abgesetzt und nach Anatolien verbannt wurde.

Ein Beispiel für letzteres ist Ahmed Pascha, ein Enkel von Topal Osman, dem Eroberer der Peloponnes von 1715, der 1762 zum Gouverneur ernannt worden war. Er bemühte sich um eine Verbesserung der Verwaltung und ging gegen verschiedene Missstände vor, darunter willkürliche Erhebungen von Abgaben, unrechtmäßige Aneignungen von Besitz, Erpressungen etc., die vor allem die „Herde" (*reaya*) der steuerpflichtigen Bevölkerung bedrückten. Damit geriet er allerdings schnell ins Fadenkreuz lokaler muslimischer Ayane, die Nutznießer eben dieser Missstände waren und den neuen Gouverneur in Konstantinopel als „Christenfreund" diffamierten, um seine Absetzung zu bewirken. Ahmed Pascha wurde jedoch von den Kotzambassides unterstützt, deren *vekile* in der Hauptstadt nicht nur für seine Bestätigung im Amt sorgten, sondern auch für die Verhaftung seiner Ankläger, die kurz darauf hingerichtet wurden.

Die bedeutendsten Kotzambassides-Familien auf der Peloponnes im 18./19. Jahrhundert

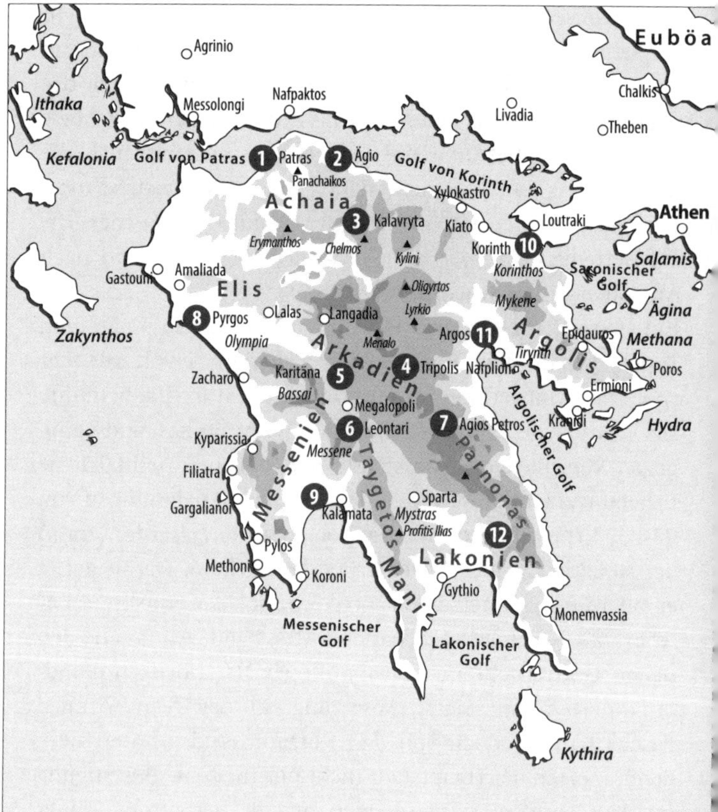

Erläuterung zur Abbildung: In der Auflistung wurden aus Gründen der Übersichtlichkeit nur die bedeutendsten Kotzambassides-Familien berücksichtigt, d. h. solche, bei denen sich anhand der oftmals lückenhaften Quellenlage eine über Generationen reichende und von vielen Mitgliedern getragene einflussreiche Stellung dokumentieren lässt. In Kursivschrift wurden dabei diejenigen Familien gesetzt, die innerhalb der Kotzambassides-Elite eine herausragende Stellung hatten, d. h. solche, die etwa *moragianides*, *vekile* sowie *dragomane* stellten und diese Ämter oft auch über lange Zeiträume innehatten. Ihre geographische Zuordnung zu den verschiedenen Bezirken der Peloponnes entspricht den Schwerpunkten ihrer jeweiligen Hausmacht, ist jedoch nicht schematisch zu verstehen, denn häufig hielten sie auch Pfründen in anderen Bezirken.

ACHAIA

1 a) **Patras**: *Kalamogdartis*, Kanakaris, Lontos, Poulos

2 b) **Vostitsa**: *Lontos*, Meletopoulos

3 c) **Kalavryta**: *Zaimis*, Charalampis, Theocharopoulos, Fotilas, Skarpetis, Kostakis

ARKADIEN

4 a) **Tripolis**: *Kougias*, *Varvoglis*, Tourtoulas, Christakopoulos, Sekeris

5 b) **Karytaina**: *Deligiannis* (bzw. Papagiannopoulos < Litinos), Koulas bzw. Zantes, Loumpardopoulos, Tzannis, Palamidis

6 c) **Leontari**: Karoutsos, Dikaios bzw. Flesas, Salamonas

7 d) **Agios Petros**: *Papazoglis* bzw. Papazoglou, Kontos bzw. Kontakis, Sarrigiannis, Goulenos

ELIS

8 *Sisinis*. [Kaum Familien wegen hohem muslimischen Bevölkerungsanteil, besonders in Lalas]

MESSENIEN

9 *Benakis*, Tzannes, Kyriakos, Iatros, Vasileiou, Antonopoulos, Efesios bzw. Afesios, Oikonomopoulos, Kostopoulos, Perrotis, Papatsonis

KORINTH

10 *Notaras*, Dasios, Xyleris, Kalaras, *Rentis*, Oikonomos, Raftis

ARGOLIS

11 *Perroukaios*, Vlasopoulos, Mothonios, Nakis. [Relativ wenige Familien wegen hohem muslimischen Bevölkerungsanteil, besonders in Nafplion]

LAKONIEN (OHNE MANI):

12 *Krevvatas*, Leopoulos, Kafentzis, Meletopoulos, Kyrousis, Oikonomopoulos, Patsalos

Über die Religionsgrenzen hinweg

Dieser Vorfall darf allerdings nicht zu dem Fehlschluss verleiten, dass die Kotzambassides in erster Linie als Beschützer ihrer griechischen Landsleute auftraten, denn in Wirklichkeit beuteten sie diese ebenso aus wie die muslimisch-türkischen Ayane der Peloponnes, mit denen sie im Übrigen auch durchaus gern kooperierten, wenn es ihrem persönlichen Nutzen diente. Tatsächlich verliefen lokale Interessenskoalitionen auf der Peloponnes kreuz und quer über die Religionsgrenze zwischen Christen und Muslimen bzw. Griechen und Türken hinweg. Sie hatten eher den Charakter von labilen Bündnisgeflechten, die sich anhand konkreter Anlässe formieren, aber ebenso schnell auch wieder auflösen konnten, und in erheblichem Maße von Konfliktkonstellationen zwischen den großen Kotzambassides-Familien selbst geprägt waren. Gegen Ende des 18. Jahrhunderts bildeten diese auch größere Formationen, die sich mehr oder weniger geographisch verorten lassen: im Norden die sogenannte „Achaische" Fraktion, die von den Familien Lontos, Zaimis und Notaras geleitet wurde, und im Süden die sogenannte „Karytaino-Messenische" Fraktion unter Führung der Deligiannis-Sippe.

Der Grund für die permanenten Konflikte unter den peloponnesischen Kotzambassides-Familien lag in ihrer Konkurrenz um lokale Einkommensquellen, auf denen ihr Wohlstand und ihr politischer Einfluss beruhten. Eine davon waren die eingangs erwähnten Institutionen der lokalen Selbstverwaltung, vom Gemeindevorsteher bis zum *Mora ayan* und *vekil*, bei denen es sich keineswegs um Ehrenämter handelte, sondern um gut besoldete Posten, deren Finanzierung den christlichen Gemeinden oblag, welche dafür teilweise erhebliche Summen aufbringen mussten. Eine noch wichtigere Einkommensquelle der Kotzambassides bildete jedoch die Steuerpacht. Sie war damals im gesamten Osmanischen Reich verbreitet und zugleich eine der Hauptursachen für dessen Niedergang in dieser Periode. Die Reichszentrale war schon im 17. Jahrhundert dazu übergegangen, Steuern aus ihren Provinzen nicht mehr selbst einzutreiben, sondern dies Privatpersonen zu überlassen, an die sie den Zugriff auf bestimmte Steuerbezirke oder Einzelsteuern für einen begrenzten Zeitraum, später auch auf Lebenszeit, verpachtete. Das brachte dem Staat den kurzfristigen Vorteil eines schnellen und mühelosen Zugriffs auf erhebliche Geldbeträge, hatte jedoch sehr problematische Nebenwirkungen, denn die Steuerpächter erhoben in dem Bemühen, möglichst viel Profit aus ihrer Investition zu schlagen, deutlich höhere Beträge als die gesetzlich vorgeschriebenen. Die damit verbundene Mehrbelastung der steuerpflichtigen Bevölkerung wurde noch massiv verschärft, wenn Steuerpachten weiter unterverpachtet wurden, was durchaus üblich war und häufig sogar zu mehrfachen Unterverpachtungen ein und derselben Steuer führte.

Verpachtung und Steuern

Während die Hauptpächter Muslime waren, die sich oft gar nicht selbst in ihre Steuerprovinzen begaben, sondern in Konstantinopel blieben, durften Unterpachten auch von Christen erworben werden, was auf der Peloponnes die Kotzambassides waren. Diese zogen aus solchen Unterpachten aber nicht nur direkte Profite, sondern nutzten sie auch als Hebel zur Erschließung weiterer Einkommensquellen. Dabei ist zu berücksichtigen, dass die Erhebung von Steuern auf der Peloponnes, wie auch in anderen Gebieten des Osmanischen Reiches, kollektiv auf Basis der Dorfgemeinschaft erfolgte. Konnte eine Dorfgemeinschaft ihre Steuerschuld nicht begleichen, musste sie einen Kredit aufnehmen. Als Kreditgeber kam aber meist nur der örtliche Kotzambassis in Frage, der zugleich Steuerpächter war und somit horrende Zinsen auf Gelder erheben konnte, die sofort wieder in seiner

Tasche landeten bzw. diese überhaupt nicht verlassen hatten. Die Dorfgemeinschaften gerieten dadurch regelmäßig in Überschuldungskreisläufe und wurden schließlich zur Verpfändung ihres Landes an den Kotzambassis gezwungen. Dieser Mechanismus, der Ähnlichkeiten zum westeuropäischen „Bauernlegen“ aufweist, führte dazu, dass vormals freies oder parzelliertes Agrarland seit dem letzten Drittel des 18.Jahrhunderts zunehmend in privaten Großgrundbesitz umgewandelt wurde, der in der *Timar*-Ordnung anfangs noch kaum eine Rolle gespielt hatte, aber auf der Peloponnes schließlich fast das gesamte kultivierbare Land umfasste. Von diesem hielten die christlichen Kotzambassides zu Beginn des griechischen Unabhängigkeitskrieges etwa ein Drittel, gegenüber zwei Dritteln in den Händen muslimischer Ayane. Die Entstehung von privatem Grundbesitz hatte weitreichende soziale und ökonomische Auswirkungen, denn er führte dazu, dass vormals unabhängige Bauern, die auf ihren Parzellen weitgehend von Subsistenzwirtschaft gelebt hatten, sich zu Landarbeitern auf *Çiftlik*-Gütern (gr. *tsiflikia*) verwandelten, auf denen Monokultur betrieben wurde, die auf den Export landwirtschaftlicher Produkte ausgerichtet war – darunter etwa Korinthen, die man besonders in England, von wo auch ihr Name stammt, sehr gut verkaufen konnte. Auf diese Weise entstand zugleich eine weitere Einkommensquelle, die so bedeutend war, dass sie den Griechenlandreisenden François de Pouqueville 1820 zu der Bemerkung veranlasste, die peloponnesischen Kotzambassides seien im Wesentlichen Monopolisten und Kaufleute.

Vielfach privilegierte Klasse

An den oben skizzierten Bedingungen wird deutlich, dass die Kotzambassides in der Periode der zweiten Turkokratie eine vielfach privilegierte Klasse waren, was der Historiker

George Finlay mit ihrer Charakterisierung als „christliche Türken“ auf den Punkt brachte. Angesichts dessen stellt sich die Frage, warum diese Leute eigentlich irgendein Interesse daran gehabt haben sollten, sich mit Umsturzplänen zu befassen und gegen die für sie profitable osmanische Herrschaft zu revoltieren. Die Antwort darauf ist alles andere als einfach und beschäftigt die Forschung tatsächlich bis heute. Fest steht jedoch, dass sie es taten.

Bereits 1770 kam es zu einem Aufstand auf der Peloponnes, der zwar bald scheiterte, aber bei den unter osmanischer Herrschaft lebenden Griechen ein starkes Echo hervorrief und insofern als historische Wendemarke, in mancher Hinsicht sogar als Präzedenzfall für die Erhebung von 1821 gelten kann, obwohl wenig dafür spricht, dass die Motive der Akteure damals schon von klaren politischen Zielvorstellungen im Sinne nationaler Unabhängigkeit geprägt waren.

Den Auslöser bildete der russisch-osmanische Krieg von 1768 bis 1774, in dessen Verlauf die Zarin Katharina II. eine Kriegsflotte unter Führung der Gebrüder Alexej und Fjodor Orlow ins östliche Mittelmeer entsendete. Diese legte im Februar 1770 an der Küste der Mani an, um das Startsignal für einen schon im Vorfeld geplanten Aufstand zu geben, der nach russischen Plänen eine zweite Front im Rücken der Osmanen schaffen sollte. Über einen Mittelsmann Namens Georgios Papazolis (bzw. Papazoglou) standen die Russen seit 1766 in Kontakt mit Maniaten und Kotzambassides, denen sie im Falle eines Aufstands starke Truppenkontingente zur Unterstützung versprachen. Das war jedoch eine krasse Übertreibung, denn in Wahrheit brachte die durch die lange Reise vom Baltikum dezimierte russische Flotte nur ein paar Hundert Soldaten mit. Aber auch die Kotzambassides, die sich auf den Aufstandsplan einließen – namentlich die Familien Benakis, Zaimis, Lontos und Notaras – ließen sich im Hinblick auf Übertreibung nicht lumpen und fabulierten gar von 100.000 Aufständischen, die ihnen angeblich folgen würden.

Tatsächlich brachten sie etwa 1.400 Bewaffnete auf, die sich nun in Begleitung von insgesamt 32 (!) Russen an die Eroberung befestigter Orte auf der südlichen Peloponnes machten. Dabei hatten sie jedoch nur teilweise Erfolg, und obwohl sich in kurzer Zeit weitere Aufstandsherde auf der Peloponnes bildeten, die auch von Revolten auf Kreta, in Mittelgriechenland sowie in Epirus begleitet wurden, zeichnete sich schon sehr bald ein militärisches Fiasko ab. Die Russen begaben sich angesichts dessen Ende Mai wieder auf ihre Schiffe und segelten in Richtung Ägäis ab, wo sie im Juli 1770 bei Çeşme einen großen Seesieg über die osmanische Kriegsflotte feiern konnten.

Kotzambassides gegen Kleften

Für die an Land zurückbleibenden Griechen waren die Folgen dagegen fatal, denn die Osmanen setzten zur Niederschlagung des Aufstands albanische Söldnerbanden ein, die daraufhin selbst die faktische Kontrolle über die Peloponnes übernahmen. Mit Ausnahme der Mani, die sich erfolgreich gegen eine Besetzung wehren und ihren halbautonomen Status verteidigen konnte, begann damit für die gesamte Halbinsel eine fast zehnjährige Periode von Terror, Verwüstung und systematischer Ausplünderung. Die Wiederherstellung der öffentlichen Ordnung gelang erst, nachdem Truppen der osmanischen Zentralregierung die albanischen Söldner im Sommer 1779 endgültig niedergekämpft hatten. Das gelang ihnen allerdings nur mit der Kooperation der *Kleften*, christlicher Räuberbanden, deren Zahl auf der Peloponnes als Folge der chaotischen Verhältnisse auf 4.000 bis 5.000 angestiegen war und zu deren wichtigsten Anführern damals Konstantinos Kolokotronis, der Vater des nachmals berühmten Revolutionskämpfers, gehörte. Die Kleften sollten im Unabhängigkeitskrieg von 1821 eine wichtige Rolle spielen, genossen aber auf der Peloponnes, anders als in Mittelgriechenland oder in

Epirus, wo sie in Heldenliedern besungen wurden, kein sonderliches Prestige bei der Bevölkerung, sondern wurden eher als Plage betrachtet und waren natürlich auch den Kotzambassides ein Dorn im Auge.
Deren Motive für die Revolte von 1770 hatten, wie gesagt, noch keine dezidiert nationale Stoßrichtung, und es passt dazu, dass auch die Osmanen sich hinterher nicht sonderlich nachtragend zeigten, erkannten sie in ihnen doch eine wichtige Stütze ihrer Herrschaft. Zwar kam es zu einer Reihe exemplarischer Hinrichtungen sowie zu Konfiskationen von Besitz, aber Anfang der 1780er Jahre saßen im Wesentlichen alle Familien, die sich am Aufstand beteiligt hatten wieder ebenso fest im Sattel wie diejenigen, die loyal geblieben waren.
Die Kotzambassides nahmen in der Folgezeit den Kampf gegen die Kleften auf, welche nach dem Ende der „Albanerherrschaft" natürlich nicht daran dachten, ihre Waffen wieder an den Nagel zu hängen, sondern ihr Gewerbe fortführten und dadurch zu einer ernsten Bedrohung für die öffentlichen Sicherheit wurden. Ein Beispiel ist Zacharias Barbitsiotis, der sich damals nicht nur mit Raubzügen und Kämpfen einen Namen machte, bei denen er immer wieder die Mani als sicheren Rückzugsort nutzen konnte, sondern auch der erste Kleften-Hauptman (*kapetan*) war, der seine Bande mit einer selbstgemachten Fahne (*bairaki* bzw. *bayrak*) anführte. Sein damit demonstriertes Selbstverständnis als politischer Akteur trat noch deutlicher hervor, als Barbitsiotis 1787 alle Räuberbanden der Region zu einem Treffen einlud, auf dem die Gründung einer gesamtpeloponnesischen Kleften-Konföderation beschlossen wurde. In diesem Vorgang zeichnet sich die Formierung eines neuartigen revolutionären Potenzials ab, dessen stetiges Anwachsen in den darauffolgenden Jahren auch von den internationalen Entwicklungen befördert wurde. Das betraf die Revolutionskriege seit 1789 und insbesondere die französische Ostmittelmeerexpedition von

1798 unter Führung von Napoleon Bonaparte, die zwar letztlich in Ägypten landete, vorher aber überall auf ihrem Weg die revolutionäre Botschaft verbreitete und zwischenzeitlich die osmanische Herrschaft in ganz Südosteuropa ernsthaft in Frage stellte. Das bewirkte eine zusätzliche Destabilisierung der ohnehin erodierenden politischen Ordnung, und es ist daher wohl kein Zufall, dass ernsthafte Maßnahmen gegen das wuchernde Räuberunwesen auf der Peloponnes erst eingeleitet wurden, nachdem es 1805 zu einer Entspannung und erneuten Annäherung zwischen Frankreich und dem Osmanischen Reich gekommen war. Am Ende dieses Jahres exkommunizierte die orthodoxe Kirche die Kleften in aller Form, und kurz darauf begann eine konzertierte Aktion von osmanischen Truppen und Privatmilizen der Kotzambassides, in deren Verlauf die meisten Kleften getötet, verhaftet, oder aber zur Flucht auf die benachbarten Ionischen Inseln gezwungen wurden.

Die Vertreibung der Kleften im Jahr 1806 sorgte zwar bis auf Weiteres für Ruhe, schaffte aber nicht den Gedanken an politische Veränderungen aus der Welt, der immer mehr auch die etablierten Lokaleliten erfasste. In diesem Zusammenhang ist eine gemeinsame Verschwörung christlicher Kotzambassides und muslimischer Ayane im Jahr 1809 zu erwähnen, die von Unzufriedenheit mit dem damaligen Provinzgouverneur ausgelöst wurde, deren Zielsetzung jedoch über dessen bloße Absetzung weit hinausging. Nach einem Bericht trafen sich die Verschwörer auf der Insel Zakynthos und verabredeten die Bildung einer gemeinsamen Regierung aus zwölf Türken und zwölf Griechen, mit einer gemeinsamen Gesetzgebung sowie einer Flagge, die auf einer Seite den Halbmond und auf der anderen das Kreuz abbildete. Die Peloponnes sollte dabei zwar unter osmanischer Oberherrschaft verbleiben, jedoch einen Autonomiestatus erhalten, für den wiederum Frankreich garantieren sollte, das damals (1807-1814) die Ionischen

Inseln als Protektorat verwaltete und dessen Gouverneur, François-Xavier Donzelot, in alles eingeweiht war. Der Plan fand niemals einen Niederschlag in der Praxis und wurde spätestens in dem Moment gegenstandslos, als Frankreich sein Protektorat über die Ionischen Inseln 1814 an Großbritannien abtreten musste. Er ist aber sehr aufschlussreich für den Denkhorizont, in dem die peloponnesischen Kotzambassides damals politische Zukunftsperspektiven für ihre Heimat entwarfen.

Gedanken über radikalen Umsturz

Diese Perspektiven verschoben sich in den folgenden Jahren zusehends in eine exklusiv nationale Richtung, während gleichzeitig der Gedanke an einen radikalen Umsturz der politischen Verhältnisse konkrete Gestalt annahm – eine Entwicklung, die maßgeblich von der 1814 in Odessa gegründeten „Filiki Etaireia" vorangetrieben wurde. Sie begann 1818 damit, auf der Peloponnes Mitglieder zu werben, darunter viele Kotzambassides sowie den *Bey* der Mani, Petros Mavromichalis. Im November 1820 traf sodann Grigorios Dikaios, bekannt als Papaflessas und selbst Abkömmling einer Kotzambassides-Familie, als ihr offizieller Vertreter auf der Halbinsel ein, um Vorbereitungen für einen bewaffneten Aufstand in die Wege zu leiten.

Wie schon beim Orlow-Aufstand von 1770 sind auch in diesem Fall die Motive der Kotzambassides alles andere als selbsterklärend, denn abgesehen vom Nationalgefühl, das sicherlich eine – wenn auch im Einzelnen oft nur schwer objektivierbare – Rolle spielte, ist dabei vor allem nach gruppenspezifischen Interessen zu fragen. Auf der Suche nach solchen lässt sich etwa beobachten, dass der wirtschaftliche Aufstieg der peloponnesischen Kotzambassides, wie auch anderer griechischer Eliten, in den davorliegenden Jahrzehnten in beachtlichem Maße dadurch befördert worden war, dass sie von den Nebenwirkungen der europäischen Kriege seit 1789 profitieren konnten. Nach deren Ende 1815 waren sie daher mit ökonomischen Rückschlägen konfrontiert, wodurch die Perspektive eines radikalen Systemwechsels für sie attraktiver geworden sein dürfte. Darüber hinaus spielte aber bei vielen sicherlich auch die Überlegung eine Rolle, einer unkontrollierten Verselbständigung der revolutionären Dynamik vorzubeugen, um am Ende nicht von den Ereignissen überrollt zu werden, also bildhaft gesprochen „den Tiger zu reiten, damit er einen nicht frisst".

Das demonstrierten sie auch öffentlich, indem sie nun erstmals ihre traditionellen Seidengewänder und Pelzmützen mit der Foustanella und dem roten Fez tauschten. Letzterer war nach den osmanischen Kleiderregeln für Nichtmuslime eigentlich Tabu, sodass sein Tragen schon für sich allein einen Akt des Ungehorsams gegen den Sultan darstellte.

Es blieb aber nicht nur beim symbolischen Kleiderwechsel, denn in der Anfangsphase des Unabhängigkeitskrieges von 1821 spielten die Kotzambassides in doppelter Hinsicht eine entscheidende Rolle: Einerseits militärisch, weil die Kleften-*kapetane*, die sich inzwischen wieder auf der Peloponnes eingefunden hatten, zwar bewaffnete Kämpfer rekrutieren und anführen konnten, für deren Versorgung aber auf die Kotzambassides angewiesen waren, die als einzige über die dafür notwendigen Mittel verfügten. So wären zum Beispiel die wichtigen Auftaktsiege, die Theodoros Kolokotronis im Mai 1821 bei Valtetsi und im September desselben Jahres mit der blutigen Eroberung von Tripolis errang, gar nicht denkbar gewesen, wenn seine Truppen nicht über Monate von Kanellos Deligiannis versorgt worden wären, der dafür ein Vermögen ausgab (und der zu Kolokotronis ansonsten übrigens in einem Verhältnis tiefer gegenseitiger Abneigung stand). Andererseits spielten sie auch politisch eine ausschlaggebende Rolle, denn die Kotzambassides legten auf ihrer Zusammenkunft bei Kaltezes im Mai 1821 den Grundstein zur griechischen Staatswerdung und bildeten auch eine erste provisorische Revolutionsregierung, der sie den bezeichnenden Titel „Peloponnesischer Senat" (*Peloponnisiaki Gerousia*; s. o.) gaben.

Historische Erinnerungsfigur

Die politische Führungsposition der Kotzambassides zu Beginn des Aufstands blieb jedoch nicht lange unangefochten und ging schließlich an andere Akteure verloren, die im weiteren Verlauf auf die Bühne traten. Dazu gehörten Fanarioten wie Alexandros Mavrokordatos, Kapitäne der Seefahrerinseln wie Georgios Kountouriotis aus Hydra, und natürlich auch mittelgriechische Armatolen-*kapetane*, die sich hinter Ioannis Kolettis sammelten. Den absoluten Tiefpunkt erreichte der Machtverfall der Kotzambassides mit den Bürgerkriegen von 1823/24, in deren Folge sie politisch kaltgestellt wurden, nachdem man zuvor ihre Ländereien ausgiebig geplündert und verwüstet hatte. Auch wenn sich dieser Niedergang als vorübergehend erweisen sollte, war ihre große Zeit nun unwiederbringlich vorüber, denn niemals wieder erreichten die Kotzambassides der Peloponnes den Wohlstand und Einfluss, den sie unter den Osmanen genossen hatten. Zwar gelang es einigen Familien, ihre lokalen Führungspositionen noch über zwei oder drei Generationen aufrechtzuerhalten bzw. wiederzugewinnen – als spezifische Gruppe spielten sie unter den Eliten des unabhängigen griechischen Staates jedoch keine bedeutende Rolle mehr.

Was blieb, war die historische Erinnerungsfigur des peloponnesischen Kotzambassis, einerseits als Ausbeuter des Volkes, andererseits aber auch als Freiheitskämpfer, dessen Bewertung in rückblickender Betrachtung daher nicht anders als zwiespältig sein konnte.

Dr. Ioannis Zelepos, München

WEITERFÜHRENDE LITERATUR

John Alexander, *Brigandage and Public Order in the Morea 1685-1806*, Athen 1985.

Antonis Anastasopoulos (Hg.), *Provincial Elites in the Ottoman Empire*, Rethymnon 2005.

Antonis Anastasopoulos / Elias Kolovos (Hgg.), *Ottoman Rule in the Balkans, 1760-1850. Conflict, Transformation, Adaption*, Rethymnon 2007.

Athanasios Fotopoulos, *Οι κοτσαμπάσηδες της Πελοποννήσου κατά τη δεύτερη Τουρκοκρατία (1715-1821)*, Athen 2005.

Tasos Gritsopoulos, *Τα Ορλωφικά. Η εν Πελοποννήσω επανάστασις του 1770 και τα επακόλουθα αυτής*, Athen 1967.

Dean Kostantaras, Christian Elites of the Peloponnese and the Ottoman State, 1715-1821, in: *European History Quarterly* 43 (2013), S. 628-656.

Georgios Nikolaou, *Εξισλαμισμοί στην Πελοπόννησο από τα μέσα του 17ου αιώνα έως το 1821*, Athen2006.

Kostis Papagiorgis, *Κανέλλος Δεληγιάννης*, Athen 2001.

Anna Vlachopoulou, *Revolution auf der Morea. Die Peloponnes während der zweiten Turkokratie (1715-1821)*, München 2017.

Fariba Zarinebaf u.a. (Hgg.), *A Historical and Economic Geography of Ottoman Greece. The Southwestern Morea in the 18th Century*, Athen 2005.

INHALT